国家自然科学基金面上项目 (71771223)
国家自然科学基金青年项目 (71802204)
国家自然科学基金重点项目 (72032009)

企业与消费者
协同演化动态能力：案例研究

A Case Study on Dynamic Capability of Collaborative Evolution
between Enterprises and Consumers

吴瑶 肖静华 谢康 ◎著

经济管理出版社
ECONOMY & MANAGEMENT PUBLISHING HOUSE

图书在版编目（CIP）数据

企业与消费者协同演化动态能力：案例研究/吴瑶，肖静华，谢康著.—北京：经济管理出版社，2020.11（2022.10重印）

ISBN 978 – 7 – 5096 – 7559 – 5

Ⅰ.①企…　Ⅱ.①吴…　②肖…　③谢…　Ⅲ.①企业管理—营销管理—研究　Ⅳ.①F274

中国版本图书馆 CIP 数据核字（2020）第 175358 号

组稿编辑：任爱清
责任编辑：任爱清
责任印制：黄章平
责任校对：王淑卿

出版发行：经济管理出版社
　　　　　（北京市海淀区北蜂窝 8 号中雅大厦 A 座 11 层　100038）
网　　址：www. E – mp. com. cn
电　　话：（010）51915602
印　　刷：北京虎彩文化传播有限公司
经　　销：新华书店
开　　本：720mm×1000mm/16
印　　张：13.5
字　　数：235 千字
版　　次：2021 年 1 月第 1 版　　2022 年 10 月第 2 次印刷
书　　号：ISBN 978 – 7 – 5096 – 7559 – 5
定　　价：88.00 元

　　本书是国家自然科学基金面上项目"互联网环境下企业与消费者协同演化动态能力的构建、演进及影响研究"（71771223）资助的阶段性研究成果。同时，本书的研究还得到国家自然科学基金青年项目"互联网情境下企业与特殊消费者和普通消费者营销价值共创的机制研究"（71802204）和国家自然科学基金重点项目"制造企业数字化转型与管理适应性变革研究"（72032009）的资助，在此一并感谢！

序

2019 年我国国内生产总值已经超过了 99 万亿元，直逼百万亿元大关，稳居世界第二；按年平均汇率折算，人均国内生产总值也已达到 10276 美元，首次突破 1 万美元大关。特别是在数字经济的多个领域领先世界，拥有全球最大的电子商务市场，占全球电商交易总额的一半以上，线上零售占社会消费品零售额的比重超过全球平均水平，移动支付交易额是美国的十几倍。此外，我国还有诸多数字化商业模式创新引领全世界，从无桩共享单车到视频社交网络等。中国数字经济的蓬勃发展为本土学者构建基于中国（也是世界范围内）最佳实践的管理理论提供了千载难逢的机会。

正如海尔集团董事长兼首席执行官张瑞敏先生所言，"没有成功的企业，只有时代的企业"。那么，今天的企业面临的是什么时代？有人说是变幻莫测的时代，英文缩写是 VUCA［易变性（Volatility），不确定性（Uncertainty），复杂性（Complexity），模糊性（Ambiguity）］，但我认为这个时代的基本特征是全面移动互联，是数字技术颠覆和重构一切产业和组织的时代。

面对快速多变的环境，为了生存和发展，企业必须具备某种能力，并且能够动态地更新这个能力。战略管理学者 Teece 等提出了动态能力的概念，认为企业在动态环境中必须具备"动态地整合、重构组织内外资源、技术和竞争力以适应环境变化的能力"，才能获取超额利润，确立竞争优势。"动态"是指企业要依据外部环境变化适时而变，"能力"则强调企业对各项资源和技能的整合和重新配置。这种动态能力被视为企业成功的关键，但特别值得关注的是，当前数据已经成为关键生产要素，甚至是最重要的资源。

因此，在数字经济时代，动态能力理论需要更新和完善。中国丰富的数字技术应用与创新恰好提供了肥沃的土壤。数字技术从根本上重构了企业与消费者的关系，企业获得前所未有的消费者洞察能力，消费者也获得对企业的巨大影响力，可直接参与从产品研发到营销的全过程。因此，企业数字化转型的方向就是更加以用户为中心，一切决策都以数据驱动，所有企业都会数字化。

正是在这样的背景之下，三位作者提出了企业与消费者协同演化的动态能力，认为这种能力有助于促进企业的数字化转型与管理创新。作者从管理信息系统领域出发，延伸到企业战略管理领域，较好地将管理信息系统与战略管理两个领域的知识进行融合。早在 2013 年他们就启动了针对基于信息技术的企业动态能力理论探讨，将经典的企业动态能力理论扩展为数字经济时代的企业与消费者协同演化动态能力理论。本书创新性地提出"协同演化动态能力构建于企业与消费者的交互式学习和双向资源交互，在能力的构建过程中，消费者的参与和互动改变了企业可获取的信息和资源，使企业能够深入了解消费者，面向消费者优化产品和服务，逐渐将产品设计和流程设计从以产品为核心转向以消费者为核心"。本书运用这些理论，较好地解释了直播带货等很多有趣的新现象。

我与三位作者的缘分始于中国人民大学商学院与《管理世界》杂志社从 2007 年开始连续联合主办的"中国企业管理案例与质性研究论坛"。我有幸组织并见证了这个论坛的成长与壮大，以及中国企业管理案例与质性研究发展和进步的轨迹，特别是一批案例学者的成长，结交了不少志同道合的学者朋友。自 2012 年以来，本书三位作者的论文多次获得"中国企业管理案例与质性研究论坛"最佳论文。正如他们在本书第一章中所述，这是一个从用"中国故事"讲述主流理论，到拓展主流理论，再到厚积薄发形成原创理论的过程。

三位作者长期扎根中国管理实践，特别是电子商务和数字化转型领域的中国企业最佳实践，做出了一系列理论探索与创新。例如，他们与在美国任教的胡清教授提出并探讨了大数据合作资产的理论概念，相关案例研究论文 2019 年获第八届广东省哲学社会科学优秀成果一等奖，2020 年获第八届教育部高等学校科学研究优秀成果奖（人文社会科学）管理学一等奖。我个人认为，这不仅是教育部该奖项中首个获管理学一等奖的案例研究成果，也是中国各省市哲学社会科学优秀成果奖中首个以案例研究范式获一等奖的成果，既反映了国内同行对案例研究的认可，也反映了国内案例研究成果正在从规范性走向理论创新的新阶段。

此外，作者将经典的企业动态能力理论扩展为数字经济时代的企业与消费者协同演化动态能力理论的论文获得 2013 年"中国企业管理案例与质性研究论坛"的最佳论文，并在《管理世界》2014 年第 8 期发表，成为国内案例研究方法应用于电子商务前沿领域的代表作。本书第一作者吴瑶博士的博士论文即是以这篇论文为基础进行的选题，而本书又是在吴瑶博士论文基础上修改和扩充而成的。本书对企业动态能力理论边界的拓展与深化，为孕育和提出原创管理理论做出了贡献，其中最重要的创新性观点是环境对企业的动态能力影响并非单向影响，而是双向互动。

本书给我留下的另一个深刻印象是三位作者围绕企业数字化转型与管理创新主题开展了一系列案例研究，本书即是其中的一项阶段性成果。他们的国家级课题研究为本书奠定了理论基础，支撑本书的课题包括肖静华教授主持的国家自然科学基金面上项目"互联网环境下企业与消费者协同演化动态能力的构建、演进及影响研究"（71771223），吴瑶博士主持的国家自然科学基金青年项目"互联网情境下企业与特殊消费者和普通消费者营销价值共创的机制研究"（71802204），以及肖静华教授主持的国家自然科学基金重点项目"制造企业数字化转型与管理适应性变革研究"（72032009）。

此书完稿的时刻正是中国社会面临百年未有之大变局的时刻。我认为当下中国企业面临的最大变数与万变中的不变都是数字化转型。中国企业如何通过数字化转型与创新破局后疫情时代，既考验着实业界，也呼唤着管理学界。我期待本书的出版会进一步促进国内企业数字化转型的理论研究，也希望三位作者产生更多有价值的成果，同时，期待更多的国内案例与质性研究学者不断探索和提炼基于中国管理实践的创新成果，为国际管理学界贡献更多基于"中国故事"的有影响力的原创理论。

毛基业

2020 年 10 月 8 日于中国人民大学商学院

目　录

第一章　以"中国故事"拓展主流理论

2020 年 4 月,《管理世界》杂志社社长李志军研究员和总编辑尚增健编审联袂发表的文章大力倡导"研究中国问题、讲好中国故事",提及《管理世界》杂志社与中国人民大学商学院合办中国企业管理案例与质性研究论坛已经 13 年(李志军和尚增健,2020),发掘了诸多中国企业管理的优秀案例。这个论坛对推动中国企业管理案例与质性研究发挥了独树一帜的作用,不仅对构建有中国特色的企业管理理论做出了重要贡献,而且也培育包括我们在内的中国企业管理案例与质性研究群体。

我们是这个论坛的众多受益者之一。2005 年以来,我们团队先后对遍布在中国 28 个省市自治区的超过 500 家企业进行实地调研,对超过 800 位企业中高层管理者和骨干员工进行深度访谈。这些实地调研和深度访谈拓宽了我们对中国企业管理情境与实践问题的认知,加深了我们对中国企业管理实践多样化与复杂性的理解,但缺乏一个契机刺激这些认知和理解形成理论提炼和思想升华。2011年,我们受中国人民大学商学院毛基业院长的鼓励,有机会参与中国企业管理案例与质性研究论坛,由此开启了我们对企业管理案例研究了解并实践的一扇窗口。

从这个意义上讲,本书既是以"中国故事"拓展主流管理理论的一项案例研究,也是我们团队进入案例研究理论殿堂的一个"中国故事"。我们的案例研究成果在 2019 年获第八届广东省哲学社会科学优秀成果管理学一等奖,2020 年获第八届教育部高等学校科学研究优秀成果奖(人文社会科学)管理学一等奖,就是得益于本书研究的"中国故事"。近年来,中国企业家演绎出诸多可圈可点的"中国故事",我们的研究工作仅仅涉猎了其中沧海一粟。作为案例研究的学习者,我们一直在路上,借此"中国故事"求教四方。

第一节　主流理论与"中国故事"

简单地说，理论就是人们认识和解释世界的若干概念及其关系的逻辑体系、视角或分析方法。主流理论是被学术共同体经常应用于观察、认识、分析和解释世界的理论。什么是管理学主流理论，或哪些管理学理论可以被称为主流理论，不同专业可能会得出不同的结论，不同时期、不同国家、不同语言文化的学术共同体也可能会有不同的看法。为简单化，我们参考丹尼尔·A. 雷恩的《管理思想史》及史密斯和希特主编的《管理学中的伟大思想》等论著，以非严格方式归纳认为，组织学习与行为理论，动态能力与竞争优势理论，企业资源配置理论构成企业管理的三个主流理论。

在这三个主流理论中，组织学习与行为理论主要刻画了组织个体与组织的关系，及个体、组织与环境三者的关系，大量吸收心理学、社会学、教育学、脑神经科学等知识成果构建组织理论。动态能力与竞争优势理论主要探讨了企业成长、竞争与发展的机制，通过吸收社会学、经济学、生物学、行为科学等知识成果推进理论发展。企业资源配置理论主要分析了公司治理、投资、运营和兼并等资源优化机制，通过借鉴经济学、社会学、统计学、计算机科学、科学哲学等知识成果发展理论。如果将21世纪泰勒的科学管理视为现代管理学的先驱，企业资源配置理论是三个主流理论中最早形成的，之后随着21世纪四五十年代以来大规模工业化的发展，逐步又形成了组织学习与行为理论，及动态能力与竞争优势理论。显然，这三个主流理论的发展属于"欧美故事"，而不是"中国故事"。

自2010年以来，随着中国经济高速增长、经济体量和企业管理者群体的扩大，在国际主流期刊上以"中国故事"为背景，或以中国企业或员工为研究对象的论文数量急剧增加，中国管理学研究范式快速与国际接轨，从合作发表国际期刊论文的"走出去"阶段，快速转变为融入国际主流学术圈的"走进去"阶段，近期在个别领域甚至开始出现提升主流影响力和话语权的"走上去"阶段，成为国际管理学研究领域的新兴力量之一。

在这个融入主流国际管理学术圈的过程中，如何借助主流理论讲述"中国故事"，又如何以"中国故事"拓展主流理论，最终实现基于"中国故事"形成主流管理理论的过程，依然漫长且充满挑战，因为主流管理理论的形成绝非一朝一夕，而是学术共同体"学术创业"的过程和集体选择的结果。本书聚焦于中国企业的管理实践，试图以"中国故事"拓展主流理论。

对于上述三个主流的管理理论，我们选择动态能力理论作为拓展研究的对象。主要考虑有三：

一是根据我们的实地调研，发现中国企业管理实践具有三个明显的差别特征，即"地区差别""能力差别"和"心理差别"。其中，"地区差别"是指中国企业管理实践与中国社会经济发展中的城乡差别相类似，沿海地区的企业管理与内陆地区的企业管理，甚至沿海地区不同城市之间的企业管理水平都存在显著差异。"能力差别"是指中国企业的管理能力之间存在千差万别，中国既有管理能力可与发达国家相媲美的一流企业，同时又存在大量管理极其粗放、员工素质较低的企业。"心理差别"是指在中国的很多企业中，不同管理层级之间甚至在同一管理层级之间的心理状态存在巨大差异。中国企业管理实践这三个差别特征，使中国企业管理实践具有丰富的多样性和从形式到结构的复杂性。如何从这种多样性和复杂性的企业管理实践中提炼出有价值且有趣的"中国故事"，对于学术理论研究而言是有挑战性的。

二是根据我们的实地调研发现，无论是大企业还是小企业，沿海地区企业还是内陆地区企业、国有企业还是民营企业、制造企业还是服务企业，都充满了求新求变的动力和热情，"变化是永远不变的"口号响彻中国不同类型的企业，促使企业开展形式多样的组织学习，这构成推动中国企业高成长、高灵活、高速迭代的重要影响因素，形成了中国企业管理中能力变化的多样性和复杂性。如何从这种能力多样性和复杂性中提炼出有价值且有趣的"中国故事"，也是一项有挑战性的研究活动。

三是中国经济发展与中国政府关系密切，中国人口基数庞大，如何将人口基数转变为庞大的消费市场，使之成为中国经济可持续增长的动力之一，构成中国各级政府处理政商关系矛盾多样性与复杂性的核心焦点。随着投资拉动、出口拉动对经济增长贡献度的逐步降低，消费拉动成为中国政府推动经济增长的重要驱动因素。在企业理论研究方面，消费者越来越被视为影响企业管理决策的重要影响因素之一，尤其是随着互联网、大数据、人工智能与实体经济的深度融合，中国部分企业的数字化转型与创新活动逐步成为国际市场的领先者，产生了华为、微信、抖音等世界级的产品与服务创新，但中国企业中大量数字化创新与服务活动依然还是国际领先产品与服务的追随者，形成了中国企业数字化转型与创新的多样性和复杂性。如何从这些多样性和复杂性中挖掘出有价值且有趣的"中国故事"，必然是一项具有挑战性的理论创新工作。

综上所述，我们选择企业与消费者协同演化动态能力作为研究主题，开展以"中国故事"拓展主流理论的初步探索。无论是经济学还是管理学都强调演化的作用和价值，如演化经济学与适应性管理等，甚至经典的动态能力理论本身就包含有演化的含义，因此，选择企业与消费者协同演化动态能力作为研究主题，可以与主流理论蕴含的演化逻辑保持更好的一致性，更易于实现理论拓展的预期目标。

确定研究主题后，就需要选择采取何种研究范式来讲述"中国故事"。在经济管理领域，尽管案例与质性研究范式越来越广泛地被接受和得到认可，但主流的研究范式依然是基于统计、计量、博弈等方法支撑的经验研究或实证研究范式。无论是经济学理论还是管理学理论，研究范式都是思想的工具，缺乏思想的研究范式没有价值，缺乏研究范式的思想则经不起推敲。因此，关键不在于选择何种研究范式，而在于研究范式与研究问题的匹配。事实上，无论是案例研究还是经验研究，逻辑严谨与自洽都是共同要求，如案例研究中的情境刻画与经验模型中的条件刻画是异曲同工的，同样，案例研究中证据与发现之间的浮现过程，也类似经验模型中数学推导与结论之间的联系过程。

我们认为，选择何种研究范式来讲述"中国故事"，取决于讲述什么"中国故事"。研究中国情境的企业与消费者协同演化动态能力，以案例研究范式拓展动态能力理论，可以较好地实现研究范式与理论拓展之间的匹配。采取案例研究范式具有以下两方面的优势：一是有利于贴近中国情境提炼出企业与消费者协同演化的关键特征，形成明确的理论概念；二是有利于从中国企业管理实践的多样性和复杂性中发现既有动态能力研究的理论缺口，并寻找理论的突破口。

诚然，也可以应用演化博弈和仿真建模来构建企业与消费者协同演化动态能力理论。在演化博弈及仿真建模中，通过刻画企业与消费者协同演化的条件特征，构造两者的复制动态方程，进而建立仿真模型进行不同参数下的仿真分析。显然，这种方法的优势在于能够清晰地刻画企业与消费者协同演化动态能力的稳定状态和条件以及随条件变化会形成哪些趋势。但是，经过高度提炼的条件约束往往使模型难以展现中国情境的多样性和复杂性，也难以展现企业与消费者之间的协同演化过程特征，这恰好是案例研究范式的优势。

因此，无论是案例研究范式还是经验或实证研究范式，都是讲述"中国故事"的研究范式。两者不在于谁比谁更强,而在于针对某个具体研究问题、拓展某个理论时哪种范式更合适。

第二节 用"中国故事"拓主流理论

回顾 2010～2019 年中国企业管理案例与质性研究的发展历程,大体可以梳理出这样一个发展脉络:2010 年,强调企业管理案例研究需要从"把故事讲好"和"把故事升华"两个方面来建构理论(黄江明等,2011),反映出这个阶段中国企业管理案例研究正在从"讲中国故事"向以"中国故事"讲述主流理论转变。在这个阶段,如何使案例研究更加规范,如何以规范的方法呈现案例证据和提炼理论构念,如何以规范证据剖析"中国故事"中蕴含的主流理论,成为学术界关注的话题(苏芳和黄江明,2013;毛基业和李高勇,2014;李高勇和毛基业,2015)。2015 年以来,开始强调企业管理案例研究需要对理论做出贡献,引用 Pratt(2008)的话米说就是,坚实的理论贡献是衡量案例研究质量的首要标准,这个阶段国内案例研究水平的提升主要体现在数据分析的严谨性和论文整体规范性的改进上,理论贡献含糊不清仍然是个普遍的问题,因此,国内案例研究的主要挑战在于如何提高理论贡献水平(毛基业和苏芳,2016;毛基业和陈诚,2017)。

2011 年,我们团队开始探讨中国企业管理案例的理论研究,这是国内案例研究正处在由以规范方式讲"中国故事"到以"中国故事"讲主流理论或拓展主流理论的转变阶段。现在回顾来看,我们团队的案例研究也大体经历了三个阶段。首先是以"中国故事"讲主流理论的研究,如我们在 2012 年案例论坛上获得的最佳论文,就是以"中国故事"来讲述主流理论,研究贡献在于对主流理论中若干中国情境下的理论构念及其关系进行了剖析和提炼(肖静华等,2013)[①]。其次是以"中国故事"拓展主流理论,如本书的研究主题。这种拓展主流理论的工作对于我们训练案例研究规范和形成未来理论创新基础必不可少,

---

[①] 肖静华,谢康,冉佳森. 缺乏 IT 认知情境下企业如何进行 IT 规划——通过嵌入式行动研究实现战略匹配的过程和方法[J]. 管理世界,2013(6).

发挥理论探索中承上启下的作用。最后是在主流理论基础上以"中国故事"创造新理论，如 2016 年和 2020 年我们分别发表在 I&M 和《管理世界》上提出的大数据合作资产和成长品两个原创概念及理论（Xie et al.，2016；肖静华等，2020）①②。如前所述，前一项案例研究成果对大数据成为新生产要素从合作资产视角进行了理论解释，2019 年和 2020 年分别获广东省哲学社会科学优秀成果一等奖和教育部高等学校科学研究优秀成果奖（人文社会科学）管理学一等奖。后一项成果提出数字经济时代成品与成长品的新的产品分类而受到学术同行关注，其拓展工作正在进行中。

可以说，本书是我们团队以"中国故事"拓展主流理论的一项代表性研究，其思想滥觞于获 2013 年中国企业管理案例与质性研究论坛的最佳论文——《企业与消费者协同演化动态能力构建：B2C 电商梦芭莎案例》③，在此后发表的单篇案例研究论文中，虽然我们在不断深化和拓展这个理论，且国内学术同行也在借助我们提出的企业与消费者协同演化动态能力概念进行案例研究（郝鸿等，2016），但依然感到对企业与消费者协同演化动态能力的理论探讨不够深入和系统。本书的研究可以说是对企业与消费者协同演化动态能力理论深入系统的集成化探讨，同时，也是以"中国故事"拓展主流理论的探索过程。

这个过程与中国企业数字化技术的应用与普及紧密联系在一起。随着互联网、大数据、人工智能等数字化技术的应用与普及，百年工业化的"以产定销"模式正在逐步转变为数智时代"以销定产"模式。在这个过程中，无论是企业还是消费者在市场中的角色和价值主张均发生了根本变化，尤其是数字化技术促使消费者高速进化，使互联网情境下企业与消费者协同演化动态能力成为理论关注的研究主题之一。

当前，消费者的进化主要体现在以下多个方面：

在角色上，抖音、快手、淘宝直播、小红书、B 站等新兴社交媒体技术创新促使个体自我赋权，形成具有营销影响力和主导社交网络资源分配的特殊消费者，他们或是备受粉丝关注、具有知识优势、传达个性化理念的博主、达人或网

---

① Kang Xie, Yao Wu, Jinghua Xiao and Qing Hu. Value Co–creation between Firms and Customers：Big Data–based Cooperative Assets [J]. Information & Management, 2016, 53（8）：1034–1048.

② 肖静华，胡杨颂，吴瑶. 成长品：数据驱动的企业与用户互动创新案例研究 [J]. 管理世界，2020（3）.

③ 肖静华，谢康，吴瑶，冉佳森. 企业与消费者协同演化动态能力构建：B2C 电商梦芭莎案例 [J]. 管理世界，2014（8）.

红（行业内统称为 KOL，Key Opinion Leader），或是每天都在影响周边社交圈子的社交枢纽个体，他们可能是朋友、粉丝或产生购买行为的消费者（行业内统称为 KOC，Key Opinion Consumer）。根据克劳锐[①]对中国市场的统计，2019 年品牌商在 KOL 上的广告投放市场规模已经增至 490 亿元；其中，"KOL + KOC"的组合投放已经成为自然堂、花西子、王饱饱等新晋国货品牌的核心营销投资渠道，展现出社群营销带动品牌宣传和产品销售的巨大潜力。

在权力上，由于消费者已然从价值的被动接受者转变为价值的创造者或共创者，他们或借助社交媒体整合信息并创造用户生成内容（User Generated Content，UGC）和口碑营销（Word of Mouth，WOM），实现信息赋权；或学习并使用社交媒体平台的嵌入性技术、开源软件、自助服务等技术，实现工具赋权；或建立如社交媒体亚组织（Carlson et al.，2019）和道德性社交媒体社区（Gummerus et al.，2015）等人际互动网络，实现渠道赋权；或借助社交媒体技术实现公平的收入分配、奖励机制和监管规则的制定及执行（Ye and Kankanhalli，2018），实现制度赋权。鉴于多维度赋权，消费者无论在舆论上还是行动上，都对企业产生了显著的直接影响，如 OLAY、海尔等因消费者负面舆论被信息压制，影响品牌生存的案例俯拾皆是[②]。

在价值上，传统意义的消费者主要通过购买行为产出财务价值，但在数字化时代，消费者已经成为产品创新的重要信息来源，成为主导社群营销的重要影响者，成为开发垂直细分品牌的重要共创者，深入渗透到企业研发、设计、生产、营销等各价值链环节。因此，当前，消费者的价值体系更加多维和立体，消费者与企业之间形成了纵横交错的价值共创关系。实践中，一方面，微软、思科、诺基亚、乐高、沃尔沃和耐克等公司都创建了在线论坛来促进消费者作为创新者直接参与产品的开发（Gorry and Westbrook，2011）；另一方面，宝洁集团、多益网络、筷子科技等涉及快消、游戏、广告等不同行业的企业纷纷投资发展基于 AI、大数据、边缘计算的新兴智能技术，促进消费者以数据化的方式参与企业的价值创造（肖静华等，2018，2020）。这些例子表明，无论是直接参与还是数据化参与，消费者都对企业价值创造产生了重要、深远且直接的影响。

消费者的快速进化加剧了企业所面临的环境动态性，因此，企业必须与消费

---

① 克劳锐于 2020 年 4 月发布的《广告主 KOL 营销市场盘点及趋势预测》。

② 知乎．2020 上半年品牌公关事件回顾［EB/OL］．https：//zhuanlan.zhihu.com/p/159159424.

者协同演化，才能适应变化。然而，在理论研究中，无论是现有动态能力理论研究，还是组织管理领域的协同演化研究，都将环境视为一个整体，较少探讨企业与消费者的协同演化问题。主要原因可能有三：一是在非数字化环境中，消费者对企业的影响力较弱，不能成为代表环境特征的重要因素；二是在非数字化环境中，消费者没有凝聚成为明显的"种群"，难以便捷地辨识协同演化中种群的特征变化；三是在非数字化环境中，消费者的数据不易获得，行为难以被追踪和分析。因此，现有相关理论研究对企业与消费者如何形成协同演化，又如何构建协同演化动态能力的探讨存在不足。

通过文献梳理，本书以"中国故事"拓展企业动态能力理论，聚焦于回答两个理论问题：一是企业如何与消费者形成协同演化；二是通过与消费者协同演化，企业如何形成应对消费者变化的协同演化动态能力。围绕这两个理论问题，本书采用案例研究方法提出企业与消费者协同演化动态能力理论，强调信息技术促使企业与消费者形成应对彼此变化的适应性调整能力，构成数智时代企业数字化转型的能力基础，从而深刻影响企业数字化战略与运营的转型。

第三节 本书"中国故事"的理论拓展

本书以"中国故事"拓展企业动态能力理论，探讨数智时代企业与消费者协同演化动态能力理论，获得以下六个主要研究结论：

第一，从组织生态学视角来看，互联网环境带来的压力加速了企业演化和消费者演化，正如生物界两个种群间的协同演化来自压力筛选那样，市场竞争和技术变革导致的压力筛选也是企业与消费者形成协同演化的前提条件。

第二，基于企业和消费者对外部压力的适应过程，两者分别形成了"变异—选择—保留"的协同演化过程。与现有企业动态能力主要关注环境作用于企业能力的单向因果机制不同，交易联系、信息交换和价值关联是促使企业与消费者形成协同演化的三种双向因果机制。企业与消费者之间是否存在这种双向因果机制，构成企业能力是否属于协同演化动态能力的关键。

第三，学习依然构成企业与消费者协同演化动态能力形成的内在机制。其中，交互式学习是形成企业与消费者协同演化动态能力的主要学习机制，企业与消费者双向的资源交互是协同演化动态能力形成的主要资源机制。企业资源与消费者资源之间具有异质性,这种异质性构成两者交互资源与交互式学习的基础。

第四,信息技术(Information Technology,IT)显著影响交互学习机制和交互资源机制的运作架构和创新架构。其中,IT 的使能作用主要影响机制的运作架构,引领作用主要影响机制的创新架构。IT 的使能作用和引领作用不仅能够加快两者的协同演化速度,而且能够加深两者的协同演化深度。

第五,与现有企业动态能力研究关注感知、获取和重构能力,或关注适应、学习和创新能力的视角不同,企业通过与消费者协同演化形成的动态能力主要由捕捉消费者变化、适应消费者变化及其与消费者价值共创三种能力构成。企业与消费者形成这三种具体能力的过程主要包括被动适应与主动适应两个阶段。

第六,与现有企业动态能力研究侧重组织内部一系列应对环境变化的行为及结果的视角不同,企业与消费者协同演化动态能力关注企业与消费者之间协同演化会在彼此之间产生何种独特关系,认为企业和消费者通过不断协同演化进而会成为彼此的合作资产。这种合作资产具有交互性、整合性和收益双边性特征,构成企业与消费者协同演化动态能力的标志性影响结果。在自然界,这类似植物和与其共生的鸟类之间形成的紧密耦合关系。

本书基于上述研究结论,形成三方面拓展性的理论创新:首先,系统地探讨企业与消费者协同演化动态能力概念,构建企业与消费者协同演化动态能力的理论模型。同时,基于协同演化视角分析能力的发展阶段及特征,将现有企业动态能力构建的单向因果关系拓展为双向交互关系而形成理论拓展。其次,提出交易联系、信息交换和价值关联是企业与消费者协同演化的三个双向因果机制,强调构建协同演化动态能力的双向因果机制是区别于一般性企业动态能力的主要特征之一,深化了企业与消费者协同演化关系的理论研究。最后,提出基于 IT 的交互学习机制和交互资源机制及其建立在此基础上的合作资产理论,不仅解释了企业与消费者协同演化动态能力的形成机制,而且也刻画出企业与消费者协同演化动态能力的影响结果,深化了 IT 对协同演化动态能力的影响研究与价值分析。

如果问什么是企业与消费者协同演化动态能力?简单地说,企业与消费者协同演化动态能力指基于数字化技术企业与消费者形成应对彼此变化的适应性调整能力;或者直观地说,企业与消费者协同演化动态能力是指企业与消费者协同演化形成的动态能力,构成数智时代企业数字化转型的能力基础,深刻影响企业数字化战略与运营转型。这种动态能力不仅存在于企业个体或群体中,而且也存在于消费者个体或群体中。

如果问企业与消费者协同演化动态能力理论是什么？简单地说，企业与消费者协同演化动态能力理论刻画了数智时代企业动态能力的特征，是指基于 IT 企业与消费者之间通过交互学习与交互资源形成的双边动态能力。在这种双边动态能力下，企业与消费者之间既会产生对方的合作资产，又会依托这种合作资产强化对对方的依赖和互动，进而形成相互促进的协同演化关系。其中，IT，尤其是新一代 IT，不仅加快两者的协同演化速度和强化两者的协同演化深度，而且可以使两者的协同演化过程更为清晰和系统地被观察和计量，为本书系统探讨企业与消费者协同演化动态能力理论提供了必不可少的企业案例调查条件。

企业与消费者协同演化动态能力在理论体系上虽然属于企业动态能力理论，但两者之间在观察、分析和认识企业动态能力的视角上存在明显差异。为具体阐述和剖析这种差异，本书其他章节的内容安排如下：

第二章剖析数智时代的企业与消费者的互动特征，主要从技术赋能与消费者增权、竞争生态和数字化转型三个方面论述企业与消费者协同演化的实践背景，着重指出企业与消费者协同演化动态能力的理论价值和实践意义。

第三章为企业与消费者协同演化动态能力的理论基础，主要讨论现有研究中基于单向关系的动态能力，介绍协同演化理论，回顾企业与消费者价值共创的前沿研究，为本书的理论建构及与后续的文献对话奠定文献研究基础。

第四章介绍与讨论案例研究方法，详细展示了数据收集的过程与方法，介绍本书案例选择与研究中涉及的主要案例企业，论述基于案例研究方法的数据编码与分析策略，重点阐述证据链与案例发现之间的迭代关系。

第五章聚焦企业与消费者协同演化动态能力的形成与演化机制，通过回答企业与消费者为什么会形成协同演化，及如何形成协同演化两个核心问题，提出企业与消费者协同演化双向因果机制，及企业与消费者协同演化动态能力的形成机制和演化机制。

第六章论述企业与消费者协同演化动态能力价值创造，聚焦大数据合作资产、适应性变革与管理创新两个议题，提出企业与消费者协同演化动态能力会形成针对彼此合作资产的理论。

第七章为理论应用与拓展，应用企业与消费者协同演化动态能力理论分析企业数字化转型中的若干管理难题，分析企业与消费者关系中的典型事例，指出具有潜力的未来研究方向和领域。

本书探讨的企业与消费者协同演化动态能力理论，可以为数智时代企业生存和发展提供有益的管理实践启示。一方面，艾媒数据显示，2020年3月中国直播电商用户规模占整体网民规模的29.3%，人数达到2.65亿人。绝大多数企业已经将KOL或KOC作为打开社群营销的重要突破口。本书通过揭示企业与消费者协同演化动态能力构建的机制、过程及原理，回答了企业需要与何种消费者进行协同演化、如何协同演化、面向哪些目标等关键问题。另一方面，万物互联时代，数据被认为是与土地、劳动、资本、知识、技术和管理并重的第七大生产要素。当前，多样化的商业实践创新对数据价值的深度挖掘正在突破经济学在传统意义上对数据及其价值的限定。

本书通过探讨企业与消费者协同演化动态能力的影响与价值，指出大数据合作资产及适应性变革与管理创新对企业在数智时代创造和维持竞争优势的重要价值，这不仅是动态能力研究关注的核心理论问题，也是数智时代企业生存和发展面临的关键实践问题。由此，形成本书以"中国故事"探讨企业与消费者协同演化动态能力理论的学术价值与管理意义。

第二章 数智时代的企业与消费者的互动特征

企业与消费者互动既不是数智时代的独特产物，也不是一个新的学术词汇。重视消费者或用户参与及其价值在企业管理中由来已久，如开放式创新、互动导向创新等，均是从企业与消费者互动视角展开的理论研究。那么，与这些理论研究相比，数智时代的企业与消费者互动有何区别，以及这些区别如何影响企业动态能力，是本章重点阐述的内容。

本章主要从技术赋能与消费者增权、竞争生态、数字化转型三个方面展开讨论。

第一节 技术赋能与消费者增权

技术创新极大地促进消费者自我赋权，如形成具有营销影响力和主导社交网络内资源分配的特殊消费者群体。他们备受消费者的关注，具有知识优势、传达个性化生活理念的博主、达人或网红，或是每天都在影响周边社交圈子的社交枢纽个体，他们精准链接具有相似特征的社群，高效搭建产品/品牌与其他消费者之间的沟通桥梁。据报道，2017 年中国网红粉丝总人数升至 4.7 亿人，服饰、母婴、美妆、美食等网红直播营销日均观看人数增长率超 100%。一方面，网红等个体营销快速发展并带动企业开展与之紧密合作的营销创新，如格力、联想、小米、360 手机等大型企业借助网络达人直播宣传新品；另一方面，社交枢纽（Social Hub）等微观影响者群体也被证明能够通过各自社交圈展现非凡的营销影响力。社交网络上每一个个体都可能成为数字化内容的制造者和传播者，直接或间接参与企业的每个价值链环节。

实践中，众多企业都在通过与社交枢纽的共创合作提升虚拟社区中的新顾客引流、顾客忠诚和互动参与，如韩都衣舍、GAP、汇美等领先服装品牌借助社交枢纽大力推动社群营销。AI、大数据、边缘计算、5G等技术创新以及这些技术在产品与服务的信息展示、商品供给、支付、仓储、物流等环节的深度应用，促使消费者的购买决策从传统受企业单方广告宣传逐渐转变为受算法推荐和社群推荐的影响。

对消费者而言，技术驱动的新兴商业模式为消费者生活创造了更多可能，消费者能够便捷地通过虚拟社区进行社交活动，互联网的快速发展带给消费者生活上的极大便利。在大数据时代，消费者行为、位置甚至身体生理数据等每一点变化都成为可被记录和分析的数据。消费者在信息爆炸时代的信息搜寻和甄别能力也逐渐提升，且可以利用技术进行信息搜寻和群体沟通，实现信息增权（Howells，2005）。典型例子如Nike，因其掌握了消费者身体指标等各项数据，正在由产品提供商向服务提供商进行转型，通过"用户＋数据＋服务＋终端"的模式打造数字运动王国。"Nike＋"是耐克公司顺应大数据时代趋势，发展运动数字化战略而推出的新产品系列，包括各类可穿戴设备、"Nike＋"应用软件、"Nike＋"运动社交平台等，形成从产生、收集、处理、分析到应用的闭环。

对于企业而言，Nike通过构建"Nike＋Training Club"的用户社区，在消费者进行运动时读取诸如频率、距离、速度、消耗的热量等信息并进行反馈，积极与医疗保健行业产生合作，开展健康服务数据的合作以创造价值；对于消费者而言，Nike为其提供了便捷的交互空间，消费者可以在用户社群内上传数据收获社区友邻的点赞评论，并能更快发现同类偏好，借助网络分享信息、传递意见、交流情感、改善体验。除去对指标数据的各项分析之外，还可以关注朋友的跑步进度，也可以查看世界各地拥有这款产品的人的运动信息及排行，制定属于自己的运动计划。此外，在互联网商业环境下，消费者对企业的影响力显著提升，主要体现在以下三方面：

第一，消费者能够对企业产品和服务做出即时反馈，影响研发、生产、销售、配送等每个价值链环节。2019年8月30日，中国互联网络信息中心（China Internet Network Information Center，CNNIC）发布的第44次《中国互联网络发展状况统计报告》显示：截至2019年6月，我国网络购物用户规模达6.39亿，较

2018 年底增长 2871 万，占网民整体的 74.8%①。在这种互联网商业环境下，人们通过在线评论自由表达对产品或服务的观点，并与其他消费者虚拟互动，并对企业改进产品和服务形成直接影响。Amazon 的网上商城为消费者提供了对购买产品进行评级与评价的机会。其中评级分为 1~5 级，消费者可以通过文本评论以表达有关产品的更多意见和信息，其他消费者可以对这些评价进行点评，认定其是有帮助或无帮助，也可即时将意见反馈给客服与售后。生产厂商使用这些数据来深入了解市场，洞察消费者心理从而确定潜在成功的产品设计。另一个例子，如小米公司以小米论坛和 MIUI 论坛作为与顾客交流的沟通媒介，针对产品的设计、功能的改进和创新与顾客进行交流；通过众多用户使用"酷玩帮""应用"等新板块实现外部测评，小米工程师能够根据用户需求不断地优化产品功能和用户体验。因为有了与用户互动沟通的模式，小米才能在第一时间了解用户需求，提升顾客对品牌的感知，推出让用户拥有更好体验的产品。对产品和服务的即时反馈，不仅让消费者收获了良好的消费体验，也让企业破解了消费者需求的信号。

第二，消费者形成群体效应，通过虚拟网络快速扩散信息，对企业生存和发展产生巨大影响。随着消费的社交化，社交媒体不再只是一个社交工具，而逐渐成为消费者获取消费信息、了解产品好坏并决定最终消费的重要渠道。微信、抖音、微博、bilibili 等主流社交媒体平台拥有巨大的用户体量，各自的使用人群形成商业生态，产生了具有开放、高效、公平等特性的社交媒体环境，发挥群体效应对企业口碑产生或积极或消极的影响。积极影响如来自长沙的奶茶品牌"茶颜悦色"，填补了饮品类目中国风市场的空白，以其新鲜天然的原材料与独特可口的味道吸引了无数消费者，使喝过茶颜悦色的消费者们纷纷主动帮忙宣传和安利，仅在小红书中便有 4 万篇笔记种草。借由微博、豆瓣等社交媒体平台的口碑宣传，甚至有许多消费者仅仅为了一杯奶茶而前往长沙旅游。

同时，消费者群体效应形成的消极影响同样不可忽视。以百草味旗舰店为例，2020 年 9 月，其推出了"女生版"和"男生版"零食礼包，含 8 款零食，售价均为 119.7 元。女生款礼包主要包含夏威夷果、芒果干等零食，为素食礼包，男生款则包含白芝麻猪肉脯、麻辣牛肉等零食，为肉食礼包。同价不同质，

---

① 资料来源：CNNIC 发布第 44 次《中国互联网络发展状况统计报告》［EB/OL］.（2019 – 8 – 30）［2019 – 08 – 30］. http：// www. cac. gov. cn/2019 – 08/30/c_ 1124939590. htm.

同样的价格，男生版零食礼包内含产品的总价值几乎高于女生版一倍。这样带有固化刻板印象且性别不公的促销活动一经推出，立即引起了消费者的热议，甚至登上了微博热搜。面对消费者巨大的反对声音，百草味官方不得不出面回复希望平复风波，将该款商品做暂时下架处理。虽然百草味为此次活动进行了道歉，但并不意味着该事件的翻篇，仍有大量的消费者群体感受到了被冒犯，对百草味持有抗议与抵制的态度。

第三，消费者借助技术与企业形成直接交互，使企业与消费者之间的信息交流从间断、单向、滞后转变为连续、双向和实时，消费者有资源和能力基于技术便捷地参与价值创造。

以海尔 COSMO Plat 工业互联网平台为例，其开创了"社群用户规模定制＋预售预约"的众创定制模式，消费者的角色从被动转向主动，不再是传统意义上只能购买最终产品的购买者，而是参与到产品的研发、设计、生产、物流和销售等各价值链环节的重要参与者。COSMO 提出其"三联"定位：联用户、联资源、联行业，强调 COSMO 是一个以用户需求为中心、多方资源共同参与产品创新并使供应链流程由过去的串联改变为并联的平台。以衣联网为例，在衣联网云平台上，用户社群先向企业说明自己的需求，企业再进行相应的设计、采购、生产，并在此期间不断与用户进行交互反馈与微调，用户全流程跟踪衣物的设计、采购、生产运输、仓储和销售环节。在大规模定制化生产下，洗衣机不再是以往单纯用来洗衣服的机器，还是帮助护理衣服、衣物存放、搭配、提供购买建议的好帮手，形成了价值共创的服务平台。其优点也显而易见：用户个性化，凸显了用户的终身价值，增加了用户黏性；员工创客化，激发了员工的创造热情，孵化了创新产品；企业平台化，增强了其供应链管理能力、对市场需求的敏感度以及组织的战略柔性管理。消费者改变了传统的价值链结构，增加了对企业的品牌认知，参与热情被最大限度地激发，实现了多方资源整合与价值共创，为企业竞争力的构建提供了新的机遇。但是，现有研究尽管强调消费者参与企业价值创造的过程，但对企业如何与消费者进行资源交互、如何形成协同演化动态能力以实现价值共创的探讨不足。

第二节　竞争生态

互联网竞争环境与传统竞争环境形成巨大差异，主要表现在信息交互、权力结构、竞争程度和进化特征四个方面：

第一，信息交互。传统商业环境中的企业与消费者信息交互受制于时间限制和空间限制，直接交流相对较弱；在互联网商业环境中，数字化技术使信息搜寻、消费者获取信息的成本降低，可以快捷检索到所需产品和服务的说明，达成与企业的交互。实践中，无印良品公司通过线上"生活良品研究所"展示每日新品并提供产品信息，形成了企业与消费者的直接交流。因此，互联网环境下的企业与消费者信息交互较之传统商业环境发生了巨大变化。

第二，权力结构。互联网通过信息增权减弱了企业与消费者间信息不对称程度，提升了消费者议价能力（Porter，1980，2001；Howells，2005），因此，改变了企业和消费者的权力结构。

综上所述，在互联网商业环境中，消费者增权和消费者参与行为显著影响企业的战略和运作，促使企业对环境的适应在很大程度上表现为企业对消费者的适应，消费者成为能够代表环境特征的重要因素之一（Howells，2005；van Doorn et al.，2010）。

其中，团购（Group Purchase）模式作为一种新兴的电子商务模式，通过消费者自行组团、专业团购网站或商家组织等形式，提升用户与商家的议价能力。较为典型的有微博团购博主，选出优质货品，与其他消费者联合购买，加大与商家的谈判能力，从而求得低于零售价格的团购折扣和单独购买得不到的优质服务。在传统商业环境下，消费者难以对企业形成显著影响；而在电商环境下，互联网强化了消费者群体间互动，促使松散的权力个体凝聚成为权力群体，形成能够运用权力影响企业决策的消费者群体。

第三，竞争程度。企业竞争的 1.0 时代是企业间的竞争，竞争的边界基本等于企业业务的边界，在这种竞争状态下，竞争力主要来自于企业的内生竞争力，竞争中提供的价值是企业自身的产品或服务，竞争的基础是企业自身的资源，如百事可乐和可口可乐的竞争。企业竞争的 2.0 时代是产业链间的竞争，竞争的边界会扩大到不同的产业链上，但竞争依然处于行业内部。在这种竞争状态下，竞争力主要来自于产业链的协调运作，竞争中提供的价值是合作效率提高带来的溢价，竞争的基础是企业可以控制影响的资源，竞争对手不是市场份额而是产业链上下游，用产业链的整体效率和风险分担去展开竞争，如国美苏宁的崛起，占据了采购定价和行业话语权，把握了供应链的低毛利率。企业竞争的 3.0 时代是生态系统间的竞争，竞争的边界将会跨越不同的行业，这种竞争状态下竞争力主要来自于行业整合所带来的优势，目前互联网巨头间的竞争正形成这种态势，产生"赢者通吃"（Winner Takes All）效应。传统商业环境中的企业间竞争存在较多壁垒，更容易维持长期竞争优势，企业间竞争也存在地理区隔、时间区隔和行业区隔，较少在短时间内遭遇巨大冲击；在互联网环境下，众多行业受互联网冲击都在不同程度地经历"换血"①，在极短时间内遭受频繁的颠覆性冲击。此外，互联网市场的兴起推动跨界转型、产品迭代、快速创新，这使企业的竞争优势更加难以维持。

第四，进化特征。从进化角度来看，在传统环境下，企业和消费者进化速度较慢、周期较长，这主要源自于传统竞争环境的稳定性和市场的适度变化；在电商环境下，企业和消费者进化速度较快，周期较短，一方面，企业不断推陈出新，产品、服务和整个商业模式不断创新；另一方面，消费者购物行为、社交行为、学习行为和对环境的认知也在短时间内发生明显改变。新消费人群导致渠道、偏好、影响方式变化，新技术的崛起使消费模式多元化，KOL 内容营销发展势头迅猛，广告主在微博和短视频领域投放增长迅速，新营销方式不断更新、平台更加多元化，短视频种草、联名跨界、直播带货、话题营销、分众营销等备受青睐。

总的来讲，互联网环境具有高度动荡、快速变化的特征，因此，对企业和消费者分别形成了压力。这种压力既包括正向压力（即发展压力，市场变化会带来新发展机遇），也包括负向压力（即生存压力，市场变化导致既有资源、能力、优势失效）。互联网时代更加剧了商业模式的革新与企业效率的优化。部分企业通过正确的组织变革成功应对环境变化，进而适应新环境特征。以腾讯为例，从1998 年成立至今，在 20 年时间里进行了三次成功的数字化战略转型与管理变革，由去山寨化到平台开放化，再到 2018 年成立云与智慧产业事业群、平台与内容

---

① 资料来源：http：//www.ebrun.com/20141224/119228.shtml。

事业群，正式将战略发展方向由消费互联网调整至产业互联网，大力发展云服务、大数据、5G与AI等新兴数字化技术。

而与此同时，其他部分企业可能因为不恰当的组织变革、遭遇变革风险或其他伴随市场动荡的偶然因素而失去竞争优势，逐渐退出市场。例如，鼎盛时期的柯达曾创造了诸多神话，一度占据全球2/3的胶卷市场，拥有14.5万名员工，特约经营店遍布全球各地。早在1975年柯达就发明了世界上第一台数码相机，然而，为了不让数码相机冲击其蒸蒸日上的胶卷业务，柯达选择雪藏这一新技术，并坚持固守传统市场。随着数码成像技术的发展与普及，数码产品以迅雷不及掩耳之势席卷全球，传统胶卷市场迅速萎缩。在数码时代的大潮中，故步自封的柯达原本的技术优势丧失殆尽，失去行业龙头地位。

对消费者而言，部分消费者会通过快速学习、交流，适应互联网时代的新技术，以及新技术驱动下的生活方式变革，而部分消费者可能会因为历史、社会和文化等因素远离、放弃、拒绝新技术及信息化的生活方式，进而成为"数字难民"。在本书中，将会详细展开对竞争生态下企业演化和消费者演化的论述。

第三节　数字化转型

数字化转型是指通过数字化技术改进或替换现有资源，从而根本性地改变企业的过程。因此，数字化转型不是单纯的信息化，而是企业将数字化技术与核心业务或核心商业模式深度融合的一种组织变革。

2020年9月，马云在2020线上中国国际智能产业博览会线上峰会上提出，"数字化以前只是让一些企业活得更好，而今天是企业活下去的关键。数字化的进程本来可能需要三五十年才能完成，现在却被大大地加速了，这个过程很可能缩短到一二十年。在所有我们面临的不确定当中，数字化是我们现在最确定的巨大机遇"。由于疫情对于线下经济的破坏性重构，以及对线上业务的强力主推，无论原生于互联网的数字化企业，还是正在谋求转型与变革的传统行业，数字化都已然成为企业在当前时代生存和发展的关键。伴随AI、5G、云计算、边缘计算等数字化技术在各行业以及企业各价值链环节的深度渗透，以及不断迭代更新的社交媒体技术对消费者的赋权，都迫使企业需要寻求数字化的力量强化既有优势，并寻找新增长点。

然而，数字化转型是艰难和高风险的，主要表现在两个方面：一是以往企业进行生产制造的转型升级或从熟悉产业转到陌生产业等，都是在工业化体系内的变革（李廉水等，2004；孔伟杰，2012），这一次则是从工业化体系转向互联网体系，跨体系的变革提高了转型的风险，使企业突破组织惯性的难度更大（Hansen and Siew，2015）；二是以往企业转型面临的风险多是单一风险，即突破组织惯性的风险，较少应对创新风险，因为其转型后可以模仿和学习先进企业或相关行业优秀企业的经验（Corso et al.，2003）。但互联网转型使传统企业转向一个全新的市场环境，缺乏成熟、可借鉴的模式，在这种情境下，企业转型面临双重风险，即突破组织惯性的风险和形成新惯例的风险。因此，尤其对于传统企业数字化转型，如何应对"不转等死，转不好找死"的转型痛点和难点，是实践中面临的难题。

与消费者形成紧密的协同演化或是应对这一转型难题的重要突破口。一方面，消费者始终代表着需求端，与消费者协同演化意味着企业作为服务提供者之一能够与需求端保持高效协同。诸多实践表明，AI、5G、云计算等数字化技术已经在部分行业实现了这种协同演化。以数字广告行业为例，近几年兴起的程序化创意广告，能够根据用户触达广告时形成的反馈数据即时改变广告内容，实现广告营销的"千人千面"和"一人千变"。在这一过程中，广告产品利用智能算法实现创意制作、投放管理和方案优化等全流程的程序化，支持在产品创新的每个环节都与用户高效互动。其中，对每个用户都可以通过 IP 地址等唯一标识进行识别，其受广告影响的行为可以被准确评估；同时，通过数据积累，还可建立对用户行为的长期量化分析，这对广告业各环节企业都具有深远的战略意义。另一方面，鉴于消费者正在高速进化，成为参与营销、研发等多个重要价值链环节的价值共创者，与这些特殊消费者形成协同演化，意味着企业的战略或运作能够根据来自特殊消费者新异质资源进行适应性调整，体现了企业对生态合作伙伴的适应能力，对企业实现适应性变革与管理创新具有重要意义。实践中，有不少企业对与消费者互动形成的新型营销模式进行了探索。其中，基于社交平台的社群营销成为企业借助消费者效应和口碑效应转变营销模式的重要突破口。部分企业还将具有营销影响力的消费者作为引流和促进交易的"媒介"，通过消费者互动来强化消费体验、品牌认知和品牌忠诚（Bruhn et al.，2014）。例如，主流社交媒体平台，如微博、微信、抖音、快手、淘宝直播、小红书、bilibili 等，孕育了大量 KOL 和 KOC，使社群营销成为与传统电商营销并肩的重要方式，其中，仅"电商＋直播"模式就创造了千亿级新市场。选择与身处不同社群的特殊消费者合作，就意味着选择了该消费者所连接的流量，而当消费者选择去关注或购买由特殊消费者推荐的某一产品时，就实现了"流量变现"。因此，如何与不同类型的特殊消费者合作，如何随这些消费者一同进化实现高效的社群营销，是当代企业需要思考的重要问题。

第三章　企业与消费者协同演化动态能力的理论基础

委托代理理论、交易成本理论、制度理论是经济学理论在企业管理理论研究中的三个主流理论。企业动态能力理论则是企业战略管理与运营管理研究中的一个主流理论，形成了诸多研究成果。对企业动态能力理论主要研究成果的梳理和分析，将为本书的研究与理论拓展提供必要的文献基础。

本章主要从基于单向关系的动态能力、协同演化理论、企业与消费者价值共创三个领域对相关文献进行梳理和阐述。

第一节　基于单向关系的动态能力

动态能力理论对企业应对环境变化的行为提供了有说服力的观点（Teece et al., 1997；Eisenhardt and Martin, 2000；Zollo and Winter, 2002）。然而，现有研究主要从企业视角探讨动态能力的形成机制及特征，极少涉及消费者等外部环境的视角（冯军政和魏江，2011）。尽管 Eisenhardt 和 Martin（2000）认为由消费者偏好、竞争者行为和技术变革带来的市场环境动荡会影响企业的动态能力，但主要将环境与企业动态能力的关系视为单向因果关系，对企业如何构建与消费者相互影响的动态能力未充分关注。随着电子商务市场的快速扩张和渗透，消费者对企业战略和运作管理的影响日益显著，但消费者行为对企业动态能力的影响机制及特征并不清晰，成为动态能力理论研究的一个盲点。

下面，将从动态能力理论的概念界定、理论流派、形成机制、类型和影响五个方面梳理现有相关研究。

一、动态能力的定义

现有研究主要从五个视角定义动态能力。

1. 能力视角

现有研究认为动态能力是企业整合、构建及再配置内部与外部资源，从而应对快速变化环境的能力（Teece et al.，1997），是一种区别于常规能力的企业能力，能够影响常规能力改变的速度（Teece，2012），帮助企业的常规能力更好地进化（Helfat and Peteraf，2003）。Felin 和 Powell（2016）指出，在动荡的行业中取得成功，需要预测、塑造和适应不断变化的竞争格局的更高阶的能力。动态能力反映了这种高阶能力的特征，是企业创造、扩展和改变其生存方式的能力，包括改变资源（有形和无形资产）、经营能力、企业规模和范围、产品、客户、生态系统，以及其外部环境的其他特征（Teece et al.，1997；Winter，2003；Helfat et al.，2007；Teece，2007；Helfat and Winter，2011）。孙新波等（2019）认为，动态能力是基于外部环境不断变化的一种能力，它强调企业对资源的整合、构建和重构（Teece，2007），因此，认为动态能力是企业在创造新产品和流程时对于市场环境变化所做出的反应。Shafia 等（2016）认为，动态能力是创新能力的先决条件，指出动态能力作为组织的高阶能力，能改变、开发并重构出作为运营能力的创新能力。

2. 资源视角

该视角的研究将企业视为协同资源的组织，认为动态能力是企业有目的地创建、扩展或更改其资源基础的能力，影响企业资源再配置过程（Helfat et al.，2007；Braganza et al.，2017）。Pan 等（2015）提出，本质上，动态能力观认为，新的竞争优势是通过创造新的资源来实现的，从而与不断变化的环境保持一致。动态能力使企业调整其资源位置，包括涉及收购、产品开发、进入国家、联盟和资产剥离的业务（Brown and Eisenhardt，1997；King and Tucci，2002；Helfat and Peteraf，2009；Bingham and Eisenhardt，2011）。卢启程等（2018）认为，在快速变化的超竞争环境中，企业需要动态能力及时感知和响应市场需求，以求达到整合内外知识和其他资源及能力的效果，帮助企业进行优势重构和组织创新。此外，还有部分研究者认为动态能力本身是一种特殊企业资源，能够有效提升其他资源的生产效率（Makadok，2001）。

3. 流程视角

该视角的研究将动态能力定义为一系列具体且可识别的流程，通过整合、再配置、获取和释放资源来应对变化甚至创造市场变化（Eisenhardt and Martin，2000）。Drnevich 和 Kriauciunas（2011）通过开发新的流程、产品和服务，动态能力还可以帮助企业识别和应对机遇，从而提高绩效。通过改变公司流程、产品和服务以及客户关系，这些能力可以在流程和公司层面对公司绩效做出积极贡献。因此，作为企业的战略活动，动态能力使企业高效率地再造资源配置流程以应对市场变化。Bingham 和 Eisenhardt（2008）认为，动态能力可使企业感觉到低增长需求即将发生外部变化，对业务惯例作出预备性内部调整，并重新配置其资源，以便在面临新的外部条件时保持高效率。没有这种能力的公司可能会因为环境的变化而措手不及，导致劣势。Helfat（2007，2009）等认为，动态能力不仅包括识别机会的能力、灵活应对的能力，还包括对某个行动过程进行执行的能力。它是一种稳定的、结构化的、模式化的组织过程，有目的地改变企业的低阶能力，使组织能够通过适应变化的环境而获得竞争优势。Zollo 和 Winter（2002）以及 Denford（2013）将动态能力视作知识处理的循环过程。陈劲（2017）在开放式创新的研究中，认为动态能力是知识资源整合的过程。动态能力发展的最重要机制是学习和经验形成的过程、路径依赖（Helfat et al.，2007；Zollo and Winter，2002；Zahra et al.，2006）。

4. 学习视角

该视角的研究认为动态能力与企业管理者对环境动态性的认知相关，是一种集体活动的学习模式，由此在组织内部形成高效稳定的组织操作常规来形成竞争力（Stahle and Boundour，2008；Ambrosini et al.，2009）。Eisenhardt 和 Martin（2000）以及 Easterby‐Smith 和 Prieto（2008）等的相关研究也表达了同样的观点，认为组织学习是构建动态能力的重要机制。Cavusgli 和 Knight（2015）强调了企业独特的动态能力以及其培育的优势作为组织学习和早期国际化的有效驱动力的作用。Madhok 和 Osegowitsch（2000）认为，动态能力是指组织在快速变化的环境中做出响应的方式，当企业意识到动态能力的增强带来的业务价值时，会促进对内生知识的综合学习机制的良性管理，以此建立自身的竞争优势。

5. 认知视角

该视角的研究认为，动态能力是组织认知、管理认知和员工认知的结果，能力的构建需要通过组织成员的认知转变和组织操作常规的转变来支持，因而员工情绪和无意识认知等均会对动态能力构成影响（Danneels，2008；Hodgkinson and Healey，2011）。

综上所述，尽管基于不同视角的研究在动态能力定义的细节上存在一定差异，但总体而言，能力视角和资源视角是主流视角，总体上遵循了 Teece 和 Eisenhardt 等学者对动态能力的经典定义。流程、学习和认知三个视角主要侧重动态能力的不同微观基础，如流程视角强调流程和惯例对动态能力形成的影响。本书的研究主要借鉴能力视角和资源视角对动态能力的概念，认为动态能力是"企业整合、构建及再配置内部与外部资源，从而应对快速变化环境的能力"（Teece et al.，1997）。其中，既借鉴能力视角对动态能力与常规能力之间区别与关联的考虑，也借鉴资源视角将资源配置视为动态能力最重要的微观基础之一的研究思路。

二、动态能力研究的理论流派

动态能力理论源于战略管理，在多年的发展中主要形成了两个理论流派，以 Teece 为代表的 TPS 流派和以 Eisenhardt 为代表的 EM 流派。TPS 学派和 EM 学派既有理论观点上的共性，也存在极明显的争议点。这引发了学界对两个动态能力理论学派观点的梳理、对比，也激起了对冲突观点的争论和融合研究（Peteraf et al.，2013），动态能力理论两大学派的对比如表 3－1 所示。

表 3－1   动态能力理论两大学派的对比①

	以 Teece 为代表的 动态能力理论学派	以 Eisenhardt 为代表的 动态能力理论学派
理论出 发点	资源基础观	资源基础观
关注 对象	动态能力构建路径、组织惯例	企业"最佳实践方式""实质性能力"
能力基 本维度	协调/整合能力、学习能力、重构 能力	产品研发能力、战略结盟能力、战略决策能力等"实质性能力"
共同点	（1）对动态能力理论意义的理解：动态能力主要用于解释"企业如何在快速变化的环境中获取和维持竞争优势"。这一问题涉及三个子问题：①一个企业如何获取一种竞争优势；②一个企业如何在竞争中维持竞争优势；③企业是否能够在快速变化的环境中完成这些目标（这就是动态能力理论框架的限制条件）。 （2）在动态能力研究中均关注组织惯例、管理过程和组织过程。 （3）都认为动态能力是资源基础观的拓展。 （4）对动态能力的解释提出了互补性的观点：TPS 学派虚化了动态能力，而 EM 学派则将其定义为具体的实质性能力。在动态能力的解释上实现了互补	

---

① 根据现有动态能力理论综述类文献整理。

以 Teece 为代表的 动态能力理论学派	以 Eisenhardt 为代表的 动态能力理论学派
争议点一：动态能力理论的边界条件，即动态能力被应用在什么情境下	
TPS 学派认为，以"技术快速变化的环境"作为动态能力理论的边界条件	EM 学派认为，TPS 学派描述的动态能力更多适用于"市场温和地动荡"情境，但在高度动荡的市场环境中，动态能力会表现出不同特征；认为"有效的动态能力特征随着市场动态性的不同而不同""动态能力本身很难在高度动荡的环境下维持"
争议点二：动态能力与竞争优势的关系，即动态能力是否能带来竞争优势	
TPS 观点：认为动态能力是企业竞争优势的来源之一	EM 观点：认为动态能力是一小部分竞争优势来源之一。具体来说，EM 认为任何由动态能力产生的竞争优势都有可能是相对较小的竞争优势（如产品研发上的，或是服务提供上的）或是不太重要的竞争优势。因为 EM 认为动态能力是一种最佳实践，而最佳实践具有共性，仅仅在某些小的方面展现出稀缺性。因此，动态能力不能够为一个企业带来广义上的竞争优势
争议点三：动态能力与持续竞争优势的关系，即动态能力是否能带来持续的竞争优势	
TPS 观点：认为动态能力是"企业获取新竞争优势的能力"，因此提出动态能力是持续竞争优势的一种来源；明确指出，"一种竞争优势的持续性依赖于竞争对手能否轻易复制相关能力"	EM 观点：认为动态能力不是持续竞争优势的来源。动态能力并不直接创造竞争优势，而是通过修改企业的资源组合或者惯例，改变一些基础能力来间接地影响竞争优势；认为动态能力是"一种最佳实践"，最佳实践是具有等效性的，而且"在不同的企业中应该具有显著的共性（尽管在细节上具有一些不同）"，这也决定了它不能成为企业持续竞争优势的来源。EM 进一步提出，"在高度动态的环境下，竞争优势本身就难以预测，而动态能力又极为不稳定"

　　第一学派以 Teece 等为代表，以弥补资源基础观的静态性解释局限为出发点，通过借鉴 Porter 的产业定位理论和动态战略冲突理论，从资产、路径、组织过程三个方面剖析动态能力的本质属性。TPS 学派认为，动态能力生成于整个组织过程中，受企业的资产和路径所决定。此学派关注"路径"研究，特征体现在对企业资产结构不断构建与重组的动态调整的探讨，提出企业需要不断克服旧有惯例并创造新价值（Dyer and Nobeoka, 2000; Amit and Zott, 2001）。TPS 学派在现有以动态能力为理论核心的研究中引用率最高。

　　第二学派以 Eisenhardt 和 Martin 等为代表，结合实证分析方法提出 Teece 分析的动态能力并不是企业竞争优势的直接来源，而是通过产品研发和战略联盟及决策能力等多种"实质性能力"对竞争优势形成间接影响（Eisenhardt and Martin，2000）。该学派强调动态能力的情境特征，研究主要基于组织内部具体战略或具体情境研究动态能力特征。

在共同点上，首先，TPS 学派和 EM 学派均认为，动态能力理论是用于解释"企业如何在技术快速变化的环境中获取和维持竞争优势"，且这一理论问题可以被细分为三个子问题：一个企业如何获取竞争优势；一个企业如何在竞争中维持竞争优势；企业是否能够在快速变化的环境中完成这些目标（这就是动态能力理论框架的限制条件）。Peteraf 等（2013）认为，这是动态能力理论本身所涉及的、本质性的三个理论问题，所有后续以动态能力理论为核心的研究均围绕这三个子理论问题展开。其次，TPS 学派和 EM 学派在对动态能力的研究上均关注组织惯例、管理过程和组织过程，主要侧重从战略管理视角来探讨动态能力理论。虽然动态能力理论在后来的发展中呈现多视角、跨学科的特征，但对能力分析的基本要素和组织过程具有共性。再次，TPS 学派和 EM 学派都认为，动态能力研究是资源基础观的拓展。最后，有学者提出，TPS 学派和 EM 学派对动态能力的解释提出了互补性的观点，这也可以被认为是两个理论学派的交融点（Peteraf et al.，2013）。例如，TPS 学派虚化动态能力指出，动态能力是由协调/整合能力、学习能力、重构能力等构成的（Teece et al.，1997）；而 EM 学派则将动态能力定义为实质性能力。因此，两者在动态能力的解释维度上实现了互补。

根据 Peteraf 等（2013）对 TPS 学派和 EM 学派理论观点的归纳，主要列出三个理论争议点：

1. 争议点一：现有动态能力理论适用于何种情境

Teece 于 1997 年正式提出动态能力，并明确定义动态能力适用于解释企业在"技术快速变化的环境"下如何形成和维持竞争优势，并将"技术快速变化的环境"作为动态能力理论的边界条件（Teece et al.，1997：P516）。而 EM 学派通过研究认为，TPS 学派描述的动态能力更多适用于"市场温和地动荡的环境"，指出在高度动荡的市场环境中动态能力会很不稳定，"有效的动态能力特征会随着市场动态性的不同而不同"（Eisenhardt and Martin，2000：P1106）。Wilden 等（2016）认为，动态能力有利于适应环境，但是对于高速动荡的外部环境，在资源稀缺的境况下这样做的能力可能有限。在这样的环境下，常规化的感知、控制和重组活动可能无助于企业适应不可预测和严苛的环境。因此，"动态能力本身很难在高度动荡的环境下维持"（Eisenhardt and Martin，2000：P1113）。根据这一观点，EM 学派认为，TPS 学派对动态能力的描述只有在"市场温和地动荡的环境"中才具有合理性。Eisenhardt 和 Martin（2000）以及 Zollo 和 Winter（2002）拓展了 Teece 等（1997）关于动态能力适用情境的论断，提出超竞争环境或者高动荡环境并不是适用于动态能力的唯一情境。Zahra 等（2006）以及 Townsend 和 Busenitz（2015）认为，在稳定环境、新创企业的研究中也可以使用动态能力来分析。Eisenhardt 和 Martin（2000）对两种类型的动态市场进行了对比分析，如表 3 - 2 所示。

表 3 - 2　动态能力和动态市场的类型①

	适度动态市场	高速发展市场
市场定义	稳定的产业结构，明确的边界，清晰的业务模式，可识别的成员，线性和可预测的变化	模糊的产业结构，模糊的边界，不明确的业务模式，模糊易变的成员，非线性和不可预测的变化
形式	详细的可分析的路径，该路径依赖于大量的现有知识	简单地，由经验中得来的路径，依赖于特定环境下新知识的创造
执行	线性	迭代
稳定	稳定	不稳定
结果	可预测	不可预测
有效演化的关键	频繁的变化	选择

2. 争议点二：动态能力是否能带来竞争优势？

TPS 学派认为动态能力是企业竞争优势的来源之一。相比而言，EM 学派认为动态能力是一小部分竞争优势来源之一。具体来说，EM 认为任何由动态能力产生的竞争优势都有可能是相对较小的竞争优势（如产品研发上的，或是服务提供上的）或是不太重要的竞争优势。Eisenhardt 和 Martin（2000）通过研究发现，动态能力来自企业最佳实践，或者是动态能力本身就是企业的最佳实践。而最佳实践具有共性，仅仅在某些小的方面展现出稀缺性（Eisenhardt and Martin，2000）。Ries（2011）强调迭代创新是企业采取"小而快"的创新工作，用极简的原型和较小的更迭快速进入市场，与用户进行深层次互动，进而获得经用户证实认知的过程。因此，动态能力不能够为企业带来广义上的竞争优势，只可能在

---

① 援引自 Eisenhart 和 Martin（2000）的研究。

某些局部的业务领域或细分的战略领域产生竞争优势。

3. 争议点三：动态能力是否能带来持续的竞争优势？

TPS 学派认为，动态能力是"企业获取新竞争优势的能力"（Teece et al.，1997：P515），因此提出动态能力是持续竞争优势的一种来源。具体指出，"一种竞争优势的持续性依赖于竞争对手能否轻易复制相关能力"（Teece et al.，1997：P518）。这种观点隐含了，如果一个企业的动态能力不能够被轻易地复制，那么它们就能够成为持续竞争优势的来源。这是 Teece 等（1997）最初提出动态能力时对资源基础观思想继承的体现。但是，EM 学派认为动态能力不是持续竞争优势的来源（Eisenhardt and Martin，2000：P1110）。EM 学派认为，动态能力并不直接创造竞争优势，而是通过修改企业的资源组合或者惯例，改变一些基础能力来间接地影响竞争优势（Zahra et al.，2006）。Bogers 等（2019）指出，从动态能力的角度来看，企业持续盈利增长的关键是随着其发展和市场、技术的变化，重新组合和重新配置资产和组织结构的能力，从而将人才和资金等资源转移到能够提供最大价值的地方。EM 认为，动态能力是"一种最佳实践"，最佳实践是具有等效性的，而且"在不同的企业中应该具有显著的共性（尽管在细节上具有一些不同）"（Eisenhardt and Martin，2000：P1105），这也决定了它不能成为企业持续竞争优势的来源。

通过梳理文献发现，无论是 TPS 学派还是 EM 学派，都较少考虑消费者在企业动态能力形成中的重要作用，且主要从"环境→企业"的单向因果关系上论述动态能力的发展和构建；此外，无论是 TPS 学派的"适度动态情境"还是 EM 学派的"高度动态情境"，都是以企业主导为特征的商业情境。但在互联网环境下，企业主导地位被颠覆，消费者影响性和重要性急剧提升，企业和消费者的互动性增强；同时，企业不仅在适应环境，也在影响环境。因此，基于双向因果关系的动态能力研究可能会为解释企业如何通过与消费者协同演化，形成应对消费者变化的协同演化动态能力提供理论创新的突破口。

三、动态能力与环境因素

市场、竞争者、消费者、技术是影响企业动态能力的重要环境因素，这些环境因素的变化均会刺激企业做出改变，形成动态能力以适应环境变化。Eisenhardt 和 Martin（2000）总结了两种市场类型：一是适度动态市场。适度动态市场往往具有稳定和明确的产业结构、清晰的经营边界和渐进发展的业务模式，市场变化呈线性增长。因此，在适度动态市场中，企业可以通过积累大量现有知识、频繁的组织活动及变化形成动态能力，以适应渐进的环境变化。二是高速发展市场。在高速发展市场中产业结构和经营边界都比较模糊，业务模式极其多样，人员流动强、跨界多，总体发展呈现不可预测和非线性特征。因此，在高速发展市场中，企业主要通过新知识创造、恰当的选择来形成动态能力，以适应快速变化的环境。Teece（2007）认为，发展中国家的组织实践表明，新能力的更新和创造为企业提供了可持续的竞争优势。竞争者变化和消费者变化也会增加环境不确定性，主要被纳入到市场变化的考量中，具体形成如产品同质化、价格竞争、市场需求波动等环境变化，刺激企业形成动态能力以生存或发展（Pavlou and Sawy，2011）。Mikalef 和 Pateli（2017）指出，在当代动态和准全球化市场中，动态能力对企业的竞争生存尤为重要。Helfat 和 Winter（2011）认为，动态能力被建议从新的能力和资产组合中交付租金，并产生能够塑造市场的结果，如创业精神、创新、半连续的资产编配和业务重组。

技术变革是互联网环境形成的重要特征之一，尤其是互联网技术驱动的企业间、企业与消费者之间、消费者与消费者之间连接方式的变化，改变了商业规则，促使商业环境整体发生变化，这也刺激了企业基于技术变化构建动态能力。Lawson 等（2013）认为，技术能力是促进使用大数据进行分析的基础。例如，Karimi 和 Walter（2015）认为，数字化技术创新对企业传统业务带来了破坏性冲击，刺激企业改变、拓展或调整企业既有资源、流程和价值，形成一阶动态能力。在信息技术与动态能力的研究上，现有研究一是侧重探讨信息技术如何促进组织学习（Pavlou and Sawy，2011），提升企业对内外部知识的获取和管理，进而促进企业动态能力形成；二是基于战略视角探讨信息技术对动态能力的影响，指出信息技术能够通过促进市场交易的有效设计对企业创新战略发挥支持作用（Banker et al.，2011；Overby and Mitra，2014）；三是基于运作视角探讨信息技术对动态能力的影响，例如，信息技术对供应链协同、知识创造协同和运作流程协同的显著促进作用（Fawcett et al.，2011；Lee et al.，2012；Roberts and Grover，2012）。Teece（2018）对基于数字平台的生态系统给予了大量关注，认为动态能力可以使企业通过构建生态系统和设计合适的商业模式来创造和获取价值。

动态能力也是信息系统领域学者研究的重要理论之一。Bharadwaj 等（2007）认为企业的信息系统能力，其互补效应以及功能间、组织间的协调机制是企业绩效的重要预测因素。Nazir 和 Pinsonneault（2012）认为，信息系统可以通过开发数字期权来增强组织的灵活性，帮助企业加快决策速度，促进沟通，并对不断变化的条件做出快速反应。Mikalef 等（2019）的研究表明，强大的大数据分析能力能使企业在不断变化的商业环境中重新定位，增强其动态能力的洞察力，帮助企业建立竞争优势。这种影响由动态能力作为中介，进而对市场营销能力和技术能力以及竞争绩效产生积极显著的影响。

从资源视角来看，信息技术长期被作为企业运营的一种辅助性工具资源，但数字化创新技术和创新平台的诞生和发展，使很多学者发现信息技术逐步成为能够推动企业发展的使能性资源（Lee et al.，2012；Tiwana et al.，2010；Woodard et al.，2013）。例如，Sher 和 Lee（2004）认为知识管理的信息技术已被证明对提高动态能力非常重要，知识管理的影响也被特定的信息技术应用所控制。此外，Levinthal 和 March（1993）认为，新的信息和知识可以帮助管理者辨识机会。因此，机会识别既需要获取信息，也需要感知发展的能力。此外，管理者必须审视"本地"和"远程"技术和市场，包括了解客户需求、技术可能性、行业发展，及供应商和竞争对手可能的反应。当信息技术作为使能性资源时，它的重要特征是能够引导其他资源产生价值，进而创造出新的资源。例如，信息技术会影响其他资源和能力的设计及发展，因此，能够拓展或限制企业创新的机会（Lusch and Nambisan，2015）。Robert 等（2016）认为，在组织层面，信息技术在帮助组织感知机遇方面发挥着重要作用，同样，信息技术也会影响管理者感知机遇的能力。

具体而言，对动态能力的研究表明，管理者对信息技术的使用可能会影响机会识别。Shanmim 等（2019）认为，为了有效地管理大数据并做出高质量的决策，企业需要契约和关系治理、大数据分析能力、知识交换、跨部门协作、流程整合、灵活的基础设施、高质量的数据源及决策者。在这一逻辑下，信息技术本身就是创新的来源，而非支持工具。总体来看，现有研究主要关注信息技术[①]如何影响企业构建的动态能力，较少关注信息技术如何影响企业与消费者协同演化形成的动态能力。

消费者作为重要的环境要素之一，越来越受到现有研究的关注，尤其是关注互联网情境的相关研究，主要表现在三个方面：

---

① 这里所指的信息技术采用宽泛的技术定义，其与动态能力的观点也适用于数字化技术。

一是强调消费者价值，指出企业需要借助信息技术增强消费者数据收集（Chuang and Lin，2013），联结和维护消费者关系（Wang et al.，2013），并通过企业内部协同形成消费者敏捷性和营销动态能力（Roberts and Grover，2012）等。例如，Danneels 和 Erwin（2015）曾指出顾客能力包括对顾客需求、顾客购买程序和竞争对手的了解、对顾客的分销和销售渠道、反映在企业及其品牌声誉中的顾客商誉或特许经营权以及企业与顾客之间交流信息的渠道等资源。技术能力包括工程知识、制造设备和技术知识以及技术设计专门知识等资源。这类研究侧重探讨企业针对消费者变化做出的适应性调整。

二是关注企业与消费者的协同演化，如探讨企业与消费者的动态演化（Harrington and Chang，2005），以及企业在供给面与需求面资源链接中的平台成长机制（刘江鹏，2015）。这类研究着重关注企业与消费者的交互影响。

三是强调消费者在参与价值创造中的资源整合行为，如消费者通过整合社会网络资源和个人资源参与价值共创（Grönroos and Gummerus，2014）。这类研究聚焦于讨论消费者的行为变化。

总体而言，现有研究倾向于将环境视为一个模糊整体，强调企业对外部环境的应对和适应，将企业动态能力的形成逻辑假定为"环境→企业"的单向因果关系，对企业与环境协同演化形成的动态能力探讨较少，尤其对企业与消费者如何在协同演化中形成动态能力的探讨相对不足。在互联网商业环境下，消费者对企业的影响力和重要性显著提升，已深入影响到企业的战略、运作、学习和资源配置。因此，对互联网商业环境下企业动态能力的研究有必要从企业与消费者协同演化的交互视角探索动态能力的形成机制、发展过程、能力特征以及影响结果。

四、动态能力的形成机制

组织学习和资源配置是动态能力的两大主要机制。

首先，Eisenhardt 和 Martin（2000）提出，组织学习是推动动态能力形成和演化的重要机制之一，具体涉及多种学习机制，如反复练习（Argote，1999）、小量错误（Sitkin，1992）、危机（Kim，1998）、有节奏的经验（Hayward，1999）以及试错、即兴发挥、模仿等（Zahra et al.，2006）。学习能够促进能力形成和发展的主要原因在于，学习刺激了变异和选择（Eisenhardt and Martin，2000），促使企业克服资源守旧，在原有资源和流程基础上发生进化（Teece et al. , 2016)。

现有研究基于多个角度探讨了组织学习对动态能力的影响：Helfat（1997）认为，当外部环境发生变化时，企业会通过自身资源学习和积累所需外部知识，快速形成动态能力，从而产生适应市场变化的新产品和新流程；Mauludin 等（2013）提出，市场定位、学习和动态能力三者相互联系，并对企业绩效形成正向影响。Grigoriou 和 Rothaermel（2017）指出，内部技术和联盟能力对于促进和推动企业增长都很重要，特别是在创新和知识生成方面，其中内部技术能力往往嵌入现有的例行程序中，并常常根据内部化理论用于资源开发。相比之下，联盟能力通常需要频繁的调整，并且主要面向基于动态能力的视角下的资源挖掘。此外，最新研究侧重综合分析资源、流程、学习机制、能力形成、创新战略及绩效等多因素的相互影响，以及对企业构建动态能力的影响（Lin and Wu, 2014; Schilke, 2014; Makkonen et al. , 2014; Verreynne et al. , 2016）。

基于学习视角的动态能力研究主要侧重企业一方的学习机制和过程探讨，尽管部分研究关注了消费者学习（Arnould et al. , 2001; Iyengar et al. , 2007），但与组织学习和动态能力研究相对割裂，未从交互视角探讨企业与消费者如何通过互动进行学习以及如何通过这种交互式学习影响动态能力形成。

其次，资源配置是动态能力重要微观基础之一，是动态能力形成和表现的重要过程（Teece et al. , 2016）。现有研究主要探讨以企业为核心的资源利用，即企业通过获取和利用有价值、稀缺、难以模仿和不可替代的战略性资源，形成动态能力，构建竞争优势（Lin and Wu, 2014）。尽管资源观的相关研究指出，企业能够拥有的资源是有限的，需要与外部资源持有者开展合作（Pfeffer and Salanck, 1981），但在合作过程中主要强调对资源的控制（Hallen et al. , 2014; Jensen et al. , 2016）。其中，企业主导的资源利用主要包括资源获取和资源配用。资源获取是指企业通过识别和获取外部关键、有价值和稀缺的资源，拓展或改变原有资源基础（Wernerfelt, 2010），从而有效促进能力重构，推动组织转型；资源配用是指企业对不同来源的资源进行有机整合、重构和释放，使资源系统形成更大的价值潜力（Ge and Dong, 2008; 董保宝等, 2011）。合理的资源配用能有效更新企业内部资源组合（Eisenhardt and Martin, 2000）。

概括地说，在传统商业环境中，资源如何被获取和利用主要由企业决定，因而现有资源视角下的动态能力研究在资源基础、形成过程和演化机制方面均侧重关注企业行为，对企业与消费者交互行为及基于交互行为的资源机制的剖析相对缺乏。

五、动态能力的主要类型

在动态能力维度的研究方面，具有广泛影响的是 Teece 提出的动态能力三种维度的划分，即感知能力、利用能力和再配置能力。其中，感知能力主要是指企业感知外部环境的机遇和威胁，尤其是感知快速变化市场的能力；利用能力主要是指企业能充分利用和发挥资源的作用，以应对快速变化环境的能力；再配置能力主要是指企业通过战略管理引导内部变革，整合并重新配置资源，以保持竞争优势的能力（Teece，1997，2007）。

李晓燕和毛基业（2010）将动态能力划分为感知能力、决策能力和改变资源基础能力。Augier 和 Teece（2009）指出，感知意味着对公司外部环境的持续观察和对机遇和威胁的洞察力的积累。Wilden 等（2013）认为，捕获是企业对资源和能力的持续获取。Wilden 和 Gudergan 认为，需要对公司的资源和普通能力进行重组，以优化内部与环境的互补性。因此，动态能力构成维度不仅包括资源整合和重构能力等行为维度，而且包括机会和威胁感知能力等认知维度，存在于组织的不同层面，具有不同的产生形式和路径（Barreto，2010）。Koka 等（2016）还指出，动态能力所带来的可能提供多种选择机会的契合力面还基于环境的动态性和包容性。

感知、适应和整合是动态能力的三个基本维度（Teece，2007）。尽管基于不同视角的现有研究提出差异化的动态能力维度，但总体上均是上述三个维度的拓展、细化或补充，现有研究提出动态能力的主要维度如表 3-3 所示：

表 3-3　动态能力的主要维度（按年份排序）[①]

文献	具体维度
Teece 等（1997）	整合、建构、重构
Eisenhardt 和 Martin（2000）	资源视角下的整合、重构、获取与释放
Teece（2007）	机会感知、机会把握、机会利用
Helfat 等（2007）	搜寻、选择、配置
Wang 和 Ahmed（2007）	吸收、适应、创新
Pavlou 和 Sawy（2011）	感知、学习、协调、整合

---

① 该表格整理自现有动态能力研究文献。

文献	具体维度
Protogerou 等（2011）	协调、学习、战略竞争性反应
Wang 等（2014）	吸收、转化
Wilhelm 等（2015）	感知、学习、重构
Michailova 等（2015）	生成、获得、整合
Helfat 等（2018）	创新、感知、整合
Vallaster 等（2019）	感知、获取、转换能力、联络能力
Bogers 等（2019）	感知、获取、转换能力

具体来讲，动态能力的"感知"维度：感知能力主要是指企业获取外部环境的变化信息，尤其对于高速发展或高度动荡的市场，企业需要进行观测、搜寻和探索。感知能力要求在控制的集中化和分散化中寻找平衡，鼓励市场部门进行反馈，形成更开放的文化来激发组织探索外部环境变化，并形成组织认知（Teece，2007）。感知与诊断的战略概念直接相关，诊断是良好的商业策略的关键组成部分（Teece et al.，2007），提供了关键的信息过滤功能，限制了必须解释的数据量，从而减少了组织决策者的认知负荷（Helfat et al.，2014；Kor et al.，2013）。因为必须收集和处理大量数据，以发现内部和外部环境中的机会和威胁，这一功能尤其重要（Ambrosini et al.，2009；Hodgkinson et al.，2011）。

动态能力的"适应"维度：适应能力反映了企业再配置资源并及时有效地应对变化的能力（Gibson and Birkinshaw，2004）。有学者提出，企业采取适当的行为来应对市场变化，是企业适应能力的一个关键特征（Chakravarthy，1982；Mckee et al.，1989）。动态能力中的"整合"维度：整合能力是一种引导和管理一系列内部关联的变化的能力，而这种整合往往伴随着具体的战略预期，如强调机会和资源的整合与匹配（Teece，2007）。

此外，从层次划分来看，多数学者将资源视为企业的零阶能力，将运营能力视为一阶能力，将动态能力视为二阶能力（Winter，2003；Wang and Ahmed，2007；焦豪等，2008）。动态能力不同于普通能力，后者也被称为静态一阶能力（Collis，1994）和零阶能力（Winter，2003）。Helfat 和 Winter（2011）认为，零阶能力允许组织在当前生存，而动态能力改变了组织的生存方式。动态能力使企业改变资源基础，改变低阶能力，和/或发起组织外部环境的变化（Arend and Bromiley，2009；Barrales - Molina et al.，2014；Helfat and Winter，2011）。

Ambrosini 等（2009）认为，与管理者对环境动态性认知相关的动态能力可以分为三个层次：第一层是增长型动态能力；第二层是更新型动态能力；第三层是再生型动态能力。在国内，李兴旺（2006）将动态能力划分为自下而上的自发型动态能力和自上而下的主导型动态能力。孟晓斌等（2008）提出动态能力存在于个体、高管和组织三个层面。

第二节 协同演化理论

互联网环境下企业与消费者之间的联系从传统供需关系转变为双向互动的协同演化关系，消费者已经成为显著影响企业发展的重要环境要素之一。但从企业实践来看，部分企业或固守传统运作模式，或滞后于互联网对组织认知、运作和战略形成的颠覆冲击，或疲于应对多变的消费者需求，对企业如何与消费者形成相互作用的协同演化关系以及通过与消费者协同演化，如何形成应对消费者变化的协同演化动态能力等问题存在诸多困扰，这是企业实践正在面临且亟待解决的实践难题。

首先，本节将介绍协同演化理论；其次，比较协同演化理论与演化理论的继承和发展关系；再次，探讨组织层面的协同演化研究；最后，探讨基于协同演化视角的能力演化研究。

一、协同演化理论

协同演化是指一个物种的某一特性由于回应另一物种的某一特性而进化，而后者的该特性也同样由于回应前者的特性而进化（Ehrlich and Raven，1964）。协同演化（Co - evolution）属于演化（Evolution）的一种类型。

学术界围绕协同演化这一主题开展了长期的探讨。协同演化最早由生物学家 Ehrlich 和 Raven（1964）在《蝴蝶与植物：一个协同演化研究》一文中提出，该研究通过跟踪蝴蝶和植物的生长情况，揭示了生物界不同物种间的协同演化关系。随后许多学者对协同演化概念进行定义。Janzen（1980）将协同演化定义为，一个物种的个体行为受另一个物种的个体行为影响而产生的两个物种在演化过程中发生的变化。Bateson（1997）也认为，协同演化是在不断循环的过程中物种之间的相互依赖演化。在此过程中，物种 A 的演化为物种 B 自然选择的演化提供了机会，反之亦然（Moore，1993）。Pagie 和 Mitchell（2004）认为，协同演化能在一个或两个种族中形成。在第一种情况下，协同演化改变了个体对族群中成员的适应程度；在第二种情况下，个体的适应程度被它们在第二种族群环境中的行为所改变。因此，协同演化是彼此相互影响的物种或组织间渐进的相互变化，其相互影响有正向或负向，互利共生带来的共享为正向的相互影响，互利共生带来的掠夺与竞争则属于负向的相互影响（Agiza et al.，1997）。Lewin 和 Volberda（1999）总结归纳了协同演化的五个重要特征：多层级间演化、多方向演化、非线性演化、正向反馈以及路径依赖，通过这些特征可以帮助研究者有效识别出协同演化与非协同演化研究。

协同演化在 20 世纪 80 年代被确认为生物科学主流研究框架之一（Futuyama and Slatkin，1983）。生物界协同演化的动力主要来自生物系统的压力筛选。部分植物面对取食者的巨大压力，通过偶然突变和重组产生了一系列对于正常生长发育并非不利的次生化合物，例如，在次生代谢过程中产生具有防御作用的有毒反抗物质，形成植物的化学防御（钦俊德，1996，2001）。这部分植物因而可以获得生存，不能形成偶然突变和重组的植物群落则被取食者瓜分完毕而被自然筛选掉。同时，部分昆虫又通过偶然突变和重组适应植物的化学防御，部分则不适应而选择其他植物或被淘汰。这样，在生物群落中，昆虫对植物的取食压力被分散了，多种昆虫争夺同一植物资源的压力也被分散了。这种植物与昆虫的相互适应、演变和分化形成了协同演化（王德利和高莹，2005）。

20 世纪 80 年代中期，协同演化概念扩展到社会学和经济学领域（Porter，T. B.，2006）。Norgaard（1984，1985）最早将协同演化应用到社会文化和生态经济学研究领域，Gowdy（1994）在此基础上将演化生物学中的"间断平衡"和"突变"概念引入到经济和环境协同演化的研究中，Norgaard 和 Gowdy 奠定了社会学和经济学领域协同演化分析方法的基础（Gual and Norgaard，2010）。在经济与环境的协同演化方面，Kallis 和 Norgaard（2010）归纳五类协同演化子系统，即知识、价值、组织、技术和自然环境。Moreno 和 Kallis（2010）在研究农业与经济的协同演化时发现，经济生产随生态系统的变化而改变，而生态系统的改变则主要取决于人类活动。在供给与需求的协同演化方面，学者们主要关注消费者和厂商之间的相互作用以及如何将不可持续的经济活动转换为可持续生产与消费活动。

Malerba 等（1999）提出，一个供给与需求的协同演化分析框架，主要用于解决产业间的协同发展问题。Safarzyńska 和 Van Den Bergh（2010）通过研究消费者偏好及企业创新活动，提出了供给—需求协同演化框架。在制度与社会的协同演化方面，传统经济学家将制度作为外生因素，Van Den Bergh 和 Stagl（2003）则运用协同演化思想来研究制度及制度的演化，探讨制度与个体及种群之间的相互作用，并将这些交互影响分为四个层级：基因、个体、种群和制度。Nelson（2002）认为，技术的快速发展是技术与制度协同演化的主要驱动因素，技术在大工业时代产生了大规模生产的需要，从而推动制度进行相应改变。

20 世纪 80 年代末，组织管理领域也开始关注协同演化的研究（Lewin and Volberda，1999；郑春勇，2011）。组织领域的学者一直对组织演化的主要驱动因素是环境选择还是管理适应存在较大争议，协同演化理论为这一问题提供了新的视角，即演化是环境选择和管理适应共同作用的结果（Madhok and Liu，2006），因此，该理论逐步受到学术界重视。在企业与环境的协同演化方面，Lewin 等（1999）提出企业、产业与社会环境的协同演化框架，认为三者通过相互影响、相互依赖而共同变化发展；Den 等（1999）对企业吸收知识的能力与外部知识环境的协同演化进行了探讨；还有许多研究者将组织学习视为组织与外部环境协同的重要媒介，为了应对环境的快速变化，企业需要不断学习，提升动态能力，实现与环境的协同演化（Dijksterhuis et al.，1999；Koza and Lewin，1999；Santos，2003）。Rodrigues 和 Child（2003）通过研究制度环境和企业的协同演化发现，当社会规则发生剧烈变化从而影响市场竞争时，企业会选择新的战略模式以及演化新组织形式。

在企业与企业的协同演化方面，Volberda 和 Lewin（2003）识别出四类企业间协同演化的产生机制：被动选择、管理选择、水平更新和垂直更新，这四类机制能有效解释大量企业的演化现象。Levinthal 和 Myatt（1994）认为，企业能力与行业发展之间存在协同演化关系，并基于市场反馈、组织能力和管理选择等因素开发出一套简单的分析框架，用来研究企业如何在发展中获得持续竞争优势。Jacobides 和 Winter（2005）认为，交易成本和企业能力的协同演化是推动企业发展的决定性因素，其中，能力的差异导致企业间产生垂直专业化，而交易成本的差异则导致企业间产生水平专业化。在企业与消费者的协同演化方面，少数学者通过探讨企业不断为消费者提供新产品和消费者不断搜寻与之匹配的企业之间的相互影响和相互作用，对消费者与企业的协同演化进行了探索（Harrington and

Chang，2005；刘洁，2012）。

二、协同演化理论与演化理论

协同演化理论既继承了演化理论的思想，同时又明显区别于演化理论。

在共性上，协同演化理论还属于一种演化分析视角。演化分析视角（Evolutionary Explanations）是一个跨学科的分析视角，曾被广泛用于解释地理特征演变、经济变化、商业结构变革以及语言发展（Lewontin，1974）。在协同演化的基本理论分析过程中，继承了演化分析中对变异（Variation）、选择（Selection）和保留（Retention）过程的重视（Campbell，1969）。

在差异性上，协同演化理论与普通演化存在显著差异：协同演化理论强调物种之间的相互作用，既承认物种会受到其他物种或环境的影响，同时又强调物种自身的变化反过来也会影响其他物种或环境。但演化理论遵循的是达尔文主义中"物竞天择"的思想，认为物种的去留是一个被动淘汰的过程。不考虑物种本身对其他物种或环境的影响力和主动适应。因此，演化经济学家认为，企业强受限于自身能力，难以适应变化环境，而战略管理学者却认为，企业完全有能力制造变革（Murmann，2003：P12）。例如，Child 等（2012）从权力视角探讨了企业与外部环境的协同演化，提出现有研究侧重将关注点放在外部要素上，如制度，以及他们如何用服从机制和制度来限制企业选择和战略（Kostova and Roth，2002；Peng et al.，2008）。Child 等（2012）提出，企业也有能力影响制度或政府。一些企业可以通过塑造政治资本（Frynas et al.，2006），另一些企业可以通过在市场竞争中形成显著影响来逐步地、累积性地改变经济主体和政治主体（Rodrigues and Child，2008）。因此，对于组织管理研究情境，协同演化理论是对演化理论的一种补充和进步。

三、组织层面的协同演化研究

组织层面的现有协同演化研究侧重探讨宏观要素间的协同演化问题，例如，环境或知识环境（Frans et al.，1999）、企业种群（Geroski and Mazzucato，2001）、商业系统（Krug and Hendrischke，2008）、制度体系（Pacheco et al.，2014）、产业集群（彭本红，2009）和社会结构（刘德海和王维国，2012）。该类研究主要关注企业及其所处环境如何在一段时间内相互影响和发展（Rodrigues and Child，2008），主要以战略管理相关理论和协同演化理论为框架。其中，环境是协同演化研究的重要对象之一。大部分研究倾向于采用模糊化策略将环境视为一个整体（Frans et al.，1999），但部分学者采用具象化策略将环境中的某一重要因素提炼出来作为环境的代表，具体探讨该环境要素与其他协同演化对象的交互过程。如 Pacheco 等（2014）用"行业增长"作为环境一方的变量；Murmann（2013）在纵向案例研究中选取"学术学科"作为影响行业演变的重要环境因素。

部分学者也探讨了微观要素的协同演化问题，如企业能力（Jacobides and Winter，2005）、某一电子商务的平台结构（Tiwana et al.，2010）、企业团队（秦伟平和杨东涛，2010）、组织内部生态要素的变化（Galunic and Eisenhardt，1996）。以微观要素为主要协同演化对象的研究呈现多样化、分散化的特征，在理论框架的选择上根据对象的不同而具有明显差异，微观理论框架如能力理论（Coff，2010），宏观理论框架如复杂系统理论和演化理论（Tiwana et al.，2010；Jacobides and Winter，2005）。总体上来讲，虽然该类研究也基于协同演化视角，但对协同演化理论的应用不如以宏观要素为对象的协同演化研究。因此，这使部分以协同演化为主要研究领域的学者对该类研究是否属于协同演化研究表示质疑（Lewin and Volberda，2003）。

Murmann（2003，2013）提出，以统一研究范式来强化协同演化研究规范性，具体提出协同演化研究分析的两个步骤：

第一，研究者需要说明他们所研究的对象，如行业和重要环境要素符合种群（Population）的概念。种群是进化的基本单位。在生物学里，种群是指在一定时间内占据一定空间的同种生物的所有个体。种群主要通过变异（V）—选择（S）—保留（R）过程发生演化。因此，Murmann（2013）特别强调，展示种群的基本 VSR 过程，是现在行业演化分析（如 Aldrich（1979）的研究）中最基本的步骤。

第二，研究者需要分析"连接两个主体形成协同演化的双向因果机制"。正如 Child 等（2012）所指出的，"我们知道协同演化会发生，但我们对于它如何发生却知之甚少"，双向因果机制解释的就是协同演化为什么以及如何发生的问题。双向因果机制会通过影响 VSR 中至少一个以上的过程来驱动双方的协同演化。McKelvey（2001）认为，这意味着主体 A 的突变或适应性改变会引起主体 B 的适应性改变；主体 B 的这种改变，反过来又会引起主体 A 的改变，使其变为 A′。A′又进一步触发主体 B 的改变，使其变为 B′，这种互为因果的适应性响应过程会随着协同演化关系的存在一直进行下去，如图 3-1 所示。

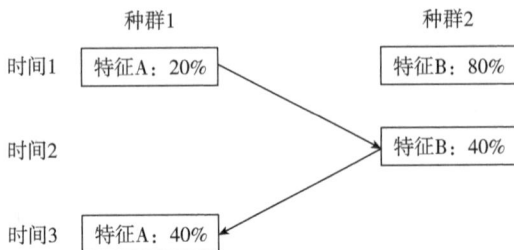

图 3-1　Murmann（2013）描述的两个种群的协同演化特征

根据上述文献分析发现，现有组织领域的协同演化研究对象多以宏观要素为主（如行业、制度），并形成了相对规范的协同演化研究范式（Murmann，2013），但这种规范的研究逻辑较少应用于以微观组织要素为主的协同演化分析中。此外，现有研究较少探讨企业与消费者的协同演化问题。因此，本书将借鉴Murmann（2013）提出的协同演化研究范式，分两步解释企业与消费者为什么以及如何形成协同演化。

四、组织层面的能力演化研究

协同演化理论中双向交互的研究思路有助于拓展动态能力研究中的单向因果思维。现有将演化与能力结合的研究主要涉及的是组织层面的能力演化研究，这类研究以战略管理相关理论为理论框架，综合考虑"能力"和"演化"两个要素。

具体而言，组织层面的能力演化研究强调企业能力具有层次性和进化特征，代表学者如 Collis、Zollo 和 Winter。首先，Collis（1994）提出能力演化规律，指出企业能力根据阶层可划分为三类：第一类为组织开展基本活动的能力，包括生产、采购与物流等能力；第二类为提升组织运营的能力，包括产品研发和模式创新能力等；第三类为企业认知自身并先于竞争对手制定优势战略的能力，如学习能力、变革能力等。其次，Zollo 和 Winter（2002）在 Collis（1994）能力层次结构假设基础上提出组织存在学习机制、动态能力和操作常规三个层次，并在后续研究中提出将进销存等操作能力视为一阶能力，将改变进销存等操作能力的能力视为二阶能力，即动态能力（Winter，2003）。还有研究指出，动态能力可以帮助企业的常规能力更好地进化（Winter，2003；Teece，2012），甚至通过"拓展、修正、改变和/或创造常规能力"以帮助企业应对破坏性创新造成的市场冲击（Karimi and Walter，2015）。

Felin 和 Powell（2016）关注企业如何通过组织设计将动态能力付诸实践，阐释管理者如何利用新的组织形式来建立感知、塑造和抓住机会的能力。他们论述了基于多头政治和社会证明的组织架构，使个人和团体能够建立更高层次的识别和捕捉机会的能力。自我选择的团队成员更直接地参与组织的项目，社会证明则能激励、沟通和协调。

Song 等（2016）关注企业各个层面的内部合作竞争，认为企业不仅应该利用业务单元之间的合作，还应该利用业务单元之间的竞争来增强其动态能力。在内部合作竞争过程中，集团的子公司和部门既是彼此最重要的合作伙伴，也是最激烈的竞争对手。当需要以市场为基础的效率来超越其内部竞争对手时，分支机构和部门之间的竞争激烈。这是因为在决定薪酬和晋升时，他们的表现是相互比较的。而当面对强大的外部竞争对手或能为每个参与者带来重大利益的项目时，子公司和部门会在集团内联合起来，进行合作，以创造协同效应。

部分研究基于演化视角探讨了企业与环境交互中的能力演进和影响，如Lewin 等（1999）指出，企业吸收能力在企业与环境的协同演化过程中扮演着重要角色；Frans 等（1999）提出，组织形式和组合能力是企业吸收能力的两个重要前因，这两个前因影响了吸收能力在微观层面和宏观层面与知识环境的协同演化效应；Jacobides 和 Winter（2005）识别了能力和交易成本协同演化的主要机制；Coff（2010）基于协同演化视角探讨了战略能力和议价权力的协同演化。

由于学习是能力演化的重要机制（Argote，1999；Sitkin，1992），因此，很多研究主要用组织学习理论来解释动态能力的演化问题。具体而言，组织学习理论试图通过组织的学习机制来回答动态能力如何形成和演进的问题。Zahra 等（2006）认为，试验、干中学、试错和即兴发挥等学习机制是企业动态能力形成的主要途径和方式。Zollo 和 Winter（2002）认为，动态能力的关键构成因素如过程研发、能力重构、流程再造和资源整合等，其形成均需要通过有准备的组织学习来进行推进。有准备的组织学习主要包括经验积累、知识表达和知识编码。

Cepeda 和 Vera（2007）在探讨知识、学习与动态能力的关系研究中发现，动态能力的提升需要组织通过学习和创造新的知识，并将新知识通过制度化的形式传递到组织的各个层面。Eisenhardt 和 Martin（2000）通过对组织学习过程的分析发现，重复实践、编码、试错、事件发生的快慢和企业所处市场环境的异同等，均会对动态能力的形成和提升构成影响。Mauludin（2013）等对市场定位、组织学习和动态能力之间的关系进行研究，发现三者相互联系并对企业绩效有正向影响，强调了组织学习、市场定位对动态能力形成的重要性。Hung 和 Yang（2010）认为，组织学习文化氛围和组织匹配过程能直接或间接地通过动态能力这一中介因素来影响企业绩效。在竞争激烈的环境下，企业通过重构组织学习能力来满足不同的学习需求，提升自身动态能力（Lyytinen et al.，2002）。

Chien 和 Tsai（2012）认为，知识资源和学习机制对动态能力的发展极为重要，动态能力能够提升企业绩效，而知识资源对动态能力的影响作用需要通过企业学习机制实现。Pan 等（2015）认为，一般来说，随着组织学习和适应变化，能力和资源会随着时间的推移而变化。动态能力演化由三个阶段组成，从创始阶段开始，接着是开发阶段，最后是成熟阶段，此阶段能力更多地嵌入到组织的日常工作中。企业发展的能力类型取决于外部环境中的市场活力水平。例如，在充满不确定性和不可预测性的高速市场中开发的能力是基于通过快速、迭代和基于经验的学习开发的简单过程。一个组织的战略方针对于发展最能提高竞争地位的能力至关重要。动态能力的路径依赖性表明，反复练习和从小量错误中逐步学习，最终将带来复杂、难以模仿的和对变化做出反应的能力。

一方面，贺小刚等（2006）在动态能力的研究中强调组织学习和应对外部环境变化，注重能力的系统性、结构性和动态性。罗珉和刘永俊（2009）归纳指出，动态能力涵盖了市场导向的感知能力、组织学习吸收能力、社会网络关系能力及沟通协调整合能力四方面。曾萍和蓝海林（2009）基于资源基础观构建了反映组织学习、知识创新、动态能力及组织绩效关系的理论模型，发现组织学习需要通过知识创新和动态能力作为中介变量才能提高绩效水平。焦豪（2008）等认为，组织学习在创业导向和动态能力之间扮演了中介效应功能。

另一方面，消费者进行消费的过程也是一个学习的过程，消费者的学习有助于其与企业形成双赢的局面（Iyengar et al.，2007）。消费者的学习是指通过信息处理从而改变消费者记忆和行为的一系列过程（Arnould et al.，2001），这一过程既包括消费者的个体学习，又包括消费者的群体学习。消费者学习容易受外部因素的影响，例如，消费者对特定产品的熟悉度、购买动机及对各种信息环境了解的不确定性（Hoch and Deighton，1989）。因此，信息的丰富度、交互性及生动的呈现方式能有效地促进消费者的学习（Li et al.，2003）。Lavidge 和 Steiner

（1961）对消费者学习的经典研究主要围绕认知、情感和意动三个维度。其中，认知维度体现的是消费者的理解程度如何受产品信息的影响（Bettman and Park，1980），情感维度体现的是消费者的态度是否受某种特定的刺激所影响（McKenzie et al.，1989），意动维度是指消费者受到不同的刺激后所采取的行为反应，例如，受到刺激后产生的购买意图等（Li et al.，2003）。Nelson（1970）通过将购买经验型产品的消费行为进行建模，检验了消费者学习对企业行为的影响，认为消费者学习能力的提升能有效提升经验型产品的销售效率。此外，消费者学习对企业动态能力有重要影响，Agarwal 和 Selen（2009）在研究服务型组织的过程中发现，创新型服务需要价值网络中各方参与者的协同学习，包括消费者、股东、供应商等，从而促使企业产生更高层次的动态能力。

与传统企业相比，电商企业除了需要销售产品和服务之外，还需要对不同知识背景的消费者进行相关知识教育和普及（Li，2007）。通过线上智能机器人，企业可以清楚了解消费者的学习偏好，将在线学习过程个性化，并精准推送个人最优学习模式。Clay 和 Goettler（2003）在研究不完全信息下在线消费者购买行为时发现，消费者学习的提升能增强消费者与企业的总体福利。Narayan 和 Zhao（2013）的研究显示，尽管在线消费者更倾向于从在线购买评价而不是自身线下购物经验中进行学习，但虚假的在线评价会提高消费者购买的不确定性。

上述研究表明，组织学习是影响组织动态能力的重要因素，消费者学习也是提升消费者能力的重要因素。然而，现有组织学习研究甚少与消费者学习联系起来，因而组织学习与消费者学习之间的互动关系如何影响企业动态能力的构建尚不明确。在电商环境下，消费者学习与组织学习之间存在显著的相互影响，有必要对此进行进一步探讨。

第三节　企业与消费者价值共创

数字化时代，企业和消费者之间已经建立了超越时空限制的互动关系，借助数字技术在信息、数据、资源和行为等维度上展开互动。因此，企业主导的价值创造体系早已被打破，价值共创成为数字化时代新体系下的核心特征（Grönroos and Voima，2013）。

一、价值共创与服务主导逻辑

在"企业—消费者"价值共创研究中，"价值共创"被定义为服务提供者和消费者在直接交互中的联合行动（Grönroos，2012）。服务主导逻辑是解释企业与消费者价值共创过程和交互关系的重要理论之一（Vargo and Lusch，2004，2008，2011）。Vargo 和 Lusch（2004）指出服务是行动者（企业或消费者）为了提高另一个行动者的收益或自身收益而采取的专业化的能力应用。服务主导逻辑与产品主导逻辑的差异主要体现在以下三个方面：第一，认为服务是一切经济交换的基础。产品只是服务提供的一种价值分配形式，企业不是单纯提供产品，而是为消费者解决问题（Bettencourt and Ulwick，2008）。因此，强调"价值是由企业和消费者共同创造"的思想（Bettencourt et al.，2014）。第二，聚焦于无形资源。强调通过广泛应用的操作性资源（如知识和技能）来构建服务，共同创造价值，消费者可以利用自身的知识、技能和社会资源，通过社会互动来共创价值（Fyrberg Yngfalk，2013）。第三，认为价值创造是互动形成的，价值由受益者决定。尽管生产者只能提出价值主张，但不能独立创造和传递价值，因此，价值界定是基于受益者而非提供者（Grönroos and Voima，2013）。

互联网技术及环境变化驱动的企业与消费者的价值共创现象越来越受到学界重视（Balaji and Roy，2016；Grönroos and Voima，2013；Prahalad and Ramaswamy，2004）。企业与消费者价值共创研究认为，互联网一方面促使松散的消费者个体凝聚成为权力强大的消费者群体，使之影响价值创造过程（Gosman and Kelly，2002；Lusch and Nambisan，2015）；另一方面，通过技术支持促使消费者整合和调配个人资源，使之参与价值创造过程（Fyrberg Yngfalk，2013）。资源整合是企业与消费者价值共创的重要方式（Barrett et al.，2015），企业和消费者资源整合的具体方式存在不同：企业主要通过构建平台的方式整合来自市场、个人和公共的资源（Bettencourt et al.，2014）；消费者主要通过整合社会资本和个人资源参与价值共创（Lusch and Nambisan，2015）。

由于不同类型的消费者拥有或整合不同类型的资源，因此，以不同方式参与价值共创，相关研究根据资源整合和服务交换的思想识别了价值共创中的三种消费者角色：创意者、设计者和媒介（Lusch and Nambisan，2015）。创意型角色反映了作为被提供服务的受益者，消费者有能力向企业提供有关他们需求和个性化需要的知识，并通过他们使用现有服务的知识来规划新的服务。设计型角色反映了作为被提供服务的受益者，消费者有能力组合和匹配现有知识或资源来配置或开发新的服务。媒介型角色反映了消费者在多个生态系统中知识传递的能力和在服务创新中作为一种媒介的能力。在媒介角色中，消费者能够帮助企业在不同的生态系统中建立一种难以察觉的跨生态联系，这种联系能够为各个生态系统提供价值。

表3-4展示了近十年价值共创领域的最新研究，重点围绕"价值共创如何形成"展开探讨（Baumann and Le Meunier-Fitz Hugh，2015；Fyrberg Yngfalk，2013；Grönroos and Voima，2013）。然而，由于价值表达和共创行为本身的理论抽象性高，近年研究多以文献讨论和案例研究为主，对"服务如何形成""价值如何共创"问题的讨论提出丰富观点（Baumann and Le Meunier-Fitz Hugh，2015；Hilton et al.，2012）。一方面，这种现象说明企业与消费者的价值共创行为具有系统复杂性，难以采用定量方法来具体分析价值共创行为的形成过程；另一方面说明这类研究本身处于理论前沿的探索阶段。

表3-4　企业与消费者价值共创的相关研究[①]

作者（年份）	研究方法	研究问题	主要观点
Baumann 等（2015）	案例研究	如何形成价值共创	将行动主体的交互分为交易型和关系型，分析消费者和销售员的互动及价值共创过程
Bettencourt 等（2014）	文献研究	价值共创的主导逻辑	只有服务逻辑，才能引领企业家去把握形成战略竞争优势的关键问题
Fyrberg Yngfalk（2013）	案例研究	资源整合如何促进价值共创	市场中的任何行动者都有能力影响资源再配置和打破既定的价值形成过程
Grönroos 和 Voima（2013）	文献研究	价值共创如何形成	理论分析价值创造中的服务提供者范围、交互行动和消费者范围
Grönroos（2012）	文献研究	价值共创的逻辑和形成过程	提出价值共创的概念框架，细化企业与消费者交互中的服务形成过程
Lambert 和 Enz（2012）	案例研究	跨功能、跨企业的参与如何促进价值共创	分析消费者和供应商价值共创的三个周期性阶段：价值假定、价值实施和价值确定
Hilton 等（2012）	文献研究	服务共创如何形成	提出服务共创就是为了实现价值假定的资源整合行为，具体形成过程包括潜在价值假定、资源整合和资源修正

---

① 受限于篇幅，该表仅列出部分最新发表的相关文献。

作者（年份）	研究方法	研究问题	主要观点
Saarijärvi（2012）	文献研究	价值共创机制的战略应用	从经济的、功能的、情感的和象征性的消费者价值假定角度探讨了不同价值创造机制的可能性

二、参与价值共创的消费者类型

消费者参与理论为理解消费者参与行为及与企业互动机制提供了重要理论指引。Van Doorn 等（2010）将消费者参与行为定义为："消费者在购买之外由于激励驱动因素产生的对品牌或企业的行为表现。"这一概念后被极大拓展，认为消费者参与行为的范围既包括交易行为（即购买），又包括交易以外的行为（即参考、影响）（Kumar et al.，2010；Pansari and Kumar，2017），且顾客非交易参与行为及价值越来越受到研究者的关注，被认为是理解顾客如何影响服务创新的一个重要维度（胡有林和韩庆兰，2018）。

在企业—消费者价值共创中，消费者参与行为对企业产品开发、服务创新、营销扩散、运作改进等多个商业维度均产生重要影响（Van Doorn et al.，2010），尤其是其中拥有更多能力或资源的特殊消费者群体（Van Den Bulte and Wuyts，2007）。在角色及影响方面，现有研究将参与研发的消费者分为创新者、领先用户、新兴消费者和市场专家四种主要角色，并分别探讨其对企业的不同影响（Etgar，2008；O'Hern and Rindfleisch，2009），后续学者进一步将消费者参与研发的角色细分为 10 种类型，分别与研发的不同阶段相匹配（Coviello and Joseph，2012）。

基于现有文献，本书提出在营销影响上具有特殊性的消费者主要有两类：一是凭借知识贡献或特殊魅力发挥人际影响力的意见领袖（Van Den Bulte and Wuyts，2007；Li and Du，2011），例如，达人和网红；二是通过结构型社会资本发挥人际影响力的平民化中心[①]（Gladwell，2000；Sutanto et al.，2011），例如，微商和安利销售者。

对比普通消费者，意见领袖通常拥有更多经验或掌握更多专业性产品知识，拥有或可以获取更多产品信息，展现更多探索性和创造性的行为，对产品表现出

[①] "中心"（Hub）的概念源自于社会网络理论，是指具有更多社会联系或影响力的人群，这些人群通常被称为影响者、意见领袖或内行（Mavens）（Van Den Bulte and Wuyts，2007）。

更高程度的介入（Lyons and Henderson，2005）。意见领袖通过传播产品信息、提供产品推荐，能够显著影响消费决策过程中的信息获取，进而影响消费决策结果（Li and Du，2011）。企业经常设法识别虚拟社区中的意见领袖，并努力邀请他们支持企业品牌或使用企业产品（Van Den Bulte and Joshi，2007）。

相比于意见领袖，平民化中心是指在一定时期或一定情境下能够显著影响周边人群决策或行为的特殊群体。平民化中心类似 Gladwell（2000）提出的"连接者"概念，这些人之所以具备一定的影响力，并不是因为他们具有专业知识或特殊能力，而是因为相比于陌生人，他们周围的人更加熟悉他们，更容易产生信任（Gladwell，2000）。因此，与意见领袖凭借知识贡献或特殊魅力发挥人际影响力不同，平民化中心主要依靠结构型社会资本（熟识）产生信任进而形成影响，因此，影响的人群范围主要是街坊邻里、亲朋好友等熟识的人。

基于上述分析，本书根据人际影响程度将消费者角色分为三种类型：普通消费者、平民化中心和意见领袖，如表 3-5 所示。

表 3-5　三种消费者类型的特征对比

维度	普通消费者	特殊消费者	
		平民化中心	意见领袖
概念界定	无法显著影响其他消费者决策或行为的消费者	在一定时期或一定情境下能够显著影响周边消费者决策或行为的消费者	在虚拟网络中能够显著地、较大范围地对其他消费者决策或行为产生影响的消费者
影响来源	—	结构型社会资本	专业知识
实践例示	不评论、不晒图、只购买产品的普通消费大众	积极性较高、会主动与其他消费者交流产品体验、沟通相关情感经历的消费群体，如微商	具有较高关注度、具有特殊知识、煽动性强、能够在一定程度上引领消费导向的消费群体，如电商网红

三、信息技术对价值共创的影响

在与特殊消费者互动上，互联网以及新兴的技术创新极大地促进了企业与特殊消费者的价值共创，一是互联网促使消费者增权（Howells，2005；Porter，2008），使松散的消费者个体凝聚成为权力强大的消费者群体，影响并参与到价值创造过程中（Gosman and Kelly，2002）；同时加剧了企业间的竞争，导致企业无法单纯依靠产品优势维持战略竞争优势，必须通过与特殊消费者建立更加紧密的合作关系，才能实现企业生存和发展（Denegri - Knott et al.，2006）。二是互联网支持企业便捷地与特殊消费者开展交互，尤其是移动互联技术，使消费者与企业随时随地的互动成为可能（Shankar et al.，2010）。此外，信息技术还促进了企业与消费者之间的资源整合与服务交换，刺激企业进行服务创新，构建服务生态系统（Lusch and Nambisan，2015）。

在与普通消费者互动方面，近年来，伴随新兴技术的快速发展，大数据的价值和作用日益凸显（冯芷艳等，2013）。大数据技术有效连接了普通消费者和企业，为普通消费者参与企业价值创造和企业有效利用普通消费者参与提供了条件和可能，尤其是随着人工智能的兴起，使越来越多的普通消费者可以通过数据化方式参与互动而形成与企业的协同演化。

首先，大数据技术提升了普通消费者参与行为的可数据化程度，使其生成的数据具有高易获得性和高商业价值（Du and Kamakura，2012；Erevelles et al.，2016）。大数据不仅支持普通消费者参与行为的数据化，学术界也逐渐关注消费者参与的数据化特征，指出消费者参与价值共创的重要形式之一就是提供信息和数据（Xie et al.，2016）。这些数据能够反映不同群体消费者需求的特征和动态性，为企业运作提供决策支持（Bendle and Wang，2016；Erevelles et al.，2016）。其次，大数据技术极大地降低了企业获取消费者信息的成本，使企业利用消费者数据资源成为可能（Bendle and Wang，2016）。普通消费者的日常行为能够被便利、低成本、突破时空限制地转化为可被企业获取和利用的数据资源（Erevelles et al.，2016）。最后，大数据技术使消费者在行为过程中自动生成数据，普通消费者不需要具备主动参与的意愿，也能通过其行为自动生成的大数据而影响企业决策。无论是消费者个体参与还是群体参与，企业都能便捷地获取和利用由其行为自动生成的大数据（O'Hern and Rindfleisch，2015）。

现有研究越来越关注信息技术对企业与消费者价值共创的影响，代表性研究如表3-6所示。其中，信息系统领域侧重关注基于服务主导逻辑的服务创新和信息技术双重资源角色（Operand 资源和 Operant 资源）对服务创新的影响（Barrett et al.，2015；Eaton et al.，2015；Scherer et al.，2015）。服务创新的定性研究探讨了服务创新研究的未来发展方向或指出服务创新研究的基本框架（Barrett et al.，2015）；定量研究的文献则关注服务交互行为对企业或消费者的具体影响（Scherer et al.，2015）。近年基于技术双重资源角色的探讨指出，信息技术可以帮助行动者组合或匹配资源，因此支持了企业与消费者之间的服务交换和价值共创（Lusch and Nambisan，2015）。另外，信息技术也可以是服务生态系统中的一种活性剂，通过影响其他行动者及其选择而引发服务创新（Lusch and Nambisan，2015）。虽然现有研究已经对信息技术双重资源角色给出了各种归纳总结，但总体仍处于理论前沿的探索阶段。但总体结论是可靠的，这种双重资源角色可以促进企业与消费者协同演化过程的形成与强化。

表 3-6　信息系统领域中的企业与消费者价值共创研究①

作者（年份）	研究方法	研究问题	主要观点
Lusch 和 Nambisan（2015）	文献研究	价值共创与企业服务创新	提出服务创新所强调的四点重要意涵；提出服务创新的三重框架：服务生态圈、服务平台、价值共创
Barrett 等（2015）	文献研究	基于技术的价值共创和服务创新	提出服务创新研究的五个发展方向：IS 领域对服务的探索，用户界面，组织内服务递送系统，跨组织服务递送系统，服务系统中的技术应用
Scherer 等（2015）	计量研究	消费者自我服务和企业个性化服务对消费者维系的影响	研究结论发现自我服务与个性化服务的比例对消费者流失的影响呈 U 型
Luo 等（2015）	实证研究	价值共创活动对企业和消费者的影响	价值共创活动对消费者—消费者关系有正向促进作用，部分价值共创活动对品牌—消费者关系有正向促进作用，消费者—品牌—消费者的三角关系能够直接正向强化品牌忠诚度
Paredes 等（2014）	文献研究	电子商务情景中的价值共创	提出电子商务中的价值共创既要考虑消费者资源也要考虑企业资源，提出具体的资源分类

从现有研究来看，尽管消费者已被认为是创新的重要来源，但消费者信息和知识如何被有效运用到企业价值创造过程中则取决于企业能力（Saldanha et al.，2017）。Foss（2011）认为，这种能力是指企业增强利用外部消费者和合作伙伴信息的能力，本质上是一种处理信息和数据的能力。现有研究也指出，企业产品研发成功的关键在于对大量市场信息的集成和分析（Citrin et al.，2007），大数

---

① 受限于篇幅，该表仅列出部分最新发表的相关文献。

据技术能够显著提升企业对外部信息和知识的整理利用，进而实现消费者数据化参与从数据层面到价值层面的转换，促进研发创新（Bardhan et al.，2013）。

尽管现有研究已经关注到与大数据相关的企业能力，例如，Chen 等（2015）将大数据分析视为一种企业动态能力，指出当市场动态性较高时，使用大数据分析可以帮助组织建立知识创造惯例；Karimi 和 Walter（2015）探讨了动态能力对帮助企业应对数字化破坏性影响的作用，指出建立数字化平台能力是一阶动态能力中最有用的因素；又如，Roberts 等（2016）提出，使用信息系统能够帮助企业快速感知创新机会，并从动态管理能力视角探讨了技术使用对企业创新的影响，然而，上述研究主要以实证研究为主，主要借助现有动态能力的理论框架来解释动态能力、技术对企业绩效的影响，更多地属于解释性或完备性方面的拓展工作，缺乏进一步关注在大数据环境下，尤其是消费者作为一种互动信息源如何改变企业动态能力的构建路径。这类研究缺口无疑为本书的研究提供了理论拓展的契机，尤其是为借助案例研究方法拓展企业动态能力理论提供了理论突破口。

第四章　案例研究设计

　　哲学基础是研究范式遵循的科学哲学,从根本上决定研究范式的研究内容与研究方法。本质上,案例研究也是人们观察、认识和理解世界的一种哲学观和方法论。因此,不同的哲学基础会形成不同的案例研究方法。案例研究也存在实证主义(Positivism)与诠释主义(Interpretivism)的差别,前者强调经验是获得知识的重要来源,人们可以通过对理论的经验检验和确证来发现具有预测力的法则式关系(阙祥才,2016);后者主要源自诠释学,强调现实是通过主观意义被解释出来,或通过人际互动被构建出来的,而不是因客观存在被发现的(闫旭晖和颜泽贤,2012)。因此,实证主义与诠释主义的案例研究方法采用不同的研究语言和逻辑方式来看待案例对象、案例证据、案例发现与解释。

　　本书是从实证主义哲学观来探讨企业与消费者协同演化动态能力理论,采用实证主义的案例研究方法来表述和呈现观点及其证据。本章主要论述相关的案例研究方法,不仅介绍了选择实证主义案例研究方法的理由、案例选择的标准与数据收集,同时还介绍了采用的数据编码策略和分析过程,对每个过程分别列举了代表性的编码例子,并论述了在编码中需要注意的问题。

第一节　哲学基础与方法设计

一、实证主义哲学基础

以孔德、斯宾塞、穆勒等为代表的早期社会学家开创了实证主义社会学研究传统，并使之长期成为社会科学研究的主流方法。实证主义认为社会现象与自然现象没有本质区别，它们遵循同样的方法准则，都可以采用普遍的因果律来说明。

具体而言，实证主义哲学认为社会学、管理学等社会研究应该向自然科学看齐，借助观察、实验、统计、比较和历史分析等实证方法来研究社会活动。因此，实证主义哲学观强调研究对象是独立于研究者主观意识之外的客观存在，即研究对象具有客观性，需要采用整体主义的方法论来研究，尤其是逻辑实证主义流派更是强调对科学语言逻辑分析的价值，经验实证的基础作用，以及归纳主义的原则。因此，实证主义的案例研究通常假定人的行为有其内在联系，且人对自身动机和意义很清楚，案例研究的构念和测量等严谨的方法可以了解和理解人的行为和意义（陈向明，2000）。可以认为，实证主义案例研究注重寻求原因，尤其是支持事件因果关系的经验解释，因为实证主义哲学假定研究对象内部的各种关系之间存在因果律，可以在此基础上建构起可重复的关系法则。

目前，越来越多的企业管理理论研究者和企业家群体认识到案例与质性研究在提出新概念、发展新理论、提供新见解以及辅助决策等方面的重要作用（Goulding，2007）。Eisenhardt（1989）则将案例研究过程划分为八个步骤，即启动、研究设计与案例选择、研究工具与方法选择、资料收集、资料分析、形成假设、文献对话和结束。通过这八步流程，形成案例研究的一般范式。

在我们看来，无论是实证主义案例研究还是诠释主义案例研究都在求真。实证主义侧重现象研究，以揭示事物的普遍规律并解释世界；诠释主义侧重深入生活（案例）去了解事物的差异性，从而更好地理解世界。对于本书的案例研究设计而言，选择实证主义哲学基础在于我们相对更擅长这种范式，而不是排斥诠释主义哲学基础。按照我们的理解，研究对象与研究者之间的解释性关系是一种纯粹的认识关系，解释对象的本体论地位不会被解释者的认识水平或其解释性理论的解释力所影响，如物理实体与物理学理论之间的关系是一种解释性关系。然而，对于心理学、语言学、社会学、经济学和管理学等人文社会科学，研究对象与研究者之间既存在解释性关系，也存在诠释性关系。

二、方法选择

在实证主义的哲学基础上，本书所开展的企业与消费者协同演化动态能力研究，重点对协同演化过程和多主体互动关系进行解释。

首先是协同演化过程和机制。本书的研究需要探讨两个主体如何形成协同演化即剖析双向因果关系，如何协同演化即剖析能力形成过程，及协同演化结果即剖析价值共创的分析。案例研究适合过程类和机理类问题的研究（Eisenhardt，1989），如 Murmann（2003，2013）借助案例研究讨论行业与环境要素之间的协同演化过程及其双向因果机制。同时，案例研究通过细致的过程描述，有助于清晰地解释"如何"和"为什么"的问题，揭示企业与消费者协同演化的内在动因和能力演进过程（Li and Kozhikode，2008）。其次是多主体互动关系。本书的研究主要关注企业和消费者的协同演化，需要细致剖析两者间的交互关系。案例研究方法能够对多主体之间的复杂关系进行厚实的描述分析，以剖析隐藏在复杂现象背后的理论联系（Yin，2008）。

采用案例研究方法的另一个主要原因在于推动理论构建（Eisenhardt，1989；Yin，2008）。根据文献综述，现有研究尚未关注企业与消费者协同演化问题，也未解释企业如何通过与消费者的协同演化形成何种动态能力以适应外部环境变化。因此，亟待通过探索性案例研究方法和翔实的案例数据进行理论探索和构建（Yin，2008）。

在理论构建上，本书的研究主要遵循归纳逻辑（Eisenhardt，1989）。归纳逻辑不仅有助于挖掘单一对象随时间涌现出的演化特征，也有助于探索两个协同演化对象的交互关系，提炼隐藏在质性数据中的概念及其关系，提炼基于现象但具有理论创新潜力的规律，构建理论观点，以推进对实践新现象或理论空白的理解（毛基业和苏芳，2016）。该逻辑也被 Murmann（2003）用于探讨行业与学术群体的协同演化现象。基于归纳逻辑，本书的研究遵循案例研究著名学者 Eisenhardt 在多篇案例研究论文中的研究范式，以提出结论的方式来论述核心观点（Delbridge and Fiss，2013），通过梳理结论间的关系构建协同演化动态能力理论框架。

案例设计的另一个关键问题就是案例数量的选择。为挖掘企业与消费者协同演化过程中的行为规律，我们采取了纵向多案例研究方法。

首先，与单案例研究设计相比，遵循复制法则（Replication Logic）的多案例研究更适用于提炼跨案例中的共性，是实证主义哲学范式下案例研究采用的重要设计之一。如 Yin（2008）所述："多案例研究所遵从的复制法则，与多元实验中的复制法则类似（Hersen and Barlow，1976）。例如，通过某次实验取得某项重大发现后，学者将会重复进行第二次、第三次甚至更多次相同的实验对之进行验证、检验。有些重复实验可能要一模一样地复制前次实验的所有条件，而另一些重复实验可能会通过有意改变某些非关键性的条件来考察是否能得到同样的实验结果。只有通过这种复制性实验（检验），原有的实验结果才能被认为是真实的、有说服力的。因而也才有继续进行研究和解释的价值。"

遵循这种设计原则，本书的研究在案例选择的具体操作上，同时遵循了逐项复制和差别复制两种方式。逐项复制要求能够产生相同的结果。遵循这一原则，一方面，选择的每个案例企业都与其消费者形成了明显的协同演化关系；另一方面，根据消费者参与类型一致性，也选择了产生相同结果的案例；差别复制要求能由可预知的原因产生与前一项研究不同的结果。在企业与消费者协同演化的具体路径上，通过差别复制寻求形成不同结果的案例企业，如与意见领袖合作的案例企业及与平民化中心合作的案例企业，以此提出两种协同演化路径。正如 Yin（2008）的观点："（在多案例研究设计中，）一些案例（2~3 个）应是逐项复制，而另一些案例（4~6 个）应是差别复制，并应分属两种不同的模式。"在提出多层次、多维度的理论框架上，我们认为，对逐项复制和差别复制的灵活运用可以有效促进有趣和有价值的创新发现。

其次，纵向多案例研究方法会对两个或多个不同时间节点上的同一案例先进行分析，如提炼出该案例企业及其消费者的演化特征；然后，再比较案例间的矛盾或不同之处。这种设计方法一方面帮助我们揭示企业、消费者是如何随着时间的推移而发生变化的，并揭示企业与消费者协同演化中的特征和行为变化；另一方面也有助于比较采用不同技术应用策略（如数据驱动或数据支持）对两者协同演化的影响。因此，在本书研究中的多案例研究方法设计整合了纵向和包括逐项复制和差别复制的复制法则，非常适合探讨具有时间跨度和内嵌对比性和差异性的企业与消费者协同演化及其中的能力构建现象。

第二节　案例选择与数据收集

遵循上述案例研究设计，本节将详细论述案例选择的原则，以及数据收集的方法。

一、案例选择

结合本书的研究主题，根据典型性原则和理论抽样原则（Eisenhardt and Graebner，2007），在案例选择上具体遵循了如下三个筛选标准：

第一，案例企业所属行业应是受互联网冲击的代表性行业。由于环境变化导致的压力筛选是协同演化的前提，所以案例企业所属行业的环境应具备一定程度的动荡性。结合研究主题，这种动荡性应是数字化技术变革导致的。遵循这一原则，我们将行业聚焦在服装和家具两大传统行业，这两个行业在受数字化技术变革导致的消费者赋权、企业数字化转型上具有代表性。例如，2011～2016年，服装行业受互联网冲击不断洗牌。传统大牌从线下走向线上，互联网品牌从线上走向线下，大批传统服装企业遭遇"关店潮"。在该时期，服装行业总体上经历着快速地企业淘汰、战略与技术变革、产品/服务更新、渠道流程再造等过程。对于家具行业，一方面，长期积累的消费需求与供应链严重背离造成的冲突被互联网不断放大，加速大批传统家具企业"消亡"；另一方面，定制家具崛起并借助互联网实现面向消费者的数字化转型，实现了行业主导的更替。同样，在这两个行业中，消费者也发生了巨大的变化，如购买行为总体上从线下渠道转移到线上渠道，从PC端转移到移动端；消费群体年轻化、定制化趋势显著[1]；消费者群体中演化出电商网红或服装达人。这为探讨企业与消费者的协同演化提供了非常好的研究情境。

此外，2008～2018年，服装行业和家具行业都处于非竞争均衡时期，总体呈现高速增长，观察企业在该时间段的变化能够便于挖掘企业演化和消费者演化。以服装行业为例，据统计，2008年至2012年，中国服装企业零售额增速均保持在20%以上[2]；2014年中国服装市场规模达到2673亿美元，较2013年的2474亿美元增长8.04%，中国已经超越美国成为全球服装零售消费额最大的国家[3]；2015年，B2C市场服装服饰品类交易额迎来大幅增长，全年交易规模高达6549.8亿元，同比增长66.08%[4]。因此，2008～2018年是"互联网+"的变革

---

① 资料来源：《中国消费趋势报告2015——阿里大数据解读中国消费趋势》以及《互联网冲击下的传统家具业，冬天才刚刚开始！》

② 资料来源：http://www.chyxx.com/industry/201702/496164.html。

③ 资料来源：https://sanwen8.cn/p/21cZoY4.html。

④ 资料来源：http://www.linkshop.com.cn/web/archives/2016/349420.shtml。

时期，也是服装行业从传统到互联网转型的重要时期。通过观察这一时期服装行业、代表企业和消费者的变化，能够更好地挖掘演化主体的 VSR 过程，寻找出协同演化双向因果机制，并进一步探讨企业与消费者协同演化动态能力的构建过程。

第二，所选企业在性质上应属于 B2C 的企业，与消费者有密切的相互联系。在这条原则上，如上一节方法设计部分所述，我们首先遵循了逐项复制的原则，以关注企业与消费者协同演化为议题调研了企业 A。通过分析企业 A，我们获得了有关解释企业和消费者为什么会发生协同演化，以及如何发生协同演化的初步结论。为了丰富相似结论，我们进一步增加了属于服装和家具的企业 B 和企业 E。每家企业都属于 B2C 企业，且与消费者有密切的互动关系，在经历不同发展阶段后在能力维度体现出显著的特征变化。

第三，鉴于本书研究意在构建企业与消费者协同演化动态能力的理论框架，为了丰富分析维度和层次，在逐项复制基础上，我们还遵循了差别复制，选取了具有比较性的案例样本，由此逐步增加了企业 C、企业 D 和企业 F。例如，从产品特征来看，4 家企业属于服装行业，产品属性非常类似——经营女装，后通过拓展产品线开展围绕女性服饰消费的多品类经营；2 家企业属于家具行业，相比于购买频率高、单价低的女性服饰及周边产品，家具产品表现出低频和高价的特征差异。从企业规模看[1]，考虑不同行业对于规模认定的标准不同[2]，企业 A 和企业 B 属于服装行业中的中小型企业，企业 C 和企业 D 属于服装行业中的大型企业；企业 E 属于家具行业中的大型企业，企业 F 属于家具行业中的小型企业。样本在企业规模大小上均有覆盖；对于与何种消费者合作，企业 B 和企业 F 表现出明显不同：一个是与以知识见长的意见领袖合作，一个是与拥有局部熟人社会资本但数量众多的平民化中心合作，衍生出不同的营销战略；对于与消费者的协同演化关系，企业 A 和企业 B 与消费者形成了持续的协同演化，并通过组织变革适应了消费者变化；而企业 C 经过与消费者的协同演化，最后从一线城市和电子商务市场战略转移至二三线城市市场，中止了与当前市场消费者的协同演化关系；对于技术应用策略，企业 B 和企业 D 又在如何利用消费者数据化参与上表现出明显的差异性。作为对企业与消费者协同演化现象的纵向案例研究，研究团

---

① 对于每家企业的调研时间段具体有差异，以当年调研时间确定企业规模。
② 详见《统计上大中小型企业划分办法（暂行）》。

队并不是同时调研所有企业,而是根据研究问题,形成阶段性的分组分析。

二、案例介绍

根据上述案例选择的标准,本书研究主要选择以下 6 家企业案例,简介如下:

1. 企业 A

企业 A 是时尚供应链管理机构衣路集团旗下核心网络零售平台,2006 年 12 月在广州创立,是拥有原创品牌的时尚购物平台,集团旗下拥有 20 多个热销品牌,覆盖不同区域、不同年龄、不同消费属性的客户人群,产品线涵盖了女装、内衣、鞋帽、童装、男装、箱包、家纺、饰品、婚纱、化妆品等多个时尚领域,在北京、上海、广州及美国建立了物流仓储配送基地,同时通过和多家物流集团合作,产品配送能力覆盖全球大部分地区。企业 A 拥有较强的产品设计能力,其在美国洛杉矶、纽约,中国香港、上海、广州和北京建设了多个产品设计及管理中心。

2006 年成立初期,企业 A 以女性塑身内衣为主切入电子商务市场,为女性消费者提供个性化的内衣产品定制和服务。在早期产品线规划时,就打破了传统线下店产品规划的方式,按照电子商务的导购模式和消费者网上购物的特点进行产品设计和展示。2008 年进行了产品线延伸,从内衣延伸到女装,注重对品牌的经营,以提高顾客的重复购买率。从 2009 年开始,企业 A 针对重点消费人群——25 ~ 35 岁的女性,针对产品线进行重新规划,再次延伸产品类目,并于 2012 年销售额突破 10 亿元,2013 年销售额高达 15 亿元,平均每年以近 300% 的速度快速增长。2014 年网上注册的会员有 500 多万人,之后增加到 1000 万人。

企业 A 于 2014 年与美国衣路集团开展战略合作,将企业 A 的线上优势与衣路集团卓越的线下供应链体系进行有机整合。2015 年,企业 A 线下体验旗舰店在上海正式开业,店内为顾客量身定制的多达十八项应用场景,填补线上线下间的购物体验空白。2016 年,企业 A 通过国内最大的服装博览会 CHIC2016,首次对外发布了一套基于服装行业的自主研发的全渠道零售云系统。该系统支持多渠道多终端销售平台搭建、全渠道 CRM 管理、全渠道 ERP 管理、全渠道仓储管理等,促使企业 A 实现"电商 + 实体"全渠道 O2O 战略。

2. 企业 B

企业 B 成立于 2008 年,是成长快速的互联网原创时尚品牌集团。公司主要产品为时尚女装，目前旗下拥有 12 个原创品牌。企业 B 旗下 Y 品牌在 2011～2013 年连续 3 年位居天猫女装品牌和淘宝女装品牌前五名，2013 年"双十一"曾经创下女装品牌全网销量第一的佳绩。企业 B 于 2014 年开始逐渐强化与消费者的有效互动，瞄准消费者经济，通过与服装达人、网络红人及部分影视文化 IP 合作，从消费者个性化需求出发，打造红人时尚原创品牌，并专门创建了网红事业部，以寻找、识别和服务合作红人，目前已成功孵化 16 个原创达人品牌，月均销量 500 多万元，被广东省移动经济协会评为"最具商业价值红人经济平台"。

企业 B 董事长早期主要经营外贸服装 ODM 工厂，后带领企业于 2005 年加入阿里巴巴 B2B 平台，成为第一批加入商城的 4000 个卖家之一。由于外贸形势持续下滑，外贸加工续存空间明显变小，企业 B 董事长在 2007 年创立了 Y 品牌（目前为企业 B 旗下的子品牌），专门设计生产棉麻女装，并在 2008 年入驻淘宝网 B2C 业务。B2C 初期，Y 品牌一直处于亏损状态。通过高层管理团队的坚持，到 2010 年终于迎来"双十一"的爆发，但却让公司因为超售而面临巨大的供应危机。随后，Y 品牌通过整改，积极应对危机，并在 2010 年终于实现收支平衡，全年交易额超过 7000 万元。2013 年，企业 B 董事长敏锐地意识到单品牌的发展瓶颈，带领管理团队制定了打造时尚生态圈发展计划，形成"多品牌、多品类、多渠道"的三大战略方向。

2015 年，"Y 品牌＋千城万店"启动大会在广州举办，正式开始全渠道 O2O 的布局。截至 2016 年 3 月底，已成功签约 256 家实体店，超过 28% 的合作商提出开店申请，已开业店铺租售比高达 15.8 倍。目前，Y 品牌已入驻安徽、广东、湖北、浙江、河南等地，计划 2016 年签约 1000 家，未来五年内完成 10000 家线下店，真正实现"千城万店"的规模。

3. 企业 C

企业 C 于 1972 年成立于澳大利亚，1993 年开始进入上海市场。其母公司是亚洲最大成衣制造及出口商之一的中国香港上市公司。企业 C 拥有遍布全国 20 多个省市、2000 多家直营店和加盟店的庞大线下服装零售网络。企业 C 旗下主要拥有四个品牌：JT 品牌主要经营大众休闲服装；ML 品牌是中国香港上市公司继成功运作 JT 休闲服品牌取得经验后，在中国内地全力打造的又一休闲服饰品牌；JNE 品牌是企业 C 于 2007 年推出的一个时尚女装品牌，受众人群为 25～30 岁知性、潮流的女性；QR 品牌 2004 年与集团合作进入中国市场，目前该品牌产品在中国市场仍然有销售。

该公司于 2009 年开始尝试电子商务。2010 年"双十一",企业 C 网购团队接到 10 多万个销售订单,但由于缺乏电商的运作和销售经验,因此,造成了多数订单流失;在 2011 年"双十一"促销活动时,企业 C 创下了 2472 万元的销售额;2012 年"双十一"当天,企业 C 创下了 5700 万元的销售额,一举夺得休闲装品类的销售冠军。由此,企业 C 的电子商务运作逐步展现成效。2013 年,企业 C 参与当当网"尾品汇"名品特卖频道,逐渐开始加入第三方大型电商平台。此外,企业 C 还建立自营的官方商城。2013 年,企业 C 在全国范围内 20% 的实体店都已开设店前网购,通过线上和线下的相互配合实现货品种类、颜色、型号等产品的互补和仓储、物流、售后等服务的互补。但是,自 2011 年开始,企业 C 线下零售门店规模逐渐缩小,从 2011 年的 3261 家零售门店缩减至 2015 年的 2249 家零售门店。

4. 企业 D

企业 D 成立于 2006 年,凭借"款式多、更新快、性价比高"的产品理念以及构建以消费者数据为驱动的产品研发能力逐渐成长为中国最大的互联网品牌生态运营集团之一。

2006 ~ 2013 年,企业 D 经营单一品牌"H",该品牌主要依靠产品小组单品牌全流程运营完成,这一阶段企业 D 主要由产品小组主导,借助外部采购信息系统与天猫等大平台的数据分析功能,通过分析消费者交易数据定位消费者需求,逐渐开始使用数据进行产品研发决策。

2013 ~ 2015 年,随着天猫、京东与唯品会等大型电商平台的快速发展,企业 D 迎来了业务爆发式增长阶段,但公司信息系统无法有效支撑产品小组的快速变化导致业务矛盾集中爆发,在此种情况下,企业 D 自主研发了信息系统,该系统有效地解决了产品小组利用各类市场信息、竞争对手信息、产品销售历史数据所面临的问题,同时基于大数据建立起"爆旺平滞"算法,在算法指导下通过消费者交易与交流产生的大量数据计算每一款产品的预测销售情况,优化了现有基于数据的产品研发模式,数据在研发中逐渐占据主导地位。

2015 年至今,企业 D 的产品研发决策已经完全基于数据完成,数据决策跟随着业务需求进行快速变化,企业 D 衣舍供应链所有与研发设计相关的业务均实现了线上化,从前端的设计选款、竞争对手分析到后端的生产营销物流,均实现了数据化运作。在数据化基础上,企业 D 可以充分利用企业内部数据与外部数据,并且基于数据分析结果进行业务流程优化,准确把握市场动态变化趋势,精准匹配消费者需求。

5. 企业 E

企业 E 于 2001 年成立，2011 年在深圳证券交易所上市，成为首家 A 股上市的定制家具企业。2014 年销售额近 60 亿元，其中，线上销售额占比约 5%。

企业 E 于 2005 年成立电子商务部尝试电商，但转型初期便面临 1600 多家门店的渠道冲突问题。针对此，企业 E 从传统以产品为主的单一模式转变为"生产＋服务"的复合模式，即商业模式的核心不是"为客户提供产品"，而是"为客户解决问题"，以此获得更高的增值空间和竞争优势。

为了实现这种商业模式的创新，企业 E 将线上渠道作为消费者了解公司及产品的重要初始接触点，重点在于搜集消费者信息、引流和强化消费者感知的功能；通过线上渠道将消费者引导到线下门店进行接触和服务，并将通过电商试验总结的各类营销经验分享给经销商，不断提升经销商的服务能力和水平；通过线下渠道的销售和服务，让消费者得到优质的产品和服务体验，并将其意见、建议和口碑传递到线上渠道。此外，企业 D 通过快速采集和分析经销商客户关系管理系统，形成精准的消费者大数据，将消费者大数据与企业内部资源管理系统实现无缝对接，形成从消费者个性化需求分析到供应链采购管理的全程信息化管理。同时，企业 D 积极通过信息技术创新性应用支持消费者对定制家具的个性化需求，为消费者参与产品设计构建大数据平台。

此外，企业 E 通过 IT 创新实现从消费者数据到价值的转换，例如，一方面，建立消费者需求数据与生产车间的数据直连，通过信息系统与设备之间的数据交互，支持完全定制的柔性生产；另一方面，通过对生产过程的数据分析，指导生产流程与工艺的改进，减少原材料的浪费，提高资源利用率。

6. 企业 F

企业 F 于 2008 年成立，是中国儿童动漫家具细分市场的首创者，先后获得迪士尼、Hello Kitty、阿狸等全球九大顶级动漫品牌在中国家具业的独家授权，分别于 2012 年和 2013 年"双十一"创造 1000 万元和 2800 万元的单日销售纪录，成为互联网儿童家具行业的领军者。

企业 F 自 2013 年起开始营销转型，实施"关注消费者"计划，不仅基于大数据应用实现对消费者需求的深入分析，还通过挖掘"妈妈型"消费者的情感特征，与关键消费者合作，开展以微信、微博和专业社交网站为主的线上推广，及以居民社区为主的线下推广。

2015 年，启动"酷妈计划"，打造酷妈营销团队。企业 F 是行业内最早开发移动端消费者管理系统的企业，率先实现对合作消费者的体系化管理，并在企业内部的人力资源职能中加入对合作消费者的管理培训。企业 F 借助酷妈与普通消费者的互动来强化企业与普通消费者的联系，不仅快速吸引众多新顾客，而且还利用消费者之间的联系提升顾客忠诚度，被评为"2015 中国孕婴童产业奖之最受消费者喜爱品牌入围奖"，同时还被人民网评为"2015 年度最具品牌价值企业"。

三、数据收集

对于宏观行业数据，作者及所在研究团队能够基于互联网资料、已刊文献和出版书籍（如中国纺织出版社出版的系列套书《中国服装行业发展报告》）收集整理自 2008 年至 2016 年间的服装行业分析数据。对于企业和消费者层面的微观数据，作者及所在研究团队主要通过深度调研访谈的方式来收集和整理。强化数据来源的多样性主要为了确保样本数据的准确性，通过相互补充增强完整性，并通过交叉验证提高案例的效度（Yin，2008）。其中，比重最大的数据来源是半结构化深度访谈。

在对六家案例企业的半结构化访谈中，调研对象涉及高层管理者、中层管理者和基层员工。其中，高层管理团队能够为研究问题提供有关企业整体发展及重要事件的战略信息，为探讨企业和消费者互动等问题提供有关企业创立者或重要高层的战略认知；中层管理者能够为研究问题提供重要的运作信息，其中，涉及产品研发与设计、跨部门协作、信息系统应用等主要运作维度。此外，案例企业样本的组织结构比较扁平化，因此，中层管理者经常深入基层运作，能够为深入了解企业与消费者之间的互动细节提供丰富数据。本书的研究调研了基层员工，例如，部分线下实体店铺的店主及员工，通过对他们的访谈可以验证战略执行情况，尤其对企业与消费者面对面互动的细节，这些基层员工能够提供大量质性数据。此外，尽管本书从对企业的调研中收集了大量消费者的质性数据，但是仍然选取了部分特殊消费者，包括意见领袖和平民化中心，通过对他们深入访谈来验证企业端的消费者数据。

需要说明的是，尽管本书的研究聚焦在企业与消费者协同演化及协同演化动态能力构建的探讨上，但因为企业与消费者协同演化动态能力是本书提出的一个新构念，在具体访谈中，研究团队往往采用开放性、探索性的提问方式对企业受访者进行访谈，使受访者的回答思路不受限于研究问题本身或研究者的框架思路，更激发受访者描述他们完整且真实的工作经历和经验。研究团队虽然提前准备了访谈问题提纲，但在具体访谈中，经常会根据受访者描述的信息对问题进行口语化、具体化和简化处理，便于让受访者更容易理解问题，给出更多相关信息。

表4-1和表4-2列举了访谈的主要调研问题及主要研究问题。

表4-1 半结构化访谈中的主要调研问题

类别	主要调研问题
基本问题	（1）能否简要介绍您自己以及您的工作经历
	（2）能否简要介绍您负责的部门/团队/流程/业务
	（3a）请您描述一下企业的战略发展（战略目标/阶段/发展情况/执行情况/挑战与问题）（针对高层）
	（3b）请您介绍一下您所在的部门/团队的主要职责以及与其他部门间的关系（针对中层）
	（3c）请您介绍一下您在团队中的主要职责和负责模块的基本流程（针对基层）
	（4）收集企业重要的质性和量化数据（如年销售额、主要品牌、线下店铺数据量、员工数量、产品数量、合作伙伴数量等）
环境分析 企业演化 消费者演化	（1）互联网的出现给企业带来了什么机遇与挑战
	（2）互联网给企业带来的冲击和挑战对企业产生何种影响
	（3）本企业的消费者（或该品类的消费者）在这些年发生哪些主要变化（要具体化到关键事件），企业在这些年发生哪些主要战略上和运作上的变化（要具体化到关键事件）
	（4）消费者变化给企业的战略和运作带来哪些影响？企业在战略的制定或执行上主要做出哪些调整（具体问题可以细分到具体战略维度：例如，战略决策过程、IT战略、产品战略、商业模式创新）
	（5）企业变化给消费者带来哪些影响？（要具体化到关键事件）
企业与消费者互动、协同演化	（1）从战略和运作的角度来看，企业与消费者是如何协同演化的（需要受访者举出具有时间节点的具体例子，说明消费者的变化如何影响企业变化，企业做出何种调整，这些调整又使消费者发生何种变化）（针对高层）
	（2）企业与消费者的协同演化如何影响企业的动态能力和竞争、优势等战略要素
	（3）企业与消费者形成稳定的合作关系对企业而言能获得哪些收益？对消费者而言能获得哪些收益

类别	主要调研问题
特殊消费者	（1）企业为什么需要关注特殊消费者 （2）主要关注哪些特殊消费者 （3）与特殊消费者的合作和与普通消费者的互动存在哪些不同 （4）在与特殊消费者建立合作后，遇到了哪些主要问题 （5）如何解决合作中或建立合作中的问题 （6）在解决问题的互动过程中，企业发生哪些主要改变 （7）企业与消费者在形成合作后，分别对自身和彼此产生了哪些主要影响
资源视角	（1）在互动中，企业与消费者分别主要使用了哪些资源 （2）企业和消费者之间如何进行资源上的互动 （3）不同类型的资源是否存在不同的互动方式 （4）是什么驱动了这种资源维度的互动 （5）组织中的什么要素支持了企业与消费者的资源互动 （6）企业如何激发消费者分享、共享个体资源 （7）其中的合作机制是怎样的？遇到何种挑战和困难
学习视角	（1）企业采用何种学习方式来适应消费者带来的变化（或强化与消费者的互动） （2）为什么这些学习方式可以帮助企业适应消费者变化（或强化与消费者的互动） （3）企业为什么选择采用这些学习方式，而不是其他学习方式 （4）组织中的什么要素支持了这种学习方式 （5）消费者对企业学习方式的改变产生什么影响 （6）企业对消费者的学习方式和内容产生什么影响
技术视角	（1）企业如何利用信息技术来促进企业与消费者的互动 （2）在企业与消费者的互动中，企业用哪些信息技术促进这种互动 （3）信息技术在促进企业与消费者的互动中发挥了哪些作用 （4）信息技术如何支持企业与消费者的互动 （5）信息技术在哪些方面促进企业创新 （6）信息技术在哪些方面改善消费者对企业的认知 （7）在不同的企业发展阶段，信息技术发挥的作用存在什么变化 （8）哪些因素会影响信息技术发挥价值 （9）企业如何认知或定位信息技术在促进企业与消费者互动，或促进创新上的作用 （10）企业通过哪些信息技术来捕捉消费者的变化 （11）企业通过哪些信息技术来适应消费者变化（或促进组织结构上的调整来适应消费者变化）

表4-2　半结构化访谈中的主要研究问题

类别	主要调研问题
基本问题	请介绍一下您个人的主要情况和经历
环境分析	（1）您认为作为一个消费者，互联网出现以后主要给您和周边的消费者带来什么样的变化 （2）您是如何应对或适应这些变化的 （3）您认为与企业的关系会发生什么样的变化
企业与消费者互动、协同演化学习视角资源视角	（1）请问您如何认识到××企业？最开始是如何取得联系的 （2）请问您为什么会选择与××企业进行合作？企业给予何种激励或支持？您的个人动机是什么 （3）请问您认为在与企业的合作中，能给您带来什么具体的收益（可能包括物质利益、精神激励）？是什么样的收益促使您与企业一直保持这样的合作 （4）请问您是如何适应与企业的互动和合作的（围绕个体学习） （5）请问您为什么选择共享出个人的资源？为什么选择与企业进行资源上的合作？在资源上您与企业是怎样合作的？您认为目前的合作机制的优势和问题主要表现在哪些方面
个体行为（意见领袖）	（1）请问您如何成为这个社区中的意见领袖（或服装达人、电商网红）的 （2）请问您平时与朋友是如何进行互动的 （3）为什么选择这样的互动方式 （4）如果您想分享和推荐一个产品，您会采取什么样的方式进行产品推荐 （5）目前的这种分享方式是否会遇到一些问题 （6）如何解决这些问题，您个人采取了什么措施 （7）您是否向企业寻求帮助？企业做出怎样的回应 （8）您平时涉及的信息技术在这一互动或合作过程中起到什么样的作用
个体行为（平民化中心）	（1）请问您为什么选择与企业合作开店 （2）在您开店的过程中，企业提供什么帮助 （3）日常与企业是如何进行合作的（日常的流程） （4）您与××企业是如何形成这样的一个合作方式的（之前的合作是怎样的，通过什么样的方式，最终形成这样的合作） （5）在这个合作方式的形成过程中，您认为企业发挥了什么作用 （6）您认为在与企业合作的过程当中，您主要投入什么（资源、能力等） （7）您认为目前的合作主要存在何种问题 （8）这些问题是否与企业沟通 （9）企业是如何提供帮助的以及提供何种帮助 （10）您平时涉及的信息技术在这一互动或合作过程中起到什么样的作用

　　通过半结构化访谈，作者及所在研究团队对大部分样本企业都进行了三年以上的跨时段追踪调研。这既有助于准确捕捉企业演变中的内部关键信息，又能实时观察和搜集演变过程的外在变化。每次访谈均有3名以上的研究人员对访谈及

表4-3　数据收集的描述性统计

对象	来源	录音时间（分钟）	录音字数（万字）	调研次数（次）	访谈人数（人）	数据信息统计	
						高层人数（人）	受访者职位
企业A	深度访谈	1740	15	4	12	6	CEO（2）、副总经理、总裁助理（3）、IT中心副总监、商品部副总监、IT中心总监助理、运营部经理、行政部经理、客服中心副经理、体验店销售a、客服中心售后主管、体验店销售b
	现场观察	参观设计室1次、服装样本制作室1次和线下体验店3次；体验企业A网购流程					
	二手资料	公开搜索引擎提供的企业A新闻资料；企业内部资料（如宣传视频及年度总结PPT）					
企业B	深度访谈	1337	28.2	8	17	7	董事长（3）、董事长助理（4）、副总裁（3）、品牌设计总监、管理中心总监、首席财务官（2）、公共事务副总裁、运营中心总监（3）、运营主管（2）、信息总监、人力资源总监、O2O项目总监（2）、行政主管、客服主管、企划部经理、公共事业部经理、社群营销总监
	现场观察	走访企业B线下实体店4次；参与企业B干城万店招商会1次；参与企业B举办的线下粉丝互动会1次					
	二手资料	企业B第三方平台资料；YM官方移动APP资料；有关企业B的新闻报道；企业内部资料（如公司招股说明书、内部杂志、宣传视频等）					
企业C	深度访谈	1150	15.1	4	9	5	CEO、CIO（4）、IT部高级经理（4）、IT部副副经理、工贸部经理、工贸部副经理、采购部高级经理（3）、采购部副副经理、网购总监
	现场观察	参观企业C服装加工2次；线下服装实体店4次；体验企业C网购流程					
	二手资料	公开搜索引擎提供的企业C新闻资料及企业所属集团公布的有关企业C的企业公告；企业内部资料（如企业发展手册、PPT、宣传视频等）					

续表

对象	来源	数据信息统计					
		录音时间（分钟）	录音字数（万字）	调研次数（次）	访谈人数（人）	高层人数（人）	受访者职位
企业D	深度访谈	1421	28.8	6	20	2	集团副总裁（4*），副总经理（3），产品企划部总监，产品企划部经理，面料计划部员工，产品小组组长，产品小组选款师，产品企划部工作师，产品大组组长，营销部经理，客服部经理，物料部经理，检测部经理，信息中心部总监，运营管理中心经理，生产中心总监，总经办经理（3），生产中心经理，总经办员工
	现场观察	参观企业D总部4次；参加两次公司内部会议					
	二手资料	有关企业D的学术研究和文献，企业提供的公司内部报告，宣传视频，PPT资料；线上主流媒体报道的资料					
		录音时间（分钟）	录音字数（万字）	调研次数（次）	访谈人数（人）	高层人数（人）	受访者职位
企业E	深度访谈	1016	18.3	12	11	4	董事长，CEO（2），董事长助理（2），信息部副总裁（6），信息部数据负责人（2），营销副总裁a（2），电商副总裁b，电商部负责人，经销商商经理，生产中心经理
	现场观察	参观企业E两个工厂6次；参观企业E下线店铺5次					
	二手资料	线上公开的企业E年报及新闻报道资料；企业提供的公司内部宣传视频和PPT资料					
		录音时间（分钟）	录音字数（万字）	调研次数（次）	访谈人数（人）	高层人数（人）	受访者职位
企业F	深度访谈	2725	47.8	10	17	5	CEO（8），副总裁a，副总裁b，副总裁c（4），品牌经理，财务总监（3），研发总监（2），软装设计总监，分销总监（2），人力资源总监，天猫店店长，营销部主任，天猫阿米巴长，线下体系市场总监，产品部高级总监，供应商厂长
	现场观察	参观企业F总部7次；参观企业F线下店铺7次					
	二手资料	线上主流媒体的新闻资料及企业APP官方的公开资料；企业提供的公司内部宣传视频，产品介绍资料和PPT资料					

注：在受访者职位一栏中，括号里的数字表示对该受访者的访谈总次数。

现场观察内容进行详细记录、照片拍摄，访谈过程全程录音。对于关键受访人员，如在企业工作三年以上的中高层管理者，研究团队会通过追加访谈次数的方式强化数据收集。数据收集基本信息如表4-3所示。

对于消费者数据的收集，不仅包括企业访谈，也包括消费者访谈，但以企业访谈为主。主要原因在于两个方面：一是本书是一个跨时间的演化分析，从企业访谈中可以更容易了解不同时期消费者行为的变化及其与企业的交互；二是本书的访谈对象涵盖了非常了解消费者及特殊消费者的企业管理者，从对他们的访谈中可以获得有关消费者的翔实资料。但为了保证数据的准确性，研究团队仍然在两家企业的消费者群体中抽取了部分对象，尤其对与企业合作的特殊消费者，进行了一对一调研，以验证企业端的消费者数据。

为避免集体访谈带来的干扰，作者及所属研究团队主要采用单独访谈的方式，以确保访谈信息的准确性。访谈主要遵循三角验证原则，同一问题至少征询三个以上受访者的观点，以确保访谈数据的有效性。在每次访谈结束后，所属研究团队对访谈录音进行文字整理，形成案例研究所需要的质性资料。

除深度访谈之外，现场观察和二手资料收集也是本书采用的重要数据收集方法。在现场观察方面，所属研究团队对样本企业工厂、线下实体店进行了多次走访，多次参与企业举办的消费者活动。通过现场参与，研究人员能实地观察企业与消费者、消费者与消费者的互动过程，对企业措施形成直观认知，验证深度访谈中受访者的观点。此外，基于与企业建立的信任关系，研究团队获得了企业提供的二手资料，如组织结构、流程文件和内部杂志等，对纵向分析企业演化过程提供了较好的数据支持。同时，研究团队还搜集了第三方公布的相关资料，例如，新闻报道、网上资料等，由此通过多种途径确保数据的充分性和准确性。

第三节　数据编码与分析

本书的研究遵循现有案例研究质性数据的分析思路（Eisenhardt，1989；Gersick，1994；Miles and Huberman，1994），将数据编码与分析过程分为数据缩减、数据陈列、结论及验证三个阶段。下文将论述各编码过程的具体策略、编码举例及分析中需要应对的核心挑战：

一、数据简化及编码举例

第一步是数据简化。Miles 和 Huberman（1994）将数据缩减定义为对质性文本资料进行选择、聚焦、简化、摘取和转化的过程。由于研究团队对两家企业进行了多年追踪访谈，形成了近 70 万字的质性资料。由于庞大的原始数据集难以直接用于分析，因此，第一项工作是将这些质性资料进行分类压缩。编码者会无视所有与研究主题明显不相关的重复沟通，形成更易于管理的证据基础。

数据简化的另一个重要操作就是进行开放式编码，以便发现主要的维度（如学习、技术、资源、价值等）和它们的特性（如交互式、双向、双边性等），这些特性描述了企业和消费者协同演化及其能力的变化。在开放式编码中，基于访谈者所使用的实际语言，通过开放式编码，在核心研究主题下的分类会逐步涌现出来，包括但不限于，解释企业与消费者为什么会形成协同演化的机制、企业演化与消费者演化、企业与消费者如何协同演化、在两者协同演化中动态能力如何被构建出来。当确定了这些分类后，数据分析的结构也逐步形成了，属于不同分类的数据、基于数据形成的规律以及规律涌现的理论概念，也将逐步涌现出来。

举例来说，在开放式编码中，尽管会直接采用访谈者使用的实际语言，但应进行必要的浓缩，如去掉如语气词等冗余信息，形成如"保持比较快的产品创新速度""当新技术出现以后，重新设计了线下的支付方式""我们能发挥原创设计的能力，自行开发了一些互联网原创服装设计品牌"的一阶编码。可以理解为，一阶编码是访谈证据原文的意义浓缩，上述对应一阶编码的访谈证据原文可以参见表 5-1。如表 5-1 所示，当一阶编码积累到一定数量时，一些共性特征就涌现出来了，如"产品创新""服务创新""品牌创新"。这些分类主要反映了被关注的某事物在时间（When）、地点（Where）、对象（Who）、干什么（What）、如何（How）以及为什么（Why）等单一维度或多个维度上的特征。当这些特征被研究者逐步积累并整合分析时，更高阶的分类或主题就逐渐涌现出来了，如"变异"。在表 5-1 中，对于"选择"和"保留"的提炼也是遵循同样的编码思路。这一阶段的开放式编码使研究者能够对诸如一个企业在一个时间节点上采取的某一行动进行丰富描述，同时兼顾概括性总结。这为后面进行共性提炼和对比分析都奠定了基础。

在这一编码过程中，主要挑战在于坚持"让数据说话"的原则（Gioia et al.，2013），以及保证分析结果的客观性。为此，研究团队以波普尔（2015）

的可证伪性原则为指引，在分析一阶编码的同时，返回原始数据中不断尝试寻找反例，以挑战已有分析结论。因此，实际编码过程在步骤一和步骤二之间反复迭代，最终形成核心构念（Locke，2001）。

二、数据陈列及编码举例

第二步是数据陈列。数据陈列主要是对缩减和编码后的数据进行有组织的整理和进一步概念化。由于企业与消费者协同演化具有明显的时间特征，因此，将通过访谈、记录和观察收集到的数据按时间线整理出来，这样有助于观察到企业和消费者随时间变化的特征变化。在归类整理基础上，不仅巩固在开放式编码形成的一阶分类上，并且也将它们聚合成更理论化和更抽象的二阶主题上。这是一个递归过程，而非线性过程——研究者始终在一阶分类和原始数据中反复迭代，直到更抽象的主题被提炼出来（Eisenhardt，1989；Locke，2001）。

在这一过程中，研究团队根据 Murmann（2013）提出的协同演化研究范式，在分析维度上，首先，分别探讨企业的 VSR 过程及消费者的 VSR 过程。基于归纳逻辑，找出其中的共性。其次，分析连接两个种群的双向因果机制，这是形成协同演化的原因。对此，同样基于归纳逻辑，以找出共性为主，探讨连接企业与消费者协同演化的双向因果机制。最后，结合在一阶、二阶编码中找出的分类，剖析案例间有关企业与消费者协同演化路径和结果的共性和差异性。

举例来说，如在第五章第三节"企业与消费者协同演化动态能力演化机制"中对主动适应阶段企业与消费者互动行为的分析：在一阶分类中，发现企业 B 和企业 F 分别与意见领袖和平民化中心的互动中都采取了"企业资源对接"和"技术协同"两种行动，通过提炼共性特征，我们将其概念化为"对接资源"，形成二阶主题；类似地，"识别资源"和"共享资源"也是提炼后形成的二阶主题。但在消费者角色分化这一维度，一阶分类反映了两个案例的差异性——与企业 B 合作的意见领袖由个人化交易媒介分化成为品牌化交易媒介；而与企业 F 合作的平民化中心由个人化交易媒介分化成为个人化交流媒介。由此，提醒我们关注到企业 B 和企业 F 在企业与消费者协同演化路径上的差异性，也推动我们去进一步回到数据中挖掘为什么这种差异性都会促进企业与消费者价值共创能力的构建。如我们在该节中对与意见领袖和平民化中心协同演化的详细描述，数据引导发现，尽管两种消费者在角色分化上不同，但他们与企业的互动都表现出了相同的能力特征，即前文提及的识别资源、共享资源和对接资源。借由这一发现，将反映这种路径差异性的二阶主题概括为"企业与意见领袖协同演化"和"企业与平民化中心协同演化"；将反映能力共性的二阶主题概括为"识别资源""共享资源"和"对接资源"。当涌现出这种主题后，我们往往也会回到一阶分类中，结合二阶主题重新整理一阶主题，为下一步建立各阶数据之间的关系铺垫基础。

在这一编码过程中，存在的主要挑战是部分二阶主题的边界可能会比较模糊，例如，"资源合作"与"资源共享"的关系，不同的解读视角、基于不同视角的现有文献以及研究者理解限制可能会产生差异化或有待改进的归类。为此，研究团队采用组内讨论和第三方评估两种方法消除分歧和进行修正（Ulaga and Reinartz, 2011）。首先，在组内阐述不同编码结果、内涵及证据，在对比讨论后进行修正；当组内讨论无法达成一致时，研究团队会将编码分享给不熟悉本研究的第三方学者进行评估，按建议酌情修改，直至统一。

三、结论验证及编码举例

第三步是结论验证。在数据陈列中的二阶编码基础上，我们进一步进行轴心编码，这是指沿着二阶主题中各种概念所属的属性和维度，建立概念和概念之间的联系，使各概念不再是零散地呈现，而是凝聚成为一个观点，解释某一现象。基于轴心编码，我们逐步尝试构建理论框架，将理论框架的解释范围限定为两个核心方面：一是企业与消费者发生协同演化的双向因果机制，二是企业与消费者协同演化动态能力形成机制和演化机制。在这两大方面下，通过结论凝练核心观点，在每个结论下，又通过对比分析案例样本间的差异，形成具体的研究结论。

根据现有案例研究策略，在这一阶段不断进行"数据→关系→框架"之间的迭代，并且通过不同数据来源之间的相互印证，强化对重要现象解释的可重复性（Stake, 2005）。同时，本书的研究会不断根据现有协同演化理论、动态能力理论和服务主导逻辑理论，对归纳的关系和框架进行分析和修正。由此，通过数据与理论、新框架与现有理论之间的相互比较和印证，保证基于案例发现提出结论的准确性、创新性和理论的普适性。

举例来说，根据数据所反映的时间维度，依次建立从识别资源、共享资源到对接资源三个二阶主题之间的联系，并通过回到服务主导逻辑理论的文献，将这些二阶主题凝练为"与消费者价值共创的能力"这一三阶类属中；类似地，三阶类属如"捕捉变化的能力""适应变化的能力""与消费者价值共创的能力"

进一步凝练为"企业与消费者协同演化动态能力"这一总类属。对于这三个类属的详细论证可参见第五章第三节"企业与消费者协同演化动态能力演化机制"中结论7的部分和表5-6。遵循这种规律，我们会不断回到文献中，直到将编码理论化和抽象化到能够很好地与目标领域的文献对话以及能够很好地回应研究问题为止。同样，如图5-1所示的理论模型中，涉及结论的核心概念均反映了基于一阶、二阶、三阶编码形成的总类属。每一个总类属都囊括了特定维度下大量散落于证据细节中的特征和属性，是对理论现象的概括性和抽象化的反映，也是与现有文献对话的重要媒介。

这一编码过程的主要挑战在于是否实现了理论饱和。为了进一步提高分析结果的准确性、可靠性和理论饱和度，研究团队进一步采用了信息回访和专家挑战两种方法。一是在形成初步理论模型后，研究团队返回企业E进行交流报告，邀请受访者对模型和其中构念进行评估，确认相关构念可以准确且充分地反映企业实践；二是研究人员分别与研究服务主导逻辑、企业与消费者价值共创、数字化转型、大数据技术应用等不同领域的学者，以及未参与前期编码的博士研究生对理论框架及核心构念进行讨论，验证理论框架的合理性，同时对潜在理论贡献进行探讨。

上述三个数据编码步骤也是反复迭代进行的。每当引入新数据时，研究团队就开始进行数据简化，并不断验证新数据是否可被归类为现有的一阶分类和二阶主题；如不能，则更新一阶和二阶编码，直至新增数据不再带来新的洞见。基于一阶和二阶编码的不断迭代，三阶编码和总类属会更充分地解释研究问题，以此形成的理论框架实现理论饱和。

第五章 企业与消费者协同演化动态能力形成与演化

经典的企业动态能力的形成主要是应对环境形成压力的反应结果，即企业对竞争者、技术变革和消费者行为三种主要环境条件刺激的单向过程，属于单向因果机制，如企业通过组织学习形成组织惯例来形成应对环境变化的一套程序或规则，从而培育起企业竞争优势。企业与消费者协同演化动态能力本质上依然属于企业动态能力，其形成与演化具有企业动态能力的常规特征，但也同时表现出常规特征之外的协同演化过程才会具有的特征。这是本章重点探讨的方向和内容。

本章主要探讨企业与消费者协同演化双向因果机制、企业与消费者协同演化动态能力形成机制，及企业与消费者协同演化动态能力演化机制三部分内容。

第一节 企业与消费者协同演化双向因果机制

本章主要探讨的一个研究问题是企业和消费者如何形成协同演化？分析思路依据 Murmann（2013）提出的协同演化研究范式，主要分为三个步骤：一是分析加速企业和消费者演化的环境特征；二是分析企业和消费者各自的"变异（V）—选择（S）—保留（R）"演化过程；三是找出连接企业和消费者各自 VSR 演化过程的双向因果机制。

一、加速演化的环境压力

压力筛选是生物演化的重要动力。部分植物面对取食者的巨大压力，通过偶然突变和重组产生一系列次生化合物，如具有防御作用的有毒反抗物质，形成植物的化学防御，因而得以生存；不能形成偶然突变和重组的植物群落则被取食者瓜分而被自然淘汰（钦俊德，2001）。因此，压力筛选是加速生物演化的重要动力。结合本书的研究情境，基于对三家案例企业及消费者的数据分析发现，互联网驱动的环境变化形成了压力筛选，加速了企业演化和消费者演化。

总的来讲，由于互联网环境具有高度动荡、快速变化的特征，因此，对企业和消费者分别形成了压力。这种压力既包括正向压力（即发展压力，市场变化会带来新发展机遇），也包括负向压力（即生存压力，市场变化导致既有资源/能力/优势失效）。部分企业通过正确的组织变革成功应对环境变化，进而适应新环境特征，在市场竞争中生存下来，而另外部分企业可能因为不恰当的组织变革、遭遇变革风险或其他伴随市场动荡的偶然因素而失去竞争优势，逐渐退出市场。对消费者而言，部分消费者会通过快速学习、交流，适应互联网时代的新技术以及新技术驱动下的生活方式变革，而部分消费者可能会因为历史、社会和文化等因素远离、放弃、拒绝新技术及信息化的生活方式，进而成为"数字难民"①。下文将分别论述加速企业演化和消费者演化的环境压力。

1. 加速企业演化的环境压力

加速企业演化的环境压力主要表现为正向压力和负向压力两种。

（1）企业面临的正向压力。尽管互联网为企业带来了新的发展机遇，但这种机遇是所有企业共同拥有的。因此，能否比竞争者更快速地识别和把握机遇是个体企业所面临的正向压力，主要表现在以下三方面：

1）互联网提升了消费者数据的可获得性。在大数据时代，消费者行为、位置甚至身体生理数据等每一点变化都成为可被记录和分析的数据。互联网等新兴技术的兴起使企业能够低成本获得大量消费者数据，这是企业开展以消费者为核心的产品/服务改善以及战略转型的重要基础。企业受访者提到，在现有技术中，除了如百度、谷歌等搜索引擎所提供的用户画像技术之外，还有第三方平台提供的以广告推送为主的用户定向系统，例如，腾讯的广点通系统和阿里巴巴的达摩盘，都可以精准收集到消费者数据。如企业 B 的运营中心总监所述：

---

① "数字难民"（Digital Refugees），是指那些因为经济、社会、文化等原因更远离数字文化的群体。与"数字原住民"（Digital Natives）和"数字移民"（Digital Immigrants）一起构成数字时代人类数字鸿沟所划分的三种人群。

　　"我们在互联网大数据的体系上，可以进行非常详细的用户画像。例如，我们在做广告时，可以非常精准地定向到用户的消费行为数据和社交行为数据。阿里巴巴还有一个系统可以对消费者的行为数据进行非常详细的定向，通过这个系统，可以定向到消费者曾经购买过什么产品，在什么时间点购买什么样的产品，购买哪些品牌的产品，在他购买这个品牌时，又购买了其他哪些产品，同时他购买的频率是多少，他的整个消费周期是多少，他的年龄段是怎样的，他平时购买的喜好是怎样的。"

　　2）互联网等新兴技术推动企业产品创新。企业可以通过互联网渠道快速将服装产品推向市场，并实时收到消费者产品反馈，及时判断产品畅销度。消费者评价、投诉和参与式反馈，都进一步推动企业改善产品，因此，极大地提升了产品创新速度。此外，互联网环境下竞争者间的信息公开、新兴技术的快速迭代、合作伙伴间高效协同，也是加速企业产品创新的重要因素。根据案例数据，企业A和企业B的产品创新速度都非常快，例如，企业A在2012年就实现每月上新1000款，当年共发布近10000个新款服装。如企业A的总裁助理所述：

　　"这些高效的信息技术能帮助实现快时尚。一是快速研发，二是你研发的是市场需要的。一方面，依靠与消费者的交互，这些数据很重要；另一方面，背后供应链高效协同。现在我们可以做得比传统的ZARA更快，我们的目标是实现每日上新。"

　　3）互联网创造了传统企业转型升级的新机遇。案例数据表明，传统企业能够借助互联网开拓新渠道，促进运作模式迭代更新，进而推动商业模式转型。例如，企业B，在宏观的企业发展方向上，其前身为服装代工企业，通过借助电子商务，转型为时尚原创设计服装品牌集团；在具体的企业渠道战略上，其从前期单纯经营线上业务，通过借助移动互联网对线上和线下渠道的联通，后转型为O2O运营模式。如企业B的O2O项目总监所述：

　　"互联网下我们能够看到很多新模式，还有一些传统商业模式的转变。特别对于服装这个产品，例如，线上，虽然有性价比，但服装的试穿体验、触摸等这些需求点线上渠道很难满足，还有跟粉丝的这种深层次的互动。所以，我们看到万达跟马云的1个亿赌约，这其实是从线上走向线下的一个趋势。互联网在颠覆服装行业，那O2O可能是传统组织模式从线下走到线上的一个方向。"

（2）企业面临的负向压力。高度动态、快速迭代的互联网环境，在给企业以发展机遇的同时，也对其生存提出了极高挑战，迫使企业面临极大的生存压力。这种对企业生存形成威胁的压力可以被概括为企业面临的负向压力，主要体现在两个方面：

1）在互联网环境下，产品周期被极大缩短，企业难以单纯依靠产品维持长期竞争优势。三家企业多位工作在三年以上的高层管理者提及，以前在非互联网竞争环境中，企业只要开发适销对路的产品，就可以在较长时间内占领市场，保持竞争优势。然而，随着新兴技术不断被应用于产品，使各类产品层出不穷，产品生命周期被极大地缩短。企业B品牌设计总监说道：

"尤其在服装行业，竞争非常激烈，每周上新已成为基本要求。"

此外，同类产品的可替代性在互联网环境下被极大增强。互联网环境下的企业竞争，已经逐渐从产品竞争拓展为生态圈的竞争。企业与消费者之间的黏性，也无法仅依靠产品维持，同时还需要情感沟通、极致服务等非产品化的连接。因此，互联网环境加剧了多维度的商业竞争。例如，企业A的IT总监助理描述了这方面的压力：

"一开始就是拓展产品，从女装拓展到男装，但我们当时又面临了新的压力。因为越来越多的传统企业开始做电商。这些传统品牌有优势，他们品牌时间更长，知名度更高，现在又做了电商。我们原来经营电商的、在产品上的性价比优势，基本上一下子就没有了。所以我们又要开展新的转型，从子品牌塑造、战略还有IT的角度来再进行改善。所以，单靠好产品生存，现在是越来越难。"

2）企业主导的运作模式难以适应互联网和电商市场需求，因此，还面临立足市场的生存压力。根据对案例企业开展电子商务的挫折经历分析发现，原有适应传统商业环境的消费者服务、供应链和组织管理，均不适应电子商务快节奏、以消费者为核心的市场特征，如图5-1所示。

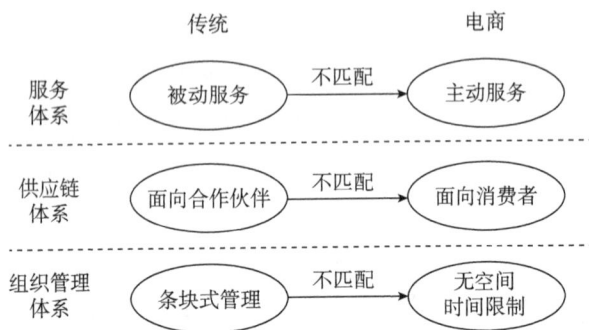

图5-1　企业主导的传统运作模式与电商市场的不匹配

在消费者服务体系上，习惯于传统商业环境的企业对消费者服务体系的建设不够重视。在实地调研中，不少受访者表示，在传统的运作管理中，企业主要关注市场、品牌、销售、质量等，很少关注消费者服务。然而，在电子商务市场中，由于消费者的转换成本大幅下降，信息传播成本大幅下降，因此，消费者的选择权和评价权大幅提升。消费者通过与企业的紧密信息交互，从研发、生产、配送到售后，全方位体验企业的服务，企业任何环节出现问题，都会导致消费者的差评，并在网上快速扩散。例如，企业C在早期的电子商务建设中，因售后服务无法满足线上服务要求，消费者的服务体验不好，导致大量差评。企业B的CEO也在访谈中描述了早期线上业务开拓中来自消费者差评的压力：

　　"如果缺货严重的话，消费者就会投诉。投诉成立之后，我们的店铺就可能要被关掉，那我们这个品牌就有可能从此以后消失了，当时我们的压力是巨大的。"

在供应链体系上，传统面向合作伙伴的供应链体系无法适应电子商务面向消费者的供应需求。首先，传统的供应商生产设备、生产流程和员工技能等均是面向大批量生产的，例如，企业C的服装生产供应商，一张订单量少于1万件的话，就无法形成规模效应，就会亏损。而线上的订单经常只有几百件，需要快速下单、快速翻单，原有的供应模式无法适应；其次，传统的物流配送是送到门店，均是整批物流，企业容易管理，成本也较低。而电商的物流均是配送到消费者，是零单物流，管理难度大，成本也较高；最后，传统线下经销商与线上渠道商产生利益冲突，难以有效协作。例如，消费者在线上下订单后，企业需要向线下经销商进行调货，但经销商由于利益受损而不愿意配合，导致出现订单延误、服务质量降低、资源无法协调等各种问题。因此，传统供应链运作模式无法应对电子商务的新需求。如企业 C 的 CIO 所述：

> "比如说 2011 年 11 月 11 日光棍节，我们天猫店一天就卖了 1000 多万元，这个概念就相当于中国香港一半商店的客人光顾我的店，再大的店也承受不了啊，何况你的库存呢？这样就存在货品怎样去配送的问题，你又不可能集中到一个地方。所以当时这是我们面临的一个问题。"

在组织管理体系上，传统市场的条块式管理体系无法适应电子商务无时空限制的市场特征。在传统市场中，由于产品、区域有天然的区隔，因此，按产品、区域进行划分的条块式管理能明确界定各自的责权利，从而有效提升管理效率。然而，在电子商务市场中，时空界限被完全打破，因此，原有的条块式管理完全无法适应电商市场的特征和需求。例如，企业 C 的配送仓库是按照地域划分的，例如，广东仓、北京仓和上海仓等。首先，地区仓库要满足当地店铺的销售；其次，再辅助配合电子商务的发货需求。当线上销售量猛增时，就需要从各个有货的省份进行调货，而有货的省份要考虑线下门店的补给，难以满足线上的供货需求，经常造成供应混乱和延迟。又如，有些消费者原来在北京买的产品，后来又到湖北换货，原有的管理体系根本无法适应这种高流动性的行为。

综上所述，互联网的快速发展以及伴随互联网的环境变化促使企业面临正向压力和负向压力，这些压力加速了企业内部革新和企业间竞争，进而加速了企业演化。

2. 加速消费者演化的环境压力

案例数据显示，互联网同样给消费者带来正向和负向的压力，其中，正向压力是指那些促进消费者能力提升或收益提升的外部驱动力；负向压力是指那些迫使消费者支付更高成本或收益降低的外部环境变化。

（1）消费者面临的正向压力。互联网主要在三个方面为消费者购物创造了更好的商业环境。

首先，消费者信息搜寻成本降低。借助电子商务平台，消费者能够低成本地搜寻各种商品，充分而详尽地了解产品信息。例如，根据案例数据，企业 A、企业 B 和企业 C，除了拥有自营的官方商城以外，均加入了中国第一大电子商务平台——天猫商城。据统计，天猫商城占中国 B2C 市场服装品类交易份额的 75%，是名副其实的零售平台巨头[①]。天猫商城能够为消费者提供便捷的商品搜索页面，并可以在该页面进行商品浏览、价格比较、同类商品推荐等。电商平台为消费者提供跨地域、跨时间的商品供给，并通过会聚各类产品和品牌、提供便捷的操作页面，极大地降低了消费者的信息搜寻成本。

其次，互联网加速产品创新，使消费者产品选择范围扩大。互联网加剧了服装行业竞争，促使企业开展快速产品创新，这使消费者产品选择范围扩大。此外，在传统环境中，消费者的服装选择局限于邻近地域，局限于商家的工作时间。而互联网突破了这种时空区隔，消费者可以随时随地根据自己的偏好在网络上选购商品。例如，天猫商城的服装类目，整合了现今市场的大部分服装零售品牌。每家企业可以随时上新新款产品；消费者可以通过这一平台便捷搜寻、比较，进行购买决策。

最后，消费者的转换成本降低。伴随搜寻成本下降和选择范围扩大，消费者的转换成本较传统商业环境下更低。现今，消费者能够极便捷地接触到各类品牌和产品，根据用户评价轻松对比产品优劣。

（2）消费者面临的负向压力。互联网对消费者形成的负向压力主要表现为伴随技术进步产生的信息过载和信息甄别成本提高。例如，自 2010 年起，众多电商品牌汇聚各大电商平台（如天猫商城、唯品会、京东、当当网、亚马逊中国等），由于各个电商品牌提供的产品种类繁多，因此，提供给消费者的信息也日益增多。同时，新兴虚拟社交平台日趋多样，使信息呈现多样化、海量化的特征。在这一环境下，消费者每天都要面对来自不同渠道、不同主体的众多信息，因而面临着信息超载的压力。

此外，海量化信息及多样化产品所产生的另一问题就是消费者信息甄别成本提高。至 2011 年，各大电子商务平台上的品牌产品日益丰富，消费者在网上购物过程中接触到的信息越来越多。同时，由于电子商务市场发展快速但并不完

---

① 资料来源：http://www.aliresearch.com/blog/article/detail/id/18276.html。

善，在商业环境中仍然存在诸多诚信度不高的电商企业，这些电子商务企业会通过销售假货、次品或进行虚假承诺等方式欺骗消费者。这导致消费者必须在购物中进行信息甄别，以防造成个人损失。但是，伴随信息传播渠道的多样化，信息甄别的维度和体量也在不断增多，例如，消费者不仅需要看产品介绍信息，还需要参考用户评价、商家推荐、平台排名，甚至分析试用报告、比较同类产品信息等。因此，互联网驱动的电子商务快速发展从另一个侧面也极大地加重了消费者信息甄别的负担。

综上所述，互联网的快速发展以及伴随互联网的环境变化加速了企业内部革新、加剧了企业间竞争，并创造了传统企业转型升级的新机遇，迫使企业面临更大的生存压力和发展压力。无法及时应对这些压力的企业将逐渐被市场淘汰；生存下来的企业更加适应互联网竞争环境。对消费者而言，互联网为消费者带来全新的购物情景和消费体验，数字化技术的快速更新使消费者在享受数字化便利的同时面临着更高的信息搜寻和甄别成本，迫使消费者在消费体验中不断进行个体学习和知识积累。无法适应新技术变革的个体消费者将逐渐成为"数字难民"，适应变革的个体消费者逐渐依赖信息技术实现个人交易需求和生活需求。根据对加速企业演化和消费者演化的环境压力的分析，本书提出研究结论1：

结论1：市场环境动荡形成的压力筛选加速企业演化和消费者演化。

二、企业演化与消费者演化

1. 协同演化研究的分析范式

在探讨互联网情境下企业与消费者协同演化的双向因果机制上，本书遵循现有成熟的协同演化研究范式（Murmann，2003，2013）。主要分为两步：

（1）界定两个种群，并分别分析两个种群各自的VSR过程。根据Murmann（2013）对种群界定的思路，同时结合互联网这一研究情境，本书将服装企业界定为种群1（见图5-2）。组成服装企业这一种群的主要是数以千计的产品[①]。本书所选案例样本都是经营多品牌的企业，每个品牌下又拥有数以千计的服装产品。根据案例调研资料，三家样本企业会进行快速产品迭代，迭代过程主要包括新产品研发（变异V）、测试和上线销售（选择S）、消费者购买和服饰元素再开

[①]　这里的产品既包括商品类产品如服装，也包括企业提供给消费者的服务类产品，如包退换等消费者服务。主要原因在于：商品类产品和服务类产品均是企业为消费者提供的价值，仅是两种不同的表现形式。同时，根据案例数据，企业在开发消费者服务上也如开发新产品一样具有明显的VSR过程，分析见正文。

发（保留 R）三个环节。快速的产品迭代是服装行业的一个突出特征，例如，企业 A 每月上新近 1000 款，一年新款超过 1 万件，产品从设计到上线销售平均只需要 10 天。此外，服务迭代更新也存在 VSR 过程。这里的服务主要是指企业提供的消费者服务，包括售前、售中和售后。根据调研发现，企业在转型升级的过程中，会不断分析消费者需求，根据消费者反馈信息对相应服务进行修正，例如，修改对售前咨询不重视的服务设计或取消对消费者产生冒犯的电话推销等。在多轮的服务修正和开发中，企业会保留下来那些令消费者满意的服务，而淘汰那些不符合电子商务市场需求的服务，因此，服务迭代更新也存在 VSR 过程。

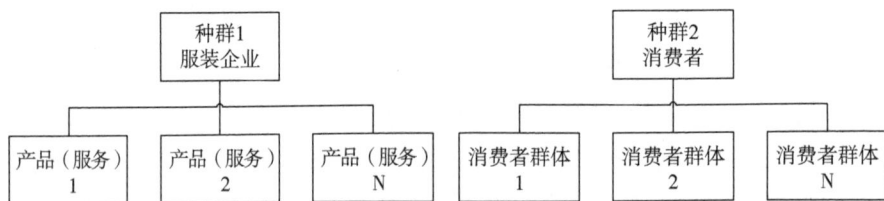

图 5-2　本书的种群界定思路

本书将购买服装商品的消费者界定为种群 2。根据互联网情境下的消费者行为特征，消费者种群由若干个具有差异影响力的消费者群体组成。总的来讲，消费者种群存在 VSR 过程：首先，在互联网技术支持下，随着消费者群体间互动的增强，一部分消费者可能会演变为虚拟网络中的意见领袖（V），例如，时尚达人和网红，能够显著地、较大范围地对其他消费者决策和行为产生影响；一部分消费者可能在物理空间（如街坊邻里）的互动中，基于移动互联技术（如微信）演变为社区网络中的平民化中心（V），如，安利销售员和微商，这些平民化中心能够借助社会资本对周边的或熟识的其他消费者的决策和行为产生影响。其次，在社会互动中，意见领袖或平民化中心这种特殊消费者可能随时退回普通消费者的身份，例如，失去粉丝支持的意见领袖和失去营销影响力的平民化中心会重新变回普通消费者身份；而某些意见领袖凭借突出的能力（如部分时尚达人能够及时、持续地推送受欢迎的服装搭配微博）获得更多粉丝，进而成为更具影响力的社会网络关键人物（S）。最后，随着消费者间的信息传播以及借力外部资源，某些意见领袖和平民化中心身份被进一步定格，成为差别于普通消费者的特殊消费者（R）。如部分意见领袖借助企业资源开创品牌，成为企业合作伙伴；

部分平民化中心借助微信朋友圈宣传，在淘宝上开设代理店或线下实体体验店，成为企业合作者。因此，本书的研究将消费者界定为种群2。

（2）找出连接两个种群的双向因果机制。双向因果机制主要解释两个种群为什么发生协同演化。同样，以 Murmann（2013）对双向因果机制的分析为例：人员交换、商业联系和游说被认为是导致行业和学术发生协同演化的三个重要双向因果机制。根据协同演化第二步的研究思路，在本书对企业与消费者协同演化的双向因果机制的探讨中，既需要分析什么是双向因果机制，又需要解释清楚这些双向因果机制如何影响企业和消费者这两个种群的 VSR 过程。

2. 企业演化：变异、选择、保留

在分析企业"变异—选择—保留"演化（VSR 演化）上，对三家案例企业进行独立分析，即将每家企业视为一个独立样本，先独立分析，再横向比较[①]。Murmann（2013）指出，判断一个种群是否正在发生明显演化的关键在于追踪种群关键特征（particular traits of a population）的变化趋势。本书选取了销售收入、品牌数量、研发人员数量、新品上新速度和新品上线周期来展示样本企业2008～2016年的演化过程。选取这五个维度的主要原因在于，通过探讨产品维度的变异、选择和保留过程来分析企业演化。根据现有研究，销售收入能够反映企业规模和产品销售的市场绩效；品牌数量能够反映企业的产品战略；研发人员数量、新品上新速度和新品上新周期均能够反映企业产品研发的能力和绩效（秦剑，2014；郝生宾和王媛，2013）。因此，本书选取五个维度作为描述企业演化的重要维度[②]，下文将以企业 A、企业 B 和企业 C 为例，分析其 VSR 过程。

样本企业 A 的演化过程符合 VSR 演化。从总体上来看，作为一个快时尚服装企业，企业 A 从 2008 年至 2016 年，年销售额翻了近 15 倍；"品牌数量"从2008 年的自营内衣和自营女装 2 个品牌，拓展为 2012 年的 15 个品牌，并于 2014年启动与美国衣路集团的战略联盟，使多家美国品牌独家进驻企业 A 开放式电子商务平台，现共经营品牌 31 个；"研发人员数量"自 2008 年起呈现大幅度上升趋势，从 50 人跃升为 550 人，这为企业 A 快速的新品研发奠定了人力基础；"新品上新速度"和"新品上线周期"能够反映企业作为一个种群的产品变异速度：

---

① 这样设计的主要原因在于，根据前文论述的研究思路，企业被视为种群1，而每家企业都是一个独立的种群，每个种群由各自拥有的众多产品组成，而非三家案例企业共同构成一个种群。

② 尽管除上述五个维度之外，还有很多重要维度能够反映企业产品的能力和绩效，但这五个维度具有易量化的特征，更容易用于反映企业在不同时期的特征变化。

根据统计，企业 A 在 2008 年仅经营 2 个品牌，当时的上新速度为 60 款/月；通过近 8 年的发展，2016 年的新品上新速度已经提升为约 2200 款/月，超越了以传统渠道经营为主的快时尚服装品牌 ZARA（每月近千新款上新）。在新品上线周期方面，企业 A 通过业务协同和供应链整合，从产品研发到上线销售实现最短 7 天的快速供应。这种极快的新品研发速度和较短的新品上新周期，说明企业 A 的产品迭代速度极快（V）。根据受访者所述，企业 A 会对研发出来的新款进行内部测试和上线销售，这是观察市场热销程度、筛选爆款的选择过程（S）。在内部测试中，企业 A 会对制作新款的面料和款式进行内部测评，这主要依赖于内部的服装设计团队。这些内部团队会对不合格面料以及不符合预期的款式进行内部筛除；在上线销售中，企业 A 往往选择预售的方式进行试销，这样使企业不用在前期预备大量库存，只需要打板、模特拍片、少量备货，就能够以极快的速度上线新品，供消费者购买。数据显示，2016 年企业 A 新品上线周期已经缩短至 7~15 天。通过上线销售，消费市场会选择出适合市场需求的产品，而那些不被市场认可的产品，企业 A 或通过清货特卖的方式或通过附加赠送的方式进行处理。最后，企业 A 在每一季度过后，会分析当季新品中受欢迎的产品特征，例如，服装颜色、服装元素、主要风格等，然后将这些特征加入到新品的设计中（R）。在保留过程中，企业 A 还会将持续受到市场追捧的款式作为子品牌的主打款，使其代表子品牌的服装风格和品牌形象。

样本企业 B 的总体演化过程符合 VSR 演化。企业 B 于 2008 年主要进行原创棉麻服装品牌 Y 品牌，早期年销售额为千万级别。通过不断的原创品牌开发、淘品牌并购，于 2016 年共经营 29 个品牌，其中，原创品牌 13 个，红人品牌 16 个，2016 年销售额约 18 亿元人民币；企业 B 的"研发人员数量"自 2008 年的少于 10 人迅速扩张为 2016 年的约 200 人，总体上产品开发能力在不断提升；在"新品上新速度"上，根据统计，企业 B 在 2016 年的产品上新约 500 款/月，部分品牌每周两次上新，一次上新 20 余款（V）。企业 B 对新设计产品及其面料选择有严格的内部控制。在新品样本出来后，企业 B 会在内部的实验室进行面料检测，例如，检测红色拼接白色的面料是否会在洗烫后造成混色和晕染。对于不合格的面料，企业 B 会要求设计师换掉或重新找工艺，以确保最后推出的新品不存在质量问题，这是企业 B 执行的一个内部选择过程（S）。此外，企业 B 还利用与消费者的互动，对新品的热度进行售前预测。例如，企业 B 建立了一个包含设计师和老顾客的微信群，每当要推出新品时，会对面料元素、季节偏好、流行偏好、搭配偏好等议题进行互动式消费调研，以此分析主推哪些款式会更加符合市场需求（S）。最后，在新品上线销售后，符合市场需求的产品会成为爆款或热度单品，企业 B 会保留这些款式或将热销款式的元素加入到后续单品的设计中（R）。通过调研还发现，企业 B 的部分忠实粉丝会晒自己穿搭的热销单品，在朋友圈等社交媒体中宣传，使这些热销单品被更多人关注和购买（R）。

样本企业 C 的总体演化过程符合 VSR 演化。从销售收入来看，企业 C 在 2012 年达到发展顶峰，但随着互联网的冲击，企业 C 自 2013 年起开始大规模关闭线下实体店铺，其现有实体店铺也从一二线城市转向三四线城市。从经营品牌数量来看，2008～2016 年并未产生明显变化。根据统计，企业 C 的新品上新速度多年保持在 200～400 件/月。虽然企业 C 的整体发展呈现负向增长的趋势，但在调研中，本书发现企业的演化仍然遵循 VSR 过程：首先，企业 C 仍然在继续开发服装新品，只是产品变异的速度有所放缓（V）；其次，企业 C 在企业间合作和内部管控中形成供应商面料质检、产品抽查和内部研发监控等机制，这些机制能够帮助企业 C 从企业研发的新品中筛选更符合市场需求的新品（S）；最后，在投入实体店销售后，企业 C 会收集销售统计数据，将符合区域特色的销售单品或系列进行追单生产，以满足线下实体店的供货需要（R）。通过对企业 C 的长期追踪调研发现，企业 C 在 2008～2012 年主要提倡以时尚、都市为主格调的服装风格，但随着向二三线城市的战略转移，其现在保留下来的服装风格更加贴近二三线城市大众化服装需求，以乡村、大众为主格调。因此，通过选择和保留过程，企业 C 服装风格的变化非常明显。企业 VSR 演化的主要构念及典型例证如表 5-1 所示。

表 5-1　企业 VSR 演化过程中的主要构念及典型例证

主要概念	证据事例（典型援引）（以企业 B 为例）	关键特征描述
变异	"我们在 2014 年是周二周五上新，但到了下半年，就开始每半个月一个主题，每个主题推出 20 多款新品。保持比较快的产品创新速度。"	产品创新
	"那新技术出现以后，我们就重新设计线下的支付方式，顾客线上支付还是现场支付都是可以的。现在线下注册会员的服务已经非常完善，线上线下的会员服务系统已经互联。"	服务创新
	"在收购淘品牌基础上，我们能发挥原创设计的能力，自行开发一些互联网原创服装设计品牌，精准切入小众市场。"	品牌创新

主要构念	证据事例（典型援引）（以企业 B 为例）	关键特征描述
选择	"版型是否符合市场，团队的设计总监会把关，还有最后使用的面料是否会出问题，如浅色和深色的混搭是否在洗后会混色，我们专门有一个实验室进行内部筛选，不合格的我们要换掉或重新找工艺。"	内部测试
	"如果只是拍脑袋的东西，或者你总是不更新，那消费者关注度一下子就下来了，这个市场反应是很快的。现在市场竞争很激烈，不创新马上就淘汰了。"	市场选择
保留	"消费者买了，市场觉得这个款式好，那我马上可以再重新生产。现在没有库存都可以，我们供应链反应很快，一旦预售了马上就追单生产。"	追单生产
	"会分析热销款，有些数据也来自消费者的评价，她觉得那个设计好，那这些数据会反馈给设计师，这些元素会被相关主题的服装设计中再次采用。"	元素更新
	"虽然服装不会说你推荐给我，我推荐给别人，但你这个风格别人是会模仿的，我们一个主题预售火了很多消费者就会过来购买，尤其是上班族，他们之间的传播很快。"	产品传播

3. 消费者演化：变异、选择、保留

互联网极大加速了消费者演化，在本书中，主要从消费者身份演变来解释消费者"变异—选择—保留"演化（VSR 演化）及主要特征。消费者的变异、选择和保留过程中的角色演化关系如图 5-3 所示：

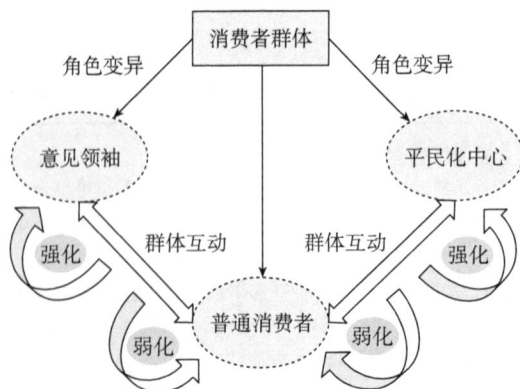

图 5-3　消费者角色的演化关系

首先，互联网极大改变了消费者的购物行为和社交行为。据统计，36％的中国消费者每周至少网购一次①，这说明互联网促使消费者的购物行为逐渐向线上渠道转移。一方面，购物行为的变化体现了消费者对互联网技术使用的成熟度在逐渐提升；另一方面，体现了消费者购物观念和习惯在随着整个商业生态的变化而变化。此外，消费者社交行为的互联网化也非常明显。随着虚拟社群兴起以及移动互联技术的成熟，消费者间的群体互动极大增强，借助这种跨时间、跨地域的技术互联，人际间可以随时随地产生互动，并对共同兴趣、话题展开讨论，甚至形成具有共同特征的社群。消费者社群互动刺激部分个体产生角色分化：一部分消费者通过群体间互动，逐渐演变为虚拟网络中的意见领袖。以服装行业的意见领袖为例，这些意见领袖（如时尚达人、网络红人）可以通过表达其独特的服装搭配来吸引粉丝，通过粉丝关注、分享、转发等行为，进一步扩大其个人影响，并依赖这种人际影响力销售产品。据统计，在 2015 年"双十一"活动中，在淘宝平台上每 7 件衣服就有一件是网红卖的②。根据企业访谈发现，这些意见领袖通常能够显著地、较大范围地对普通消费者的决策和行为产生影响。

消费者角色分化的另一可能是成为平民化中心。例如，部分消费者通过移动互联技术（如微信）在与亲朋好友的互动中，借助社会资本对周边的、熟悉的其他消费者角色和行为产生影响。这些平民化中心如安利销售员和微商。与意见领袖不同的是，这部分消费者并非通过稀缺知识或能力对他人产生影响，而是因为他们处于社会网络中的一个节点，相比于陌生人，周边消费者更加熟悉他们，进而产生了一种基于结构型社会资本的信任。报告显示，中国 1/3 的年轻人愿意选择将微商作为个人职业选择③。这在一定程度上反映了消费者角色分化的趋势。总结而言，本书指出，基于互联网的社会互动，消费者群体内会产生角色分化，可能成为意见领袖或平民化中心，这构成消费者演化的变异过程。

其次，根据调研数据分析发现，在社会互动中，特殊消费者可能随时退回普通消费者的身份，这是一种基于群体间互动的社会选择。例如，在服装社区的互动中，部分意见领袖可能会因为推销不符合市场需求的服装、服装搭配过时、过激言论、不及时更新微博、与普通消费者互动不积极等原因，最终失去营销影响力。平民化中心也会产生角色退化的现象。在对平民化中心的调研中发现，部分

---

① 资料来源：http：//www. 100ec. cn/detail－－6383405. html。
② 资料来源：http：//mt. sohu. com/20151218/n431838634. shtml。
③ 资料来源：http：//tech. huanqiu. com/news/2017－02/10120203. html。

平民化中心会在与普通消费者的交流中表现出极强的营销目的，例如，频繁推荐产品、推荐高价产品、不熟悉产品特征、不关心朋友的真实需求等。这严重破坏了朋友间原有的情感信任。调研企业的受访者也形象地表达了自己的观点：

> "我买你一次算是给了朋友间的面子，但你要是频繁向我推销，那我老买就是我自己傻了。那这样久而久之就只能在微信上拉黑了。"

因此，这部分因个人行为造成负面效果的平民化中心会逐渐被筛选掉，失去基于社会资本的营销影响力，进而退回普通消费者身份。通过这种基于群体间互动的社会选择，部分符合迎合消费者需求或能切实帮助周边朋友解决购买选择问题的意见领袖和平民化中心会继续存在，例如，某些服装达人凭借突出的时尚搭配能力，获得了更多粉丝，进而成为更具影响力的电商网络红人。

最后，通过社会选择，部分意见领袖和平民化中心的身份会被进一步强化和定格，即角色强化，成为差别于普通消费者的特殊消费者。如部分意见领袖借助企业资源开创品牌，成为企业合作伙伴。在对企业 B 的调研中发现，企业 B 寻找到部分意见领袖，通过与之共享资源和深度合作，创建了符合这些意见领袖个人风格的原创品牌。如企业 B 旗下原创红人品牌 DY 就是与一位著名网红合作创建的。这些意见领袖成为连接企业与普通消费者的品牌化交易媒介。品牌化主要体现在：意见领袖在该阶段通过品牌塑造强化普通消费者对其能力的认同，逐渐将普通消费者对个人的黏性转嫁到对个人原创品牌的黏性，提供给普通消费者一致的品牌认知和更加完善的消费体验。在这一过程中，企业 B 发现，服装达人和电商红人挑选出来的衣服往往在企业 B 原有消费者分类上更加小众，更加贴近这些意见领袖所属社群的需求。

此外，部分平民化中心借助微信朋友圈宣传，在淘宝上开设代理店或线下实体体验店，成为企业合作者。平民化中心在与企业的合作中会逐渐成为个人化交流媒介。个人化体现在平民化中心主要凭借个人社会关系网络为企业进行营销沟通。交流媒介体现在：平民化中心不会对普通消费者进行营销推广等交易行为，而主要负责交流沟通。通过消费者间的交流，企业不仅可以更好地了解消费者需求及个性化特征，也可以间接强化普通消费者对产品或品牌的黏性。在这种社会互动中，部分平民化中心会借助人际影响力进一步成为区别于普通消费者的媒介型消费者。

例如，在对企业 F 的调研中发现，部分消费者在购买企业 F 的儿童家具产品后，会基于个人的人脉关系进行产品使用分享，如发布孩子与儿童衣柜的趣味合照，或邀请亲友来家里参观。这些消费者的分享行为会对周边接收到该信息的人群产生营销影响力，因此这些消费者成为了平民化中心。产生角色分化的消费者不仅仅是产品购买者，更是产品传播者，能够基于个人社会关系网络传播产品信息。企业 F 通过对线上顾客访问路径的分析和对新顾客的回访发现，很多新顾客是受到亲朋好友的推荐来购买产品。正如企业 F 的副总监 C 所述：

"一个小区里面的很多妈妈都是相互认识的，她们之间在选购儿童用品上具有很强的相互影响。如果你的孩子用了这个家具觉得特别好，孩子特别开心，那么其他妈妈也会考虑给自己的孩子买这个牌子的产品。"

综上所述，消费者 VSR 演化过程中的主要构念及典型例证见表 5-2。

表 5-2 消费者"变异—选择—保留"演化过程中的主要构念及典型例证

主要构念	证据事例	关键特征描述
角色分化	"这种达人是自然形成的，品位是被大多数人认可的。他会挑选一些衣服去搭，然后晒出来。晒出来之后，就有很多的粉丝去跟随他。"	在社会互动中产生角色分化
意见领袖	"这些服装达人和电商网红背后有很多粉丝。做得好的服装达人依靠这种粉丝经济可以每年销售过亿，而且这种达人群体在迅速成长。"	通过知识贡献或特殊魅力产生人际影响力
平民化中心	"这些与我们合作的粉丝会整合个人的社会资源来支持他们加盟的线下实体店。他们会借助自己的力量来吸引更多的顾客到实体店体验。"	借助结构型社会资本产生人际影响力
角色退化	"有一些特殊消费者会在交流中失去粉丝信任。这也很正常，因为大家投入的精力可能不一样。比如，你粉丝互动不好，或你的服装风格粉丝不接受，那自然就失去了关注度。"	退回普通消费者身份，失去人际影响力
角色强化	"有一些做得好的消费者自然就开始专业化了。比如，他们会在我们的产品线中选择风格更加一致的款式，而不是哪个好卖买哪个。这样给粉丝的体验也更一致。"	特殊消费者角色被强化和定格

主要构念	证据事例	关键特征描述
品牌化交易媒介	"其实往品牌化这个方向走相当于把粉丝对个人的黏性转嫁到对品牌的黏性。因为如果有了品牌，在认知和服务上消费体验都会更好。那做得好的达人也在通过自己的方式来塑造品牌。"	借助品牌影响力形成能力信任
个人化交流媒介	"这些加盟开店的粉丝其实都是普通人。但这些普通人更有能力整合他们的社会资源。这些人能和他们的朋友更好地沟通。尤其是一些当地人，能够更了解本地人的习惯。这样的沟通是企业取代不了的。"	借助社会关系网络形成情感信任

三、企业与消费者协同演化过程

在论证了企业和消费者作为两个种群均存在 VSR 过程的基础上，本节将分析连接企业与消费者形成协同演化的双向因果机制。首先，将样本企业与消费者的协同演化视为独立实验，先分别分析，再横向比较。因此，将分为三个部分展现研究发现：一是先总结性地提出基于案例分析得出的三个双向因果机制，对其概念进行界定和解释；二是分别简要阐述案例企业与消费者的协同演化过程；三是分析三个双向因果机制是如何连接种群1和种群2的 VSR 过程，并提出企业与消费者协同演化的双向因果机制模型。

1. 双向因果机制的概念界定

基于案例发现，本书提出连接企业和消费者两个种群的双向因果机制主要为三种：交易联系、信息交换和价值关联。具体概念界定和解释如下：

(1) 交易联系是指企业和消费者基于商业交易而形成的一种互动关系。交易联系既包括企业对消费者的产品供给和服务提供，又包括消费者对企业产品的购买和评价投诉；其主要特征是行动者为了实现或维护交易目的或利益会采取自利行为。例如，消费者在收到不满意的产品后，会通过电话向售后部门反映，要求退换货；企业在收集到消费者反馈意见后，会进行产品改进，进而通过供给更优质的产品来满足市场需求，以维持竞争优势。根据案例发现，形成交易联系是企业和消费者之间最频繁和最本质的互动机制，因为企业和消费者之所以产生交互的最本源的动机是实现和促进交易，以满足自身需求。因此，交易联系会显著促进企业产品/服务改进和消费者的能力提升。例如，当消费者收到次品时，为了维护自身权益而向企业投诉，进而使企业了解产品缺陷并进行改进；企业改进后的产品会进一步刺激这些消费者进行质量信息的甄别，在这一过程中逐渐熟练购物能力；随着消费者甄别和选择能力的提升，企业又需要不断开发和完善产品，根据消费者需求进行调整。基于这种交易互动，企业和消费者之间为了应对彼此变化进而发生改变，由此形成协同演化。

（2）信息交换是指基于技术使能的企业和消费者间的信息传递。互联网情境下企业和消费者的互动主要是以信息的形式呈现。信息交换既包括主动的信息搜寻和获取，例如，企业通过数据挖掘和收集技术获取消费者的交易数据，消费者通过技术平台搜寻到企业品牌、产品信息；又包括被动的信息传播与扩散，例如，企业不诚信行为、假冒伪劣产品的舆论传播。根据案例发现，信息交换是促进企业和消费者发生协同演化的重要机制，主要原因在于信息是种群间进行交互的重要媒介，信息交换意味着种群间产生了资源交流，促使双方能够及时感知对方变化，并根据这些变化进行适应性调整。例如，企业在获得了消费者的需求信息后，可以有针对性地修正产品，提供个性化服务，进而使企业的发展顺应消费者需求。对于消费者而言，消费者通过信息交换能够及时了解企业产品和服务，在互动中提升信息搜寻和甄别能力，甚至能够参与产品设计和服务开发，进而深度参与到企业实践。

（3）价值关联是指企业和消费者基于合作形成的一种互利共生关系。在互联网情境下，当企业和消费者拥有彼此所需的异质性资源时，需要通过相互合作实现互利共赢。如企业无法便捷获取和利用消费者个人的社交资源和闲置时间资源，但消费者的这两种资源对企业的营销推广很有价值。只有通过合作，企业才能够获取消费者拥有的而企业难以获得所有权的稀缺资源。价值关联反映了一种利益绑定，即企业和消费者不再单纯是生产者和需求者的关系，而是互为合作者。例如，案例证据所示，企业 B 根据意见领袖的个人风格进行资源对接，开设网红事业部，辅助其开发个人原创服装品牌，这体现了企业对特殊消费者开展的合作行为；部分消费者为自己喜爱的棉麻服装品牌转换身份，成为平民化中心，进行粉丝开店，深入与企业开展经营合作，这体现了消费者对企业开展的合作行为。价值关联是连接企业和消费者、促使两者发生协同演化的重要机制，主要在于价值关联将两个种群的利益进行绑定，使两个种群形成一种共生关系。为了实现互利共生，单一种群的最优选择变为要同时适应和扶持另一共生种群的发展，因此，两者会不断根据彼此所需进行适应性调整，形成协同演化。

2. 协同演化过程分析

根据对三个因果机制的解释，本节将分别简要阐述企业 A、企业 B 和企业 C 这三家服装企业与消费者的协同演化过程的特征。

（1）企业 A 与消费者协同演化过程的总体特征。从因果机制上来看，连接企业 A 与消费者协同演化的因果机制主要是交易联系和信息交换，较少证据显示企业 A 与消费者或特殊消费者具有明显的合作关系，合作主要在企业—企业之间。从机制出现的顺序上来看，早期企业 A 与消费者的互动主要依赖于交易联系，当企业 A 开发网购平台及外部第三方平台逐渐成熟时，企业 A 和消费者之间就开始产生信息交换，并在后续演化中，信息交换成为连接企业和消费者的主要机制；从企业行为来看，企业 A 应对消费者变化的主要方式是产品和服务提升，并通过交易联系和信息交换两种机制进一步捕捉和适应消费者变化，同时使消费者感知到企业变化。例如，企业 A 于 2008 年、2009～2010 年、2013～2014 年，以及 2015～2016 年四次拓展产品线，并在此期间不断进行服务迭代，提升服务的效率和质量。企业 A 与消费者的协同演化动态过程如图 5－4 所示。

（2）企业 B 与消费者协同演化过程的总体特征。从因果机制上来看，连接企业 B 与消费者协同演化的因果机制是交易联系、信息交换和价值关联。从机制出现的顺序上来看，早期企业 B 与消费者的互动主要依赖于交易联系，当企业进驻天猫网购平台及该平台技术逐渐成熟时，企业 B 和消费者之间就开始产生频繁的信息交换；随着虚拟社区兴起、消费者群体间互动增强、特殊消费者形成后，企业 B 和部分特殊消费者间形成了价值关联；在企业 B 与消费者的协同演化后期①，价值关联成为促使企业和消费者进一步协同演化的重要机制；从企业行为来看，企业 B 应对消费者变化的主要方式是与特殊消费者开展合作，并辅以产品/服务提升。例如，企业 B 自 2015 年开始与时尚达人和网络红人进行合作，创建网红事业部，进行个人原创品牌开发；自 2016 年开始 "YM＋千城万店" 计划，与平民化中心合作进行粉丝开店。企业 B 与消费者的协同演化动态过程如图 5－5 所示。

（3）企业 C 与消费者协同演化过程的总体特征。从因果机制上来看，连接企业 C 与消费者协同演化的因果机制主要是交易联系和信息交换。从机制出现的顺序上来看，交易联系是整个协同演化阶段的主要机制，无论是早期还是后期，

_____

① 根据本书对协同演化阶段的划分，后期是 2014～2016 年。

种群1：企业
（样本企业A）

种群2：消费者
（服装行业消费者）

| 消费者通过企业A寄来的导购邮册了解产品，通过电话的方式订购内衣产品 |

交易联系

2008年：企业A拓展产品线，从内衣到女装

2008年：企业A建立自营的网购平台，逐渐从电话导购转向在线销售

交易联系

消费者开始接触企业A建立的在线网购平台，逐渐从电话购物转为自行网购

交易联系

消费者学会使用平台，进行产品搜寻和产品对比

2009~2010年：进一步拓展产品线，进入男装、童装等领域

信息交换

2009~2010年：创建品牌在线社区，并在第三方贴吧（如百度）建立互动社区

信息交换

消费者群体间互动增强，在虚拟社区内进行产品经验交流、话题互动

2011~2012年：强化信息化建设，创建数据分析部门

信息交换

2011~2012年：物流中心升级至规模5万平方米；整合供应链

信息交换

2012年：形成快速产品创新模式，每月上新1000款

交易联系

消费者信息甄别能力增强；部分消费者发生角色演化，成为意见领袖或平民化中心，特殊消费者对新产品研发和产品扩散影响巨大

2013~2014年：再次修正产品线，重点优化消费者服务

2013~2014年：完善品牌社区的建设和管理，建立企业主导的品牌文化交流在线社区

信息交换

2014年：第一代数字化时尚生活体验馆正式开业；与美国衣路集团开展战略合作，将企业A的线上优势与衣路集团卓越的线下供应链体系进行有机整合

交易联系

消费者间形成个性化社群，群体间互动替代企业主导的企业—消费者互动，意见领袖及平民化中心存在自演化；保留下来的特殊消费者在社群内影响力很强

2015~2016年：完善品牌社区的建设和管理，建立企业主导的品牌文化交流在线社区

信息交换

2015~2016年：进一步扩展产品线，提升消费者服务

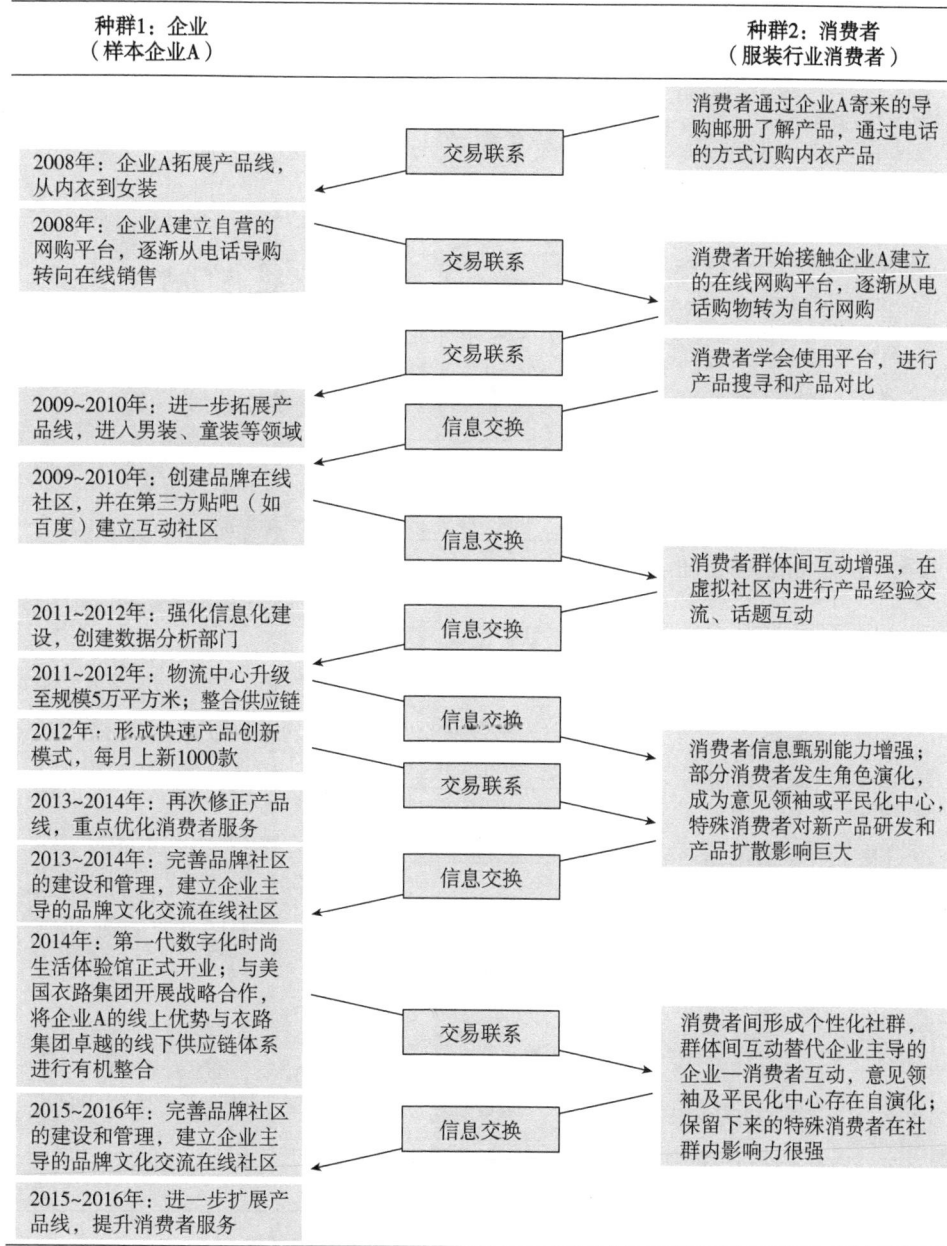

图5－4　企业A与消费者的协同演化动态过程

种群1：企业 （样本企业B）		种群2：消费者 （服装行业消费者）
2008年：企业B进驻天猫，开展线上女装零售业务	交易联系	电子商务开始兴起，消费者逐渐接触电子商务购物渠道
2009年：企业B年收入达1000万元，但广告费用投入过多，成本过高，企业亏损严重	交易联系	
2010年：抛弃外贸业务，面向电子商务转型	交易联系	消费者开始接触企业B的天猫旗舰店，于2010年"双十一"接触到企业B品牌营销宣传
2010年底："双十一"销售额单日高达680万元，遭遇脱销事件，企业进行危机管理	信息交换	
2011年："双十一"成交额达1787万元；在广州开设了第一家实体店	交易联系	消费者对企业B品牌及其服务产生认知，形成粉丝群
2011~2012年：强化企业的数据分析能力，对消费者进行行为分析和客户管理	交易联系	消费者对服装品牌的质量和服务要求日益提高
2012年：企业高层决定关闭线下所有实体店	信息交换	随着虚拟社区的兴起，消费者群体间互动增强，在虚拟社区内进行产品经验交流、话题互动
2013年：拓展产品线，启动多品牌战略	信息交换	
	信息交换	企业B的忠实消费者开展与企业的深度互动，针对服装搭配等问题与企业交流
2014年：上线移动端的官方商城，同时上线官方自建的移动社区	价值关联	
2014年：对在线社区的消费者行为进行数据分析；在移动社区内进行制度改进，促进消费者间的互动	价值关联	消费者群体互动增强；部分消费者发生角色演化，成为意见领袖或平民化中心，特殊消费者对新产品研发和产品扩散影响巨大
	信息交换	
2015年：寻找在线社区中的意见领袖，并建立联系	价值关联	
2015年：策划以粉丝经营为主的线下实体店计划	价值关联	部分意见领袖与平民化中心与企业B开展合作或共同建立原创品牌或合作开设线下实体店铺
2016年：修改组织结构，设立网红事业部	信息交换	
2016年：提出"千城万店"计划，开展粉丝合作经营	价值关联	

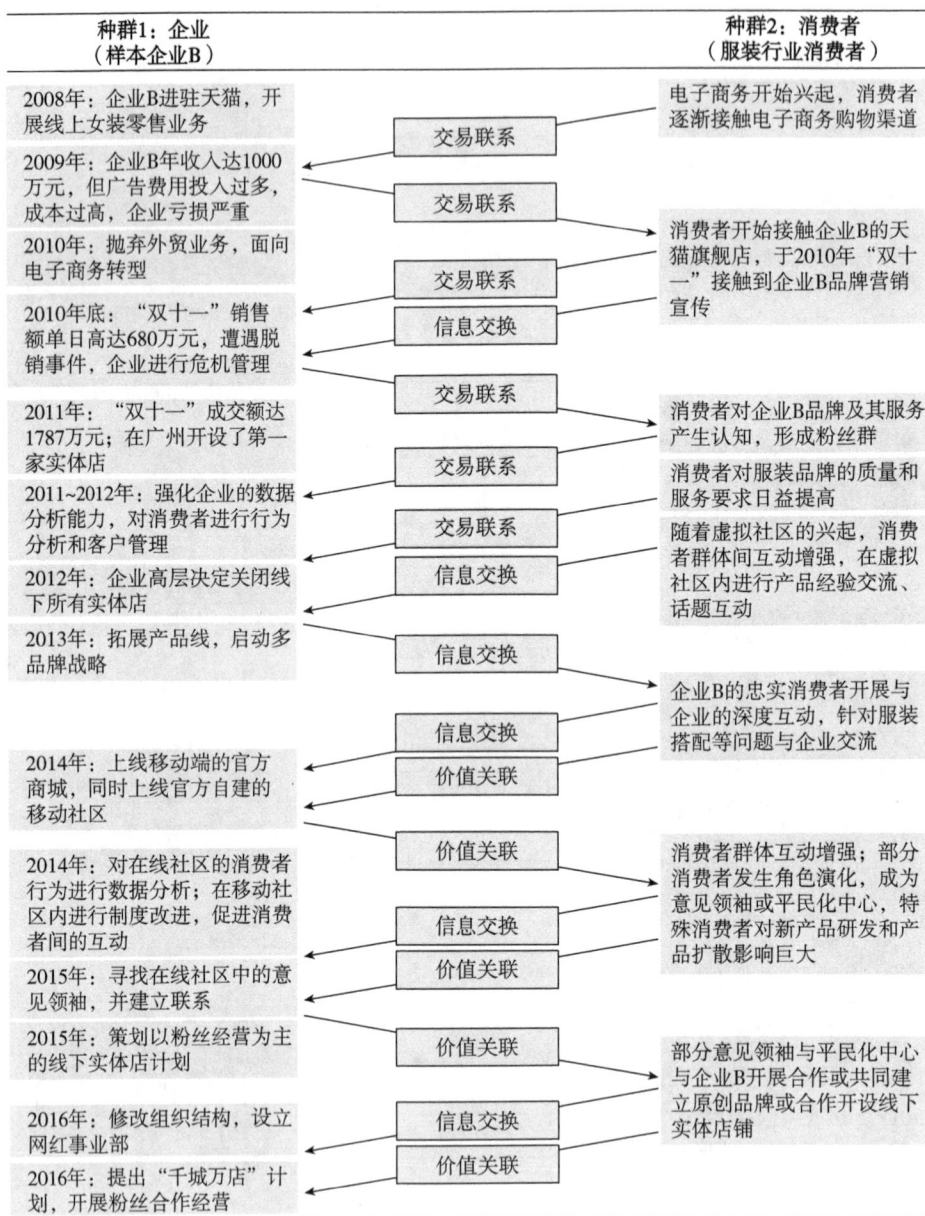

图5-5　企业B与消费者的协同演化动态过程

一方面，从企业实践上来看，说明企业C与消费者之间非交易的互动性不强；另一方面，说明企业C对线上技术，尤其是线上渠道的开发和应用上没有进行较大投入或投入的效果不好。从企业行为来看，企业C应对消费者变化的主要方式是根据企业的竞争优势，转移战略中心，以此寻找适合企业既有资源优势的市场环境。例如，企业 C 在 2013 年起逐渐将线下网络从一线城市转移向二三线城市发展，以此适应企业较为传统的服装加工和生产方式。企业 C 与消费者的协同演化动态过程如图 5-6 所示：

种群1：企业
（样本企业C）

种群2：消费者
（服装行业消费者）

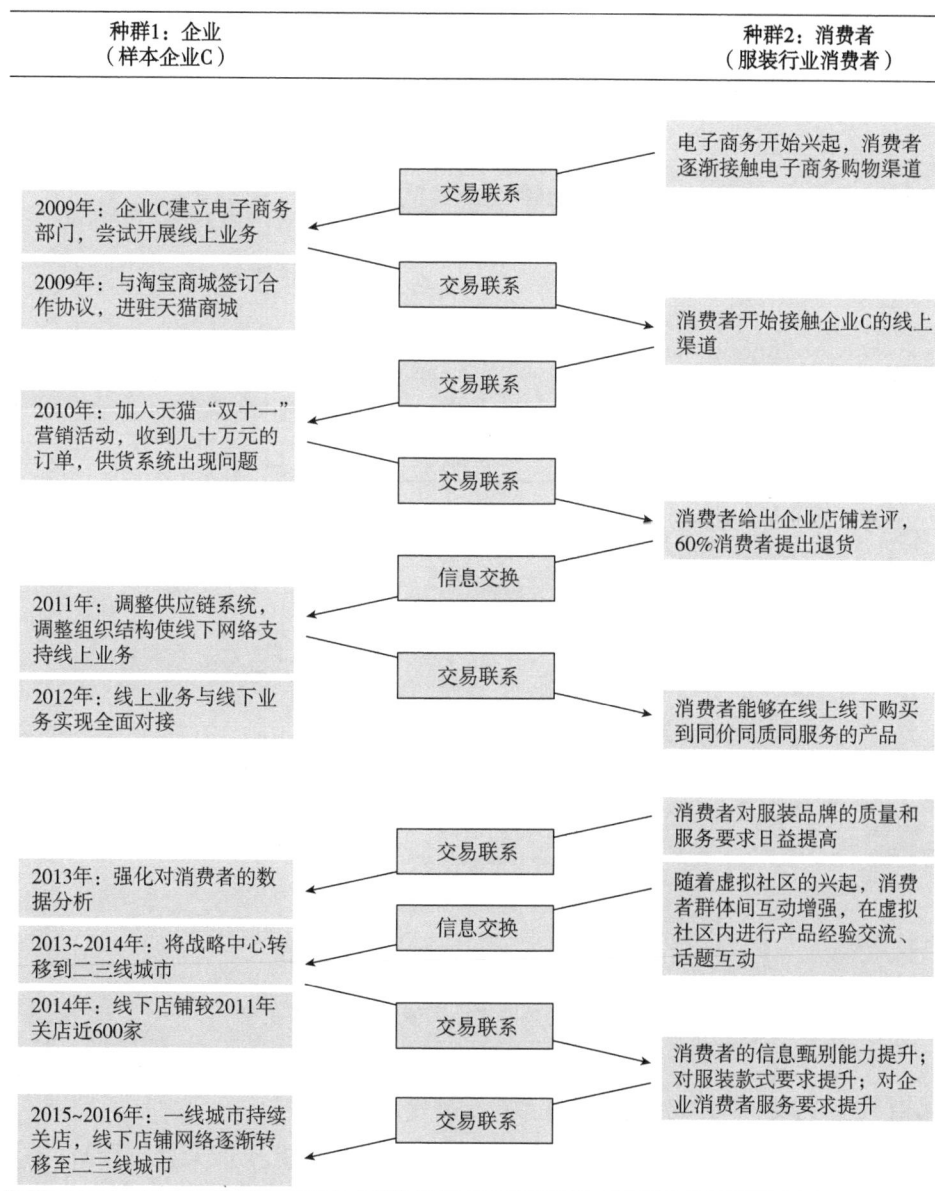

图 5-6　企业 C 与消费者的协同演化动态过程

3. 双向因果机制模型

根据 Murmann（2013）的论证思路，需要进一步解释三个双向因果机制是如何连接种群 1（企业）和种群 2（消费者）各自的 VSR 过程，进而提出企业与消费者协同演化的双向因果机制模型。根据对两个种群各自 VSR 过程的分析可知，企业主要由若干个产品组成，进而形成一个种群，该种群的演化过程主要表现为产品更新与淘汰的过程。通过分析，交易联系、信息交换和价值关联是企业与消费者协同演化的三种双向因果机制，其概念模型如图 5-7 所示：

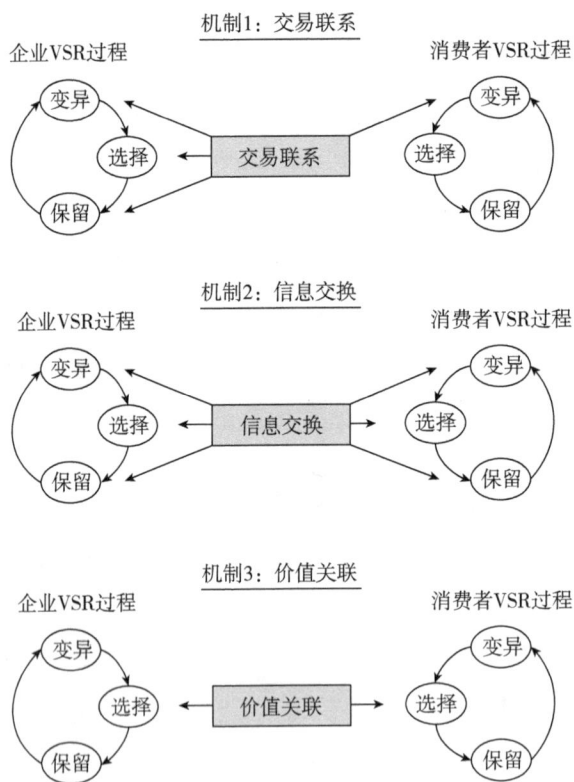

图 5-7　企业与消费者协同演化双向因果机制

（1）基于案例分析发现交易联系三个问题。

1）交易联系会影响企业的产品开发（连接企业演化中的变异过程）。如那些被消费者购买过的产品（意味着该产品与消费者建立了交易联系），更容易收到消费者反馈，企业可以将这些反馈应用于产品改进，促使产品更新换代。交易联系也会影响消费者的身份变异（连接消费者演化中的变异过程）。例如，通过购买更多产品和品牌（意味着消费者与企业建立了更多交易联系），消费者积累了更多产品经验，并对产品形成基于自身经历的独特认知，这些消费者更容易成为意见领袖。如企业 B 董事长助理所述：

　　　　"这些瑜伽教练，她最懂这个瑜伽服穿得舒不舒服。她也很清楚什么样的瑜伽服适合女生穿，什么样的瑜伽服穿着能体现女性美。她们身边的人自然也更相信她们。大家一交流就能看出她对产品的不同理解，那这些瑜伽教练就能影响其他人。"

　　2）交易联系会影响企业的产品选择（连接企业演化中的选择过程）。例如，企业 A 的新产品主要是采用预售方式上线销售，每次上新的一个产品系列包括 10～15 个款式。通过预售，企业可以根据消费者对产品的选择和单一产品的售罄速度来判断哪些款式可能是热销款，然后再进行大量的追单生产。在这一过程中，新品通过与消费者产生交易联系（被购买和关注）进而被保留下来；而那些没有能够被消费者购买和关注的服装款式，在第一批小量库存订单销售完成后则不会被追单和再次上线。

　　根据案例分析，没有明显证据显示交易联系会影响消费者演化中的选择过程。主要原因在于，根据对消费者演化中选择过程的描述，消费者种群的演化选择属于一种基于群体间互动的社会选择。如上文中举例，在服装社区的互动中，部分意见领袖可能会因为推销不符合市场需求的服装、服装搭配过时、过激言论、不及时更新微博、与普通消费者互动不积极等原因，最终失去营销影响力，退回普通消费者的身份。因此，这一选择过程主要受消费者群体内部互动影响，不受是否与企业形成交易联系的影响。

　　3）交易联系会影响企业的产品保留（连接企业演化中的保留过程）。如案例数据所示，被消费者选择的服装产品，服装产品本身或是服装产品所包含的主要元素，更容易被再次宣传（如推向其他地域的市场）、继承（如在产品更新中某些服装元素被继续应用），甚至可能成为代表品牌的主打款式。如企业 B 的企划部经理所述：

"有一些产品，它可以满足年龄跨度比较大的客户群，比如说同一款衬衫，不同图案就可能适合不同年龄层的女性。我们发现这款衬衫推出后，非常受欢迎，后来就将它作为这个系列的主推款，现在一个月销售量约1万件。"

根据案例分析，没有明显证据显示交易联系会影响消费者演化中的保留过程。主要原因在于，保留过程与选择过程密切相关，因为消费者种群的选择过程主要受社会选择影响，因而保留过程也主要受社会选择影响，其影响源来自于消费者群体内部的互动。消费者的保留过程主要体现在随着消费者间的信息传播，部分意见领袖和平民化中心的身份会被进一步强化和定格，成为差别于普通消费者的特殊消费者。例如，与企业 B 进行合作的部分意见领袖成为了红人原创品牌的创建人；与企业 B 进行合作的平民化中心成为线下实体店的经营者。本书分析显示，这种消费者成为企业合作者的保留过程很少受到是否形成交易联系的影响。

（2）根据案例分析发现，信息交换会影响企业和消费者种群演化的每一个 VSR 过程。

1）信息交换会影响企业的产品开发（连接企业演化中的变异过程）。例如，电子商务平台极大连接了企业和消费者，消费者的订单数据、沟通数据都会被记录和留存，这些反映市场需求的数据可以被应用于产品研发，进而刺激产品迭代更新。如企业 B 的 CIO 提道：

"我们之前推出一个宽松的版型，上线之后，我们就发现非常严重的问题，就是顾客反馈说我们做出来的衣服尺码不对。顾客就是觉得你的尺码大了。但从我们的角度来讲，这是设计师的理念，他就认为这种穿才显得仙飘飘的。所以这时，就需要顾客给我们一些反馈，设计师来进行修正。修正就是他会把他的版型收一收，这样就没那么夸张。那改进后的产品消费者的反映就好多了。"

2）信息交换会影响消费者的身份变异（连接消费者演化中的变异过程）。例如，消费者在接触到企业建立的消费者在线社区、互动贴吧等技术平台后，会强化群体内互动，加速信息交换，进而发生角色演化，成为意见领袖或平民化中心。如企业 B 的 CIO 所述：

> "这种达人是自然形成的，品位是被大多数人认可的。他会挑选一些衣服去搭，然后晒出来。晒出来之后，就有很多的粉丝去跟随他。他们（消费者之间）的互动主要在移动端的社交平台。我们也专门开发一个企业官方的在线社区。在这个平台上消费者之间不仅可以自由交流，也可以跟企业互动。我们通过抓数据发现，一段时间后，消费者内部自然会分化出一些比较特殊的人群。"

3）信息交换会影响企业的产品选择（连接企业演化中的选择过程）。例如，企业通过收集到消费者的产品评论及反馈建议，预测未来市场偏好，因此，将营销资源倾向于更符合市场需求的产品系列。因此，来自消费者的数据会显著影响到企业对产品的内部筛选。信息交换也会影响消费者演化中的选择过程。如通过了解企业品牌特征、产品信息和服务流程，部分意见领袖或平民化中心可能与普通消费者产生更好的互动。相反，那些不关注、不及时了解产品重要信息的特殊消费者，会因为服装搭配过时、错误宣传产品、表现得不够诚信或专业等问题，破坏与普通消费者原有的信任和关系，进而退回普通消费者身份，失去营销影响力。如企业 B 的社群营销事业部总监所述：

> "肯定有些达人会做得好一些，而有一些可能不那么用心。服装这个行业要求够时尚，也要够快，那作为达人你就要紧跟时尚的步伐，总是要有一些新的东西。如果你一段时间不创造话题，消费者的注意力很快就转移了。"

4）信息交换会影响企业的产品保留（连接企业演化中的保留过程）。例如，企业 A 在每一季度过后，会分析消费者的偏好变化趋势，在多品牌、多产品系列的管理中，保留下来受欢迎的产品特征，如服装颜色、服装元素、主要风格等，然后将这些特征加入到新品设计中；消费者的信息反馈和参与也会影响企业品牌风格的走向。信息交换也会影响到消费者演化中的保留过程。如部分消费者会强化与企业的交流，根据企业的品牌风格整合自身的社会资源，最终演化为合作者。如企业 B 汕头店的粉丝店主，根据企业 B 旗下 Y 品牌的棉麻风格，找寻当地电视台建立合作关系，进行服装宣传；并寻找大学生客户资源，自筹开设专车线路，吸引大学生来实体店试衣体验，进而拥有了大量新粉丝。同时，在经营过程中，粉丝店主会在每个季度与企业交流，及时获得新款服装信息或了解企业发展动向、品牌方向，强化对周边粉丝的管理和维护。

（3）根据案例分析发现，价值关联会影响企业演化的选择过程。如通过与特殊消费者形成价值关联，企业推出的产品或品牌更容易准确地满足特殊消费者所覆盖的个性化消费者社群，迎合个性化需求。因此，企业的产品或品牌更容易获得来自企业的资源支持，进而得以发展。如企业 B 的社群营销事业部总监所述：

> "这些网红更了解他们顾客的个性化需求。我们根据这些个性化需求打造小而美的品牌，这是现在的一个趋势。我们在创建网红事业部的 7 个月后已经成功孵化 12 个原创网红品牌。这些品牌都配备了设计团队和供应链。现在每个品牌每月上新 10~20 款，都发展得不错。"

价值关联会影响消费者演化的选择过程。如与企业形成价值关联的特殊消费者，更容易获得更多的资源，进而强化其社群影响力。如企业 B 会为合作的意见领袖提供基于移动端的技术平台资源、供应链资源、品牌建设与管理资源。通过借助这些来自企业的资源支持，这些意见领袖能够搭配出更具有品质保证的服装产品，并且能够为消费者提供快速的产品配送和完善的消费者服务。因此，这部分特殊消费者在社会选择中更容易被保留下来。如企业 B 的社群营销事业部总监所述：

> "我们可以提供包括设计、供应链、运营、新媒体推广等后端支持，网红就负责美美地维护好消费者，多与粉丝交流。我们不是在做一个网红收割机，而是帮助每个红人往品牌的方向去塑造，这才是对双方更长远的价值。"

综上所述，形成交易联系（双向因果机制 1）是企业和消费者最频繁也是最本质的互动方式，有助于促进企业产品改进和消费者交易能力提升；但从价值创造的角度来讲，仅形成交易联系无法使企业和消费者之间产生深度合作，缺乏形成价值共创的必要条件。信息交换（双向因果机制 2）能够影响企业和消费者各自演化过程的每一环节，是促进企业和消费者发生协同演化的重要机制。尤其在互联网情境下，技术使能的信息传递使企业和消费者能够便利地接触到对方的信息，为两者交互和深度合作提供了基础条件。研究发现，价值关联（双向因果机制 3）是促使企业和消费者发生协同演化的重要双向因果机制，会显著影响两者演化中的选择过程。通过形成价值关联，企业和消费者的利益被进一步绑定，超越了单纯的商品交易关系，转变为相互共享异质资源、形成深度合作。研究显示，企业通过形成价值关联方式更容易与消费者形成良好互动、提升消费者满意度，并对外部环境变化做出敏捷反应。综合上述分析，本书提出结论 2：

结论 2：交易联系、信息交换和价值关联是企业和消费者形成协同演化的三种双向因果机制。

（4）双向因果机制模型与现有研究的对话。现有组织与环境协同演化研究主要聚焦于企业间或企业与环境的协同演化（Santos，2003；Madhok and Liu，2006），对企业与消费者之间协同演化的讨论相对较少，且未与动态能力相联系。本书将 Murmann（2013）等基于行业视角的协同演化分析思路应用于微观视角下企业与消费者的协同演化分析中，指出交易联系、信息交换和价值关联是促进企业和消费者形成协同演化的三个双向因果机制。这一研究发现主要解释企业和消费者为什么会形成协同演化。

1）形成交易联系（因果机制 1）是企业和消费者最本质的互动方式，是促使企业和消费者发生协同演化的双向因果机制之一。在互联网情境下，技术加速企业和消费者进化，虚拟购物使企业和消费者以更低成本和更快速度形成交易联系，交易互动频率明显增强，因而基于交易的协同演化也更为明显。形成交易联系的另一意义在于使企业和消费者间形成相互依存性，这是判定协同演化关系的一个重要标准。如果缺少交易联系，那么就不存在供给者和需求者，企业和消费者也就没有相互依存性。从服务主导逻辑的角度来看，企业和消费者的相互依存性源自于价值创造过程中的资源互补和服务提供。这一关系也依赖于两者间形成交易联系，因为只有通过建立交易联系，才会形成持续的服务供给与资源共享。因此，无论从产品主导逻辑视角，还是服务主导逻辑视角，形成交易联系都是企业和消费者形成相互依存关系的重要机制。

2）信息交换（因果机制 2）是促进企业和消费者发生协同演化的另一双向因果机制，信息交换通过影响企业和消费者各自 VSR 演化中的每一环节进而连接两个种群形成协同演化。这一结论揭示了在互联网情境下，信息交换对企业与消费者形成协同演化发挥显著影响，主要原因在于，互联网情境下技术极大地促进企业与消费者间的信息传递，在信息的广度、深度和速度上显著区别于传统商业环境。企业和消费者虽为两个独立种群，但技术使能的信息交换使彼此能够快速、低成本、准确地获得另一种群的变化信息，这为两者形成协同进化创造了条件。从另一个角度分析，信息交互也是企业与消费者形成反馈机制的重要基础。现有研究提出种群间是否存在反馈是判断是否存在协同演化的重要标准（刘志高和王缉慈，2008；Lewin and Volberda，2003），而任何反馈都必须以信息作为基本单元进行传递。任何种群间无法实现非信息形式的交流。此外，信息技术在多个维度上连接了企业和消费者，使两者在虚拟空间上形成地理接近性（Winder et al.，2005），这也构成企业和消费者形成协同演化的另一前提。企业与消费者依托虚拟技术进行信息交流，不再受限于现实地理空间，因此，为两者协同演化奠定了基础，形成信息交换是促使两个种群搭建反馈机制、实现地理接近性的重要过程，也是根本基础。

此外，本书结论也揭示了信息技术通过加速企业与消费者的信息交互速度、提高信息交互质量、扩大信息交互内容等方式强化了企业与消费者之间的信息交互，促使两者形成协同演化。在传统商业环境中，企业与消费者也存在信息交互，但这种交互较之互联网商业环境更加低频、离散和非直接，因此，尽管企业与消费者可能形成传统商业环境下的协同演化关系，但两者的演化速度较慢，进化特征不明显或特征变化需要经历较长历史时期才可以被观察到。因此，互联网等信息技术通过加速企业与消费者的信息交换促进了两者的协同演化。

3）价值关联（因果机制3）是促使企业和消费者发生协同演化的第三个双向因果机制，会显著影响两者演化中的选择过程。通过形成价值关联，企业和消费者的利益被进一步绑定，超越了单纯的商品交易关系，转变为相互共享异质资源、深度合作的利益共同体。这一研究结论从另一个角度反映 Vargo、Lusch 和 Grönroos 等提出的企业与消费者价值共创思想（Vargo and Lusch，2004，2008，2011；Grönroos and Voima，2013）。但与现有研究不同的是，本书发现，在实践中，企业很难与所有消费者形成深度的价值共创。相反，企业往往选择拥有更多资源或能力的特殊消费者与之建立深度合作关系，并借力特殊消费者的人际影响和社会资源对大众消费者产生影响。这一结论也说明，不同消费者对价值创造的介入程度具有差异性，对企业而言，成本最低且效率最高的方式是识别出大众消费者中的特殊消费者，与之进行价值关联。此外，价值关联会显著影响两者演化选择过程的主要原因在于，价值关联影响一个种群对稀缺资源的获得概率。通过与消费者合作，企业的部分产品或品牌更容易获得消费者个人的智力资源、闲置时间资源和社交资源，进而被更频繁、更大范围地宣传，也更容易获得来自企业的资源支持，而未建立这种合作的产品或品牌则容易在内部选择和市场选择中被淘汰。

第二节　企业与消费者协同演化动态能力形成机制

在论证企业和消费者存在协同演化的基础上，本节将详细讨论企业如何通过与消费者的协同演化构建协同演化动态能力，其中，主要关注能力形成机制，具体涉及学习机制、资源机制，并分析信息技术对学习和资源的影响。

一、学习机制

根据案例分析发现，企业与消费者在协同演化中主要采用交互式学习。交互式学习是指企业与消费者通过信息交互，并结合多种学习策略进行知识获取、吸收和转化的一种学习机制。现有研究提出多种学习机制，例如，反复练习（Argote，1999）、小量错误（Sitkin，1992）、危机（Kim，1998）、有节奏的经验（Hayward，1999）以及试错、即兴发挥、模仿（Zahra et al.，2006）等，交互式学习与上述学习机制的主要差异在于强调主体间信息的交互性和对多种学习策略的组合应用。下文将分别论述企业与消费者交互式学习的交互性和组合性。

1. 交互性

交互性体现在企业和消费者在信息和知识上的双向交互特征。互联网极大地提升了企业和消费者之间直接的信息交换，这促使企业能够更加及时地感知消费者变化，否定和摒弃失效知识，吸收消费者的想法和建议，转化为组织知识，使企业与消费者之间形成信息协同。案例分析表明，企业能够通过与消费者的直接交互汲取到大量的、准确的市场需求信息。尤其对于开发和改善个性化产品/服务，与消费者群体进行密切互动至关重要。如企业 B 客服主管提到的一个例子：

> "我们刚做了一个'5·20'购物送定制礼品的活动。一开始我们没计划大肆去做的。但在前期预热时，我们发现有消费者反映说我们设计的这个

戒指礼品很漂亮，客户对这个关注度很高，总有人通过客服来问。我们就立即把这个信息反馈给运营部和市场部，为推动这个赠送活动做更充分的准备。然而，在活动进行当中，有一些消费者先收到我们的戒指，他们就发现这个戒指戴起来有一点质量问题。很多人都在反映这个问题。这时还有很多客户是没有收到戒指的。然后我们马上将这个反馈信息发给公司市场部，让他们去检测后面出来的产品质量是否合格。同时，客服部门马上联系已收到不合格戒指的消费者，通知他们公司会补发。这整个过程我们与消费者之间、我们部门之间的信息流通性很快。"

在与消费者的交互中，既存在企业主动学习，又存在消费者倒逼企业进行学习。企业主动学习主要表现在企业对消费者信息的主动捕捉和分析上。例如，当消费者在线下单后，就会形成包括价格、产品品类、颜色、数量、购买周期、地址和消费者年龄段等订单数据。通过获取订单数据，企业能够快速了解产品在各区域及不同时间段的销售情况。消费者倒逼企业进行学习主要表现在消费者在购物过程中主动反馈信息，迫使企业重新优化现有产品或服务。企业 A 客服经理提到，消费者会通过电话与客服沟通，进行意见反馈或投诉，这些语言交流会被记录成为文字，导入客户关系管理系统，形成数据存储，并传输给相应部门进行分析。如企业 B 的客服主管所述：

"我们既会正向挖掘客户的问题，又会分析客户的逆向反馈。客户的反馈主要是抱怨。我们会区分这些抱怨是有效投诉，还是无效投诉。对于有效投诉，可能涉及产品质量、服务或一些营销活动，客户一定会就某一个点投诉。我们会分析这些问题，然后由售后将解决方案反馈给投诉客户，还会把一些重大投诉记录，形成月度质量问题反馈给产品部，运营问题会反馈给其他部门。这样大家就知道现在的产品存在什么问题。"

本书的研究发现，同样作为服装企业，企业 A、企业 B 和企业 D 相比于企业 C 更加注重与消费者的交互，主要体现在前两家企业在建立与消费者沟通渠道、沟通技术应用、消费者主动的知识传递程度、对数据的获取、分析与利用程度相比于企业 C 表现更好，同时形成了更高的消费者满意度。对于企业 C，根据调研资料发现，企业 C 主要利用自行开发的电子商务系统收集消费者对产品的评论和反馈，同时借助线下渠道了解消费者在试衣、选型和购买过程中的行为规律，通过经销终端系统将客户数据反馈并存储至数据分析系统。企业 C 的策略主要是利用线上和线下各自的资源优势来全面收集消费者信息，为研发提供数据基础。但是，除此之外，企业没有通过其他数字化方式强化与消费者的交互。从企业 C 在 2012 年至 2016 年的案例数据来看，企业仍然着重强化供应链协同和企业间协同，经营渠道主要以线下为主，与消费者的交互主要倾向于传统面对面方式。但是，企业 C 非常注重对市场及行业数据的分析，企业 C 发现三四线城市对知名品牌化服装的需求在快速增长。同时，因三四线城市发展受限、知名品牌服装供货和渠道不足，因此，企业 C 将三四线城市作为企业维持竞争优势的另一市场。

此外，企业 B 与企业 D 在与消费者在数字交互上采取了截然不同的方式。通过比较分析发现，两家案例企业由于秉持不同的设计理念，在利用普通消费者数据化参与研发上表现出显著的差异，形成了两种研发创新模式：企业 B 秉持设计师导向的设计理念，形成了数据支持型研发创新模式，强调数据与设计师之间的互补，利用数据支持设计师将原创灵感转化为受市场欢迎的产品；企业 D 秉持用户导向的设计理念，形成了数据驱动型研发创新模式，强调发挥数据优势，部分替代设计人员的经验判断，通过数据分析获得面向市场需求的研发创意。

具体而言，对于企业 B，主要面向具有群体相似偏好特征的社群类普通消费者，如喜欢棉麻和"慢生活"的都市年轻女性、偏爱天然蚕丝和重绣工艺的高端白领、追求摩登和街头潮流的都市文艺女青年等。为满足这些消费者的需求，企业 B 的研发一直以各品牌原创设计师为核心，强调设计师对风格和定位的把控，鼓励他们发挥设计灵感引领和满足消费者的需求，因此，秉持的是设计师导向的设计理念。这一设计理念使企业 B 在设计师选择和产品定位上形成了与企业 D 的显著差异。企业 B 聘用的设计师以原创专业设计师为主，大多具有 3 年以上的设计经验，拥有获奖的原创设计产品，品牌设计总监均是行业知名的资深设计师，其设计具有独创性和引领性。企业 B 旗下的产品均根据不同的设计风格进行分类，如定位棉麻自然风格的 Y 品牌、定位艺术潮流的 C 品牌、定位传统工艺的 S 品牌等。

企业 B 获取消费者的交易数据后，通过对数据的分析，对与企业 B 品牌风格匹配的社群消费者进行识别。主要分为两步：一是产品企划部从交易数据中识别出认可品牌特性的消费者订单；二是产品企划部再对单品销量、关注热度和用户评论等数据进行多维度分析，从而识别社群消费者的具体特征。企业 B 逐步强化社群间的交流互动，从而不仅获取消费者的交易数据，而且通过获取交流数据了解消费社群的互动特征和需求。为了使这些数据能在相关研发部门真正被用起来，企业 B 在制度上进行了调整：首先，规定产品企划部和商品计划部在制定企划时均需要参考历史数据，重要决策必须要有数据依据。其次，在各品牌设计部新增"设计跟单员"的岗位。设计跟单员相当于连接设计师和数据的"桥梁"，这些人员具备一定的数据分析能力；一方面，能将设计师的设计需求转化为数据需求，通过信息技术部门获取相应数据；另一方面，能通过分析消费者的交易和交流数据，将市场需求和消费者喜好转述给设计师，为其研发决策提供参考。通过研发制度的改进，企业 B 推动相关研发部门将消费者的交易和交流数据真正利用起来，逐步形成了辅助决策的能力。

对比企业 B，企业 D 主要面向追求时尚、市场需求量大的大众消费市场，秉持的是用户导向的设计理念。这一设计理念使企业 D 在设计人员选择和产品定位方面形成了与企业 B 的显著差异。企业 D 聘用的设计人员以服装设计专业毕业的年轻人为主，主要看重其对消费者变化的敏感性和快速学习能力。企业 D 旗下的产品均根据时尚风格进行分类，如韩风、欧美、东方等，大众消费市场的海量需求能够保证每个品牌的快速发展。

因此，对于企业 D，在协同演化过程中，企业 D 通过提供契合市场需求的产品，激励消费者购买和交流，产生不同类型的数据。企业 D 通过对大数据的采集和分析，能根据消费者的差异化需求研发差异化产品，使新产品更吻合消费者需求，对消费者产生正反馈，促使消费者产生更多的购买、评价和建议，又产生了更丰富的数据。

具体而言，数据获取主要包括三种途径：首先，从交易渠道和营销活动两方面刺激消费者的购买，形成企业自身的交易数据。在交易渠道上，从 2010 年之前仅在天猫销售转为陆续入驻京东、当当、唯品会等各大电商平台，并建立自营官方旗舰店，进行全网营销，借助多渠道吸引顾客流量，促进交易。在营销活动上，参与各大平台的营销活动，并根据不同营销活动主题对产品进行分类梳理，强化交易。其次，通过信息技术从电商平台女装品类目录页中获取竞争对手的交易数据。最后，为获得更多外部交易数据，与天猫、京东等建立数据合作关系，得到市场交易数据。对普通消费者而言，在企业 D 各种交易渠道和营销活动的刺激下，产生了交易行为，从而生成了大量的交易数据。

通过对消费者的细分，企业 D 逐步推出更多的品牌，在产品研发上款式更丰富、定位更精准，更加匹配不同群体的消费者需求，对消费者产生了很强的正反馈，促使消费者增加购买，产生了更丰富的交易数据。此外，企业 D 主要从两方面拓展消费者数据类型：一是借助大型电商平台的大数据技术激发消费者参与，构建可抓取消费者行为数据的数据通道，将消费者的线上行动，如浏览、关注、收藏、评论、点赞甚至鼠标点击等，全部转化为可分析的数据。这些数据与交易数据、交流数据的区别在于，能更精细地反映消费者的行为习惯和特征。二是通过购买的方式，在相关大数据平台上购买能够反映消费者行为的大数据。

因此，企业 D 与其消费者，通过彼此的正反馈效应，不断加深相互合作、相互影响的深度。通过阶段演化和能力迭代，企业 D 不断发挥消费者大数据带来的优势，部分替代设计人员的经验判断，使产品研发创意尽可能来自消费者大数据，其研发流程呈现高度信息化和数据驱动的特征，逐步形成了数据驱动型研发创新模式。这是学习维度交互性的一个重要体现。

2. 组合性

通过对三家样本企业的数据分析发现，企业在与消费者交互的学习过程中采取了多种学习策略，其中，包括试验、干中学和即兴发挥等现有研究已经探讨的学习策略（Zahra et al.，2006）。但不同的是，本书发现，在互联网情境下，跨界学习与迭代试错相结合的组合式学习策略更加突出，在三家案例企业发展中被更频繁地使用。

（1）跨界学习。基于案例数据分析发现，在互联网竞争环境中，企业发展特别强调跨界交互。行业间的壁垒正在逐渐消失，企业或面向平台发展，成为整合资源的平台型企业；或深入细分市场，成为"小而美"的服务提供者。样本企业实践表明，跨界学习能够帮助企业更快突破组织惯性，刺激组织创新。具体来讲，无论是如企业 A 这种根植于互联网起家的企业，还是如企业 B 从传统服装加工厂再面向电子商务转型的企业，都主动向跨行业的互联网企业学习互联网战略和运营思维。虽然这些互联网企业不一定属于服装行业，但他们与消费者的沟通策略、服务设计、技术定位以及对企业战略发展的理解，都对样本企业的经营管理形成助益。

对案例企业的比较分析发现，企业 A、企业 B、企业 D、企业 E 和企业 F 的跨界学习主要体现在，企业通过引入跨行业的合作者，吸收其他行业的产品运营经验和营销策略，进而推动组织创新。例如，企业 A 在 2009～2010 年，以战略合作的方式引入了高端男装设计师团队、童装服饰设计团队和化妆品项目团队，快速学习和掌握新产品类别的产品设计、生产运作和营销策略，从而在原有女装产品线上新增了男装、童装和化妆品等多个品类的产品线。又如，企业 B 通过与家装行业交流学习，新创了 Y 品牌 Home 这一品牌，将原来 Y 品牌所倡导的"慢生活"概念进一步融入到木质家具设计上，成功切入了家具市场。此外，再如企业 B 的受访者提到，通过向小米学习粉丝营销策略和用户思维，企业 B 开始策划进行粉丝开发，后来通过逐步探索发展成为粉丝合作经营计划。相比而言，企业 C 较少进行跨界学习，企业在近 10 年的发展中主要聚焦在休闲服装这一细分行业，且与企业 C 合作的企业也多为传统服装加工及零售企业，因此，与具有互联网思维的企业交流较少。又如，企业 F 的创始人兼 CEO 是一位具有前瞻意识和冒险精神的企业家，他寻找各种机会向互联网企业和最优秀的企业学习，并将所学知识在公司快速传播，如学习小米、腾讯等快速反应的运作机制，学习京瓷的阿米巴管理体系。访谈中他说道：

> "我整天飞来飞去，就是为了快速学习。去年我专程到南京去拜访了'五格货栈'的创始人潘定国，他们的粉丝经营真是给我们很大启发。"

从结果上来看，企业 A、企业 B、企业 D、企业 E 和企业 F 通过跨界学习在企业产品线、运作模式、供应链模式和营销模式等方面具有较大改变；企业 C 采用传统企业内学习和同行学习的方式，虽然更强化了既有资源优势（如服装生产和线下零售），但是较少进行模式创新。

外向探索性的高层管理团队和具有前瞻意识、冒险精神的企业家是组织开展跨界学习的重要促进因素。例如，对于企业 A，在 2014 年重大高层管理团队重组后，整个团队在产品类目规划和企业发展上显得更加具有探索性，并通过与美国本土企业衣路集团旗下子品牌合作，将适合中国消费需求的美国本土服饰产品引入中国市场，迅速扩大了企业 A 的商品类别。对于企业 B，其董事长是一位具有前瞻意识和冒险精神的企业家，他个人将这种前瞻性、探索性的学习方式归纳为"吃蟹精神"。他于 2005 年经营外贸服装 ODM 工厂时就逐渐学习和接触电子商务，成为第一批加入阿里巴巴 B2B 平台的 4000 个卖家之一，并于 2008 年入驻淘宝网 B2C 业务，成为第一批开展电子商务销售的服装企业之一；2013 年，他学习其他行业企业的多品牌模式，带领团队制定多品牌战略和构建时尚生态圈的发展愿景；2015 年，又通过反思和探索 O2O 新商业模式，根据本企业优势推出

"YM＋千城万店"计划，使企业 B 大幅拓展线下零售网络。企业家的探索性行为会带领团队不断打破成长的天花板，推动企业的跨界学习。相比而言，企业 C 的 CEO 在多次访谈中强调"不会将电子商务作为战略发展的主要方向"以及"企业 C 需要继续发挥现有的供应链优势和线下零售网络优势"。因此，虽然企业 C 对电子商务进行了一定投入，但从企业近 10 年的发展来看，主要将电子商务作为补充线下的一种零售渠道，未将其作为战略核心。企业 C 高层管理团队也对面向电子商务的组织转型持更加保守的态度。

综上所述，由于跨界学习对互联网企业经营管理的重要意义在于，吸收优秀互联网企业的经营思维等新知识能够帮助企业突破既有惯性，面向消费者需求重新优化产品、服务及运作模式，因此，使企业更加适应消费者需求。

（2）迭代试错。迭代试错也是样本企业的重要学习机制。企业通常利用模仿策略对新知识加以应用，但由于经验不足，难以控制失败风险，所以单纯模仿往往难以成功。因此，就需要通过迭代试错，以较小的成本获得新的商业经验，在迭代过程中逐步积累知识，转化新知识形成独特的创新。迭代试错与"干中学"的差异在于，干中学强调对既有运作体系的熟悉和改进，而迭代试错则倾向探索新体系和推动创新。在样本企业的实践中，迭代试错主要体现在产品和服务两方面。

企业主要通过迭代试错调整产品特性与消费者预期之间的匹配程度。例如，在服装销售上，企业通过限量预售的方式上线设计的新款服装，然后接受消费者订单。在消费者体验一段时间后，企业通过分析消费者评价，以此判断衣服是否存在质量问题，如机洗后缩水或掉色；还可以分析最初上线时的销售速率和售罄率，以此判断该衣服的受欢迎程度，推算新款是否有必要进行大规模生产。如企业 A 每月上新高达 1000 款，如果企业每个款式都大量生产，一旦产品不受欢迎，则会积压大量库存，使企业面临巨大库存风险。通过试销，企业可以动态调整，一是看是否是畅销款，二是看畅销款是否存在质量隐患和穿搭问题。然后根据消费者反馈，反复优化产品设计，最终推出令消费者满意的服装。企业 B 的做法与企业 A 的做法非常类似，也是通过迭代来平衡"产品设计—预售—大量追单生产"之间的关系；同时，企业 B 根据消费者的反馈下架不受欢迎的产品，短至每周，长至每月，以此实现对产品体系的快速更新。企业 C 也在一定程度上通过迭代试错的方式调整产品与市场之间的匹配度。与企业 A 和企业 B 不同的是，企业 C 拥有庞大的线下网络，因此，主要通过线下销售来预测产品的畅销度。如果产品一旦畅销，则通过线下终端将销售信息反馈至总部 ERP，然后凭借企业 C 高效的供应链协同，来实现快速追单生产。但这种方式较具有信息流通优势的线上，周期和速度相对较慢。

综上所述，企业通过与消费者的信息交互及时感知消费者变化，否定和摒弃失效知识，实现与消费者的信息协同；通过面向消费者需求的跨界学习和迭代试错，企业在推动组织创新的同时控制创新风险，通过不断迭代磨合产品特性与消费者预期间的差距，实现与消费者的供需协同。企业与消费者间的信息交互和面向消费者的多种学习策略组合应用，共同构成了交互学习机制。根据案例分析，本书提出结论3：

结论3：企业与消费者的交互式学习促使两者形成信息协同和供需协同。

二、资源机制[①]

1. 学习对资源的影响

结论3主要解释促进协同演化动态能力形成的学习机制。在提出结论3基础上，本节将基于案例分析提出结论4。结论4主要解释学习对资源配置的影响关系。在此基础上，本节将提出结论5，解释具体资源机制。

基于案例分析，本书提出，企业与消费者的交互式学习能够改变企业资源配置的原因在于：一是企业与消费者间形成了信息协同，使企业能够及时获取有关消费者需求变化的最新信息，对消费者需求形成组织认知，进而刺激企业对现有资源与实现消费者需求间的匹配性进行判断；二是企业与消费者间形成了供需协同，使企业发现必须要在推动创新的同时控制风险，进而刺激企业对现有资源流程的有效性和合理性进行判断。

具体来讲，企业与消费者的交互式学习影响了企业的信息获取方式和内容。在传统商业环境下，企业与消费者之间缺少紧密互动，企业主要通过单方捕捉消费者信息来理解消费者，因此，形成了以企业为核心的资源利用，即企业通过获取和配置有价值、稀缺、难以模仿和不可替代的战略性资源，形成动态能力，构建竞争优势（Lin and Wu, 2014）。一方面，企业主导的单向信息获取方式制约了信息的准确性，使消费者在企业的认知中往往是一个模糊总体，缺少消费者主

---

① 该节中的部分论述引自作者博士论文发表的已刊出文章：Kang Xie, Yao Wu, Jinghua Xiao, Qing Hu. Value Co – creation between Firms and Customers: The Role of Big Data – based Cooperative Assets [J]. Information and Management, 2016, 53（8）：1034 – 1048.

动反馈的精准信息；另一方面，制约了信息获取的速度，企业往往是通过调研等方式收集一次消费者数据后，才了解一次消费者群体特征及变化，很少有直接的、频繁的、高效的互动。因此，基于单向信息获取，企业形成以企业为核心的资源利用。这种资源配置方式有三个特征：一是资源如何被获取和利用主要由企业决定；二是企业注重对资源所有权的拥有和控制；三是企业主要整合的是企业内部资源，较少通过合作的方式整合企业边界外其他行动主体的资源。

互联网促使企业低成本、高效率地即时了解消费者评论和产品反馈，从而判断当前资源配置的合理性。如当消费者反馈某一件产品质量不好时，企业马上会停止对该产品的追单生产，并调动相关部门迅速查找原因，避免更大损失。相反，如众多消费者都大量购买某一款产品或通过评论赞扬某一服务令他们非常满意，则企业会投入更多资源到受欢迎的产品上，并将成功经验扩散至相关部门。消费者往往会将其建议、意见和投诉等信息主动传递给企业，这从本质上改变了企业获取信息的方式，使企业能够基于这种便捷的互动更加敏锐了解企业资源与市场需求的匹配程度，进而做出资源配置上的改变。此外，消费者主动反馈的信息较之企业单向获取的信息更加多维且精准，能够反映市场需求的多样性和个性化。基于来自消费者交互式的反馈信息，企业能够进一步调整内部资源配置，使之更加适应市场的动态性。

更重要的是，通过借助互联网等 IT 实现与消费者的直接交互，企业更加了解消费者作为一个商业生态系统内的行动者，其拥有企业无法低成本获取和利用的异质性资源。这种资源的存在使企业意识到，如果通过原有以企业为核心的资源配置方式，无法实现资源的高效利用。因此，与消费者的信息交互进一步促使企业从企业主导的资源利用逻辑转变为企业与消费者共同合作的资源利用逻辑，进而促使企业通过资源交互形成协同演化动态能力。因此，综上所述，本书提出结论4：

结论4：企业与消费者的交互式学习影响企业改变传统企业主导的资源配置。

2. 双向资源交互

结论4解释了学习对资源的影响，结论5在此基础上将进一步凝练促进协同演化动态能力形成的资源机制。

本书将企业和消费者各自拥有的异质资源划分为两大类：一是可数字化的异质资源，包括包含消费需求信息的数据资源以及包含企业产品信息、数字化在线零售服务的技术平台资源；二是不可数字化且资源所有权不可转移的异质资源，主要包括消费者社交资源、个人闲置时间资源、个人智力资源以及企业所掌握的管理资源、生产资源以及实体店等空间资源。可数字化的异质资源的重要特征在于这类资源可以被其他行动者便捷、低成本地使用，甚至可以通过特殊方式获得其所有权，如企业收集或购买消费者需求信息，对这些信息资源进行分析和利用，本质上是掌握了这些资源的所有权。相比而言，不可数字化的异质资源难以被其他行动者低成本地获取和利用，如企业难以低成本地获取消费者的社交资源、时间资源和个人智力资源，必须通过双方合作与企业既有资源进行组合，才能够对其加以利用。下文将分别论述企业和消费者可数字化异质资源、不可数字化异质资源，以及两种异质资源的资源交互方式。

（1）企业和消费者可数字化的异质资源。企业与消费者各自拥有可数字化的异质资源。

首先，消费者的可数字化异质资源主要包括以大数据形式存在的数据资源。通过对案例企业的数据整理分析发现，不同类型的消费者会产生不同类型的大数据信息资源[①]，主要包括交易/交流型大数据、参与型大数据和跨界型大数据。

通过案例数据分析，本书将 Lusch 和 Nambisan（2015）所提出的创意角色消费者再细分为两种：购买角色和交流角色。充当购买角色的消费者的主要特征是与企业产生了实际的交易行为；充当交流角色的消费者的主要特征是在一个服务生态系统内与其他消费者产生了交流行为[②]。

第一，交易型大数据主要来自于消费者直接购买行为。6家企业的受访者均不同程度地提及，目前企业能够便利获取的大数据一部分来自于购买企业产品的消费者所形成的订单数据，以结构化交易型数据为主。例如，当消费者在线上下单后，就会形成包括价格、品类、颜色、数量、购买周期、地址和消费者年龄段等交易型大数据。另一部分来自于交互型网站、即时通信技术和电话购买等渠道所形成的交易沟通数据，该部分大数据以非结构化的交易型数据为主。例如，企业 A 客服经理提到，消费者会通过电话与客服沟通，进行意见反馈或投诉，这些

[①]　该部分案例分析主要基于 Lusch 和 Nambisan（2015）提出的不同消费者角色识别了四种类型的大数据。

[②]　"一个服务生态系统内"是"交流角色"有别于"媒介角色"的一个明显区别，因为后者强调"跨服务生态系统的联系"；交流角色主要强调消费者群体间的联系，而消费者与企业的交流行为多伴随实际购买交易，因而被归类到购买角色中。详见下文对"交易型数据中的沟通数据"的探讨。

语言交流会被转录为文字；消费者在购买产品时会利用即时通信软件，如阿里旺旺或 QQ，与售前客服进行交流，对产品特性进行质询或提出个性化需求。此外，消费者购买产品后所形成的产品评论或新产品试用反馈，也属于非结构化的交易型大数据。

第二，交流型大数据主要来自于消费者群体间的交流行为。消费者群体间的交流行为主要依托企业官方提供或自建的主题性交流平台。例如，企业 B 专门建立了以"服装搭配""衣服保养"为主题的消费者虚拟交流社区①。在该社区中，消费者可以通过文字或图片的形式分享自己的穿衣搭配经验，可以向其他消费者发出定向咨询，也可以自由评论和评选出觉得有趣和有价值的帖子。随着企业 B 产品线从服装到家居的拓展，社区话题也从服装搭配拓展到了生活起居。消费者群体之间形成了多样化的兴趣部落，例如，美食部落、妆容部落、服装部落，甚至特色地方文化部落。企业 B 的客服主管提道：

> "这些来自消费者群体间自由交流的信息潜藏了消费者关注点、疑问和喜欢的方式，这些都可以通过数据反映出来。"

设计角色的消费者通过深度参与企业产品服务的创造过程，能够产生参与型大数据。参与型大数据是指消费者通过积极利用个人知识和技能参与价值共创所产生的大数据。

第三，与交易型和交流型大数据不同，参与型大数据更面向企业特定产品开发或特定服务开发。例如，企业 B 企划部负责人提到，企业 B 每年都会选择一个具有特色文化的城市，例如，具有历史感的凤凰古城。首先，设计师会去这个城市采集服装设计的新元素和新灵感；其次，开发出蕴含独特地方文化特色的系列服装。在地点选择方面，企业 B 主要通过老顾客问询和线上投票的参与方式，让消费者成为决策制定者。老顾客会通过线上投票和移动官网评论的方式表达对新服装的需求。这些老顾客往往对企业 B 的服装风格和特色非常了解，并善于表达个性化需求，他们能够主动参与到这种企业决策中。正如企业 B 副总裁提到的一个老顾客不同意企业对新产品设计的例子：

---

① 企业 Bravo 旗下品牌 YM 官方推出的一款移动 APP，主要用于支持 YM 消费者群体间的交流。

"当 YM 在 2014 年选择云南作为目标城市后，YM 推出了融入云南少数民族风格的新服装系列。但马上有消费者通过移动社区和购买评论反映道，YM 这期风格的产品与'裂帛'品牌非常相似，过于偏重少数民族特色，颜色比较花，失去了原本的独特风格。这促使 YM 在新的服装设计中马上进行调整。"

此外，对于提供家具定制服务的企业 E，消费者会参与家具定制过程，提供自己对设计的需求和理解；企业 F 也为消费者专门提供了家具设计的简易软件，消费者可以通过简单的拖拽将虚拟家具放在自己户型的模拟图中，进行自行搭配。消费者的这些参与行为准确反映消费者的定制化需求，产生了大量参与型大数据。

第四，媒介型消费者通过在多个服务生态系统中进行知识的扩散和传递，能够产生跨界型大数据。跨界型大数据是指消费者通过在其他服务生态系统中类似的产品体验或服务体验，将外部知识传递到另一个服务生态系统中所产生的大数据。消费者具有这种媒介功能的主要原因在于互联网极大降低了消费者的转换成本和信息搜寻成本，消费者可以在各种网购平台或品牌官网上进行选择。而这种跨界的购买行为或体验会促进不同服务生态系统的知识交换。例如，企业 F 的 CEO 提到，淘宝培养了大部分线上消费者的购买习惯，因此，消费者认为线上购物的配送一般就是 7 天之内。这对经营家具产品的企业 F 来说则不常见，因为传统家具的生产和配送长达 90 天。因此，在企业 F 早期发展阶段，企业 F 不断收到消费者因为配送不及时和配送产品破损的差评和投诉。这主要在于消费者在其他品牌或网站的服务体验与企业 F 提供的服务体验形成了对比。又如企业 F 营销副总裁所提到的家具行业货到付款的例子：

"货到付款对于电子商务来说是再正常不过的支付方式，比如你买日用品、图书和衣服，但对家具行业来说基本没有。但是我们后来发现，很多消费者会在平台上交流和发出这种疑问'为什么我订购的家具不能货到付款'。我们就发现用户实际上是有这块需求的。那我们下一步就要想办法怎么把家具行业的付款方式也变得更贴近网上消费者的支付习惯。"

其次，企业所搭建的大数据平台资源构成了企业所拥有的可数字化的异质资源。不同类型的大数据平台能够支持不同类型大数据的生成、采集、分析与反馈。通过案例数据分析，企业主要搭建了交易型平台、交流型平台、参与型平台和跨界型平台以应对不同类型的消费者大数据。

第一，交易型平台是指企业为了支持消费者购买行为，并记录、采集、输送交易型大数据至企业后台所搭建的数字化服务平台。在受访企业中，三家案例企业均成立了自营的官方线上交易平台，同时也加盟了第三方大型网购平台。企业A的主要销售来源为官方自营平台，同时进驻了天猫和京东；企业B的主要销售来自天猫商城，同时进驻了京东和亚马逊；企业C的主要销售来自于线下渠道，辅以线上天猫商城。对于自营的官方交易平台，企业可以便捷地获取官方交易平台上生成的交易型大数据，连通企业内部ERP等信息系统，将数据传送至企业后台。如企业F零售副总裁所述：

> "从这些交易平台获取数据可以帮助我们体系化地认知消费者的所有行为，比如说消费频次、消费金额、消费者对我们某些产品的关注度、个人的兴趣爱好，这些都有非常详细的记录。例如一个月内看过两次床上用品的用户，我们就会针对他们做一个营销活动，来进一步追踪。"

一般来说，企业会专设一个部门来对交易型大数据进行分析，例如，企业B市场部门中的CRM数据分析团队。这些被采集的大数据会在专设部门被各有侧重地分析，例如，企业B企划部门主要分析消费者对新产品的购买率，CRM部门则主要分析消费者购买周期，客服部门则主要分析消费者对服务的满意度，广告部门则主要分析消费者到各种交易平台来的购物路径[①]。通过数据分析，企业会根据消费者需求调整产品或服务。

第二，交流型平台是指企业为了支持消费者群体间交流行为，并记录、采集、分析交流型大数据所搭建的数字化平台。交流型平台主要是企业官方根据产品类属和特色所构建的话题性虚拟社区。例如，企业A和企业B分别建立了自营的服装搭配交流平台。其中，企业A构建的、基于PC端的"企业A会员俱乐部"和"企业A贴吧"主要讨论服装搭配和妆容搭配；企业B基于移动端的APP围绕"慢生活"为主题讨论都市生活的衣食住行。这些热点话题主要由消

---

① 根据受访企业介绍，在交易平台上可以植入软件监测消费者到网上店铺里的购物路径，如是从谷歌、百度还是其他移动客户端产生的用户流量。广告部门可以利用这些数据来决策下一步的广告投放。

费者发起和传播。企业通过后台技术来支持对受欢迎话题的置顶、评论、赞赏和转发。在这类平台上，消费者群体间会自发形成意见领袖，企业则给予意见领袖一些技术平台权限，如创建投票和话题。如企业 A 的 CEO 所述：

> "我们一般是通过奖励积分的方式来鼓励会员在俱乐部晒图。有些参与积极的会员就成为了晒单达人。后来不少会员会主动参与一些热门图片和话题的评论，因而又形成了好评达人。这些消费者在俱乐部里面主要是分享自己购物体验和一些生活创意。"

第三，参与型平台是指企业为了鼓励消费者主动参与到企业产品/服务开发、改进或新业务决策所搭建的大数据平台。在三家受访企业中，都不同程度地构建了鼓励消费者主动参与价值共创的参与型平台。如企业 B 基于微信开放了一个移动交互社区，让企业的管理者、设计师与老顾客能够直接对话。在企业 B 要推出一个新产品之前，新项目的管理者和设计师就会先征询老顾客的意见和建议。尤其对于非大众化的产品设计，企业会最大限度地让消费者参与进来，表达对新服装元素的偏好。这些来自消费者的参与型大数据会迅速在参与型数字化平台中被其他管理者、设计师和消费者所看到。

例如，企业 F 所构建的儿童房开放设计平台，这是一款家具设计的简易软件，消费者可以通过简单的拖拽将虚拟家具放在自己户型的模拟图中，如企业 F 的 CEO 所述：

> "这个开放设计平台既能够支持消费者在平台上直接提出个性化的设计和需求，如自己设计孩子的房间，也是一个数据库和呼叫中心，因为它里面有很多房型库、产品库、解决方案库。消费者可以在线自助设计，也可以预约上门做深度体验的服务，实体店的设计师既可以上门帮助，也可以提供在线支持。"

第四，跨界型平台是指企业为了吸收由消费者传递来的、其他服务生态系统中的知识所搭建的大数据平台。企业主要通过进驻、构建多品牌、跨行业的线上消费者社区来实现跨界学习。例如，对于企业 A 和企业 B 这类服装企业，主要进驻了美丽说、堆糖网、蘑菇街等在线消费者互动社区。两家企业专门设立了跨界型大数据分析小组来采集其他品牌消费者所传递的异质性知识。如了解同行业的服务开发动向、新服装元素的流行趋势以及消费者群体间的新交流方式。这些对跨界型大数据的采集和分析对于企业捕捉和适应市场变化非常重要。此外，企业 A 和企业 B 也自己构建了服装设计互动社区。这些在线社区可以让对企业 A 品牌或产品感兴趣的消费者进来问询和交流。类似地，对于企业 E 和企业 F 这类家具企业，主要进驻了家具类的在线消费者互动社区。其中企业 F 于 2014 年 5 月入驻了中国三大母婴门户网站：摇篮网、丫丫网以及妈妈网，并从中形成新粉丝约 5 万人，并通过引入新的消费者，进一步拓展产品线，新增了如家居周边产品、甲醛测试器等新产品类别。在与这些潜在消费者交流中，企业也可以吸收到跨界型的知识。

综上所述，企业与消费者可数字化异质资源的关键特征及典型例证见表5－3。

表5－3　企业与消费者可数字化异质资源的关键特征及典型例证

关键特征描述	证据事例（典型援引）
交易型大数据	"因为我们这里有一个数据中心，全国的数据我们可以直接查到，一小时之内这款衣服卖多少。"
交流型大数据	"主要是在线社区的一些互动数据，消费者之间的比较多，尤其是一些服装美妆的社区。"
参与型大数据	"当 YM 在 2014 年选择云南作为目标城市后，YM 推出了融入云南少数民族风格的新服装系列。但马上有消费者通过移动社区和购买评论反映道，YM 这期风格的产品与'裂帛'品牌非常相似，过于偏重少数民族特色，颜色比较花，失去了原本的独特风格。这促使 YM 在新的服装设计中马上进行调整。"
跨界型大数据	"现在消费者主要被淘宝这种大平台引导，他们怎么规划这个网购流程，如果你不这样做，消费者马上就会提出你这个网购的什么流程怎么这么不规范，这其实也是消费者反馈回来的一种来自互联网其他行业的一些信息。"
交易型技术平台	"全渠道的建设包括官方自营的平台，还有淘宝、天猫、京东、唯品会等第三方平台。"
交流型技术平台	"主要在百度贴吧开设一些讨论社区，供消费者之间交流，官方商城其实也有，但是不太活跃。"
参与型技术平台	"我们建了一个微信群，让设计师和老顾客可以直接交流，当然一些经理（管理者）也在里面，鼓励消费者参与到你的讨论中来。"
跨界型技术平台	"我们进驻了一些跨行业的虚拟社区，例如，美丽说、蘑菇街等，这些主要是了解一些新的行业动向和消费者变化，是不同渠道的数据来源。"

（2）企业和消费者不可数字化的异质资源。基于案例分析发现，企业和消费者各自拥有对方需要但无法低成本获取和利用的异质性资源。

首先，企业难以拥有消费者个人的智力资源、社交资源和闲置时间资源，但这些异质性资源对企业的商业经营非常有价值。以服装为例，部分消费者对服装搭配表现出较高的创造性，这种创造性来自于个体对时尚的独特认知，这属于个人的智力资源。如果企业可以利用这些特殊消费者的智力资源，邀请他们对现有服装产品进行创造性搭配，则可以帮助更多普通消费者解决服装搭配问题或促进产品购买。但这些智力资源难以被数字化地转化，消费者作为松散的个体也难以像企业员工一样被体系化管理，因此，如消费者智力资源这类不可数字化的资源，很难通过获取、占据所有权的方式被企业利用。

消费者的社交资源也是不可数字化、难以占有其所有权的异质资源。在调研中，企业受访者提到，每个消费者在自己的社交网络中均具有一定的影响力，小到家庭范围，大到虚拟社群网络，消费者对产品的正向和负向反馈均会影响到他/她所覆盖的社交网络中的其他个体。企业有可能借助这些消费者的影响网络更快地、更精准地将产品信息传递给新客户。但是，这或者需要借助消费者的主动参与，或者如负面口碑一样进行自由扩散，企业无法精确地控制或掌握消费者的社交资源，这类资源的所有权仍然归属于消费者。

同理，消费者的时间资源也不可数字化，且对企业而言非常重要。主要原因在于，消费者在利用个人智力资源和个人社交资源的同时也都需要占有闲置时间资源。闲置时间资源具有极强的零散性，完全由消费者支配，企业难以预计也难以控制。因此，必须通过合作的方式，才能够对该类资源进行利用。

其次，如消费者难以拥有企业所掌握和管理的供应链资源、管理资源和实体店等空间资源，但这些企业拥有的异质性资源对消费者进行个性化创造非常有价值。例如，虽然消费者精确了解个人需求，但因为缺少必要的生产资源，无法将个性化需求转化为实际的产品或服务。服装产品具有体验性，消费者有试衣体验的需求，因此，实体店等空间资源对于消费者购买决策和购买体验非常重要，但这对于个体消费者而言是无法独立创造的异质资源。此外，对于部分深入介入价值创造的特殊消费者，例如，电商网红，她们不仅需要供应链进行服装加工、生产、配送，还需要对这些生产性资源进行体系化的管理，才能在应对市场变化中控制成本、提高运作效率，这就需要企业提供相应的管理资源。企业与消费者不可数字化异质资源的关键特征及典型例证见表5-4。

表 5 - 4　企业与消费者不可数字化异质资源的关键特征及典型例证

关键特征描述	证据事例（典型援引）
消费者智力资源	"很多服装达人很有才华，在搭配服装上确实有创意，那这属于他们贡献个人创造力。"
消费者社交资源	"每个人都有一堆认识的人，这是个人的社会资源，这个形成规模对企业而言价值巨大。"
消费者时间资源	"还有时间，像微博、我们自建的在线社区，这些互动都需要付出个人时间。"
企业供应链资源	"有些网红她控制不好产品的生产质量，你自己找工厂做还是不稳定，一个产品生产得不好粉丝的口碑都砸了，那这是企业可以发挥优势的一个地方。"
企业管理资源	"还有一些管理上的资源，例如，财务、人力等，这些个体消费者还是缺的。"
企业线下资源	"我们有线下渠道，消费者的一些交流总不能停在线上，举办活动还是需要线下的资源，那我们的实体店等资源就可以帮助他们进行一些粉丝互动。"

（3）企业和消费者的异质资源交互。企业和消费者所掌握的资源具有互补性，这种互补性体现在，企业与消费者拥有的任何资源都不可能被孤立地使用，需要被组合或与其他资源组合起来才能够最大化资源的价值（Arthur，2009）。图 5 - 8 描述了企业和消费者异质资源交互的方式。

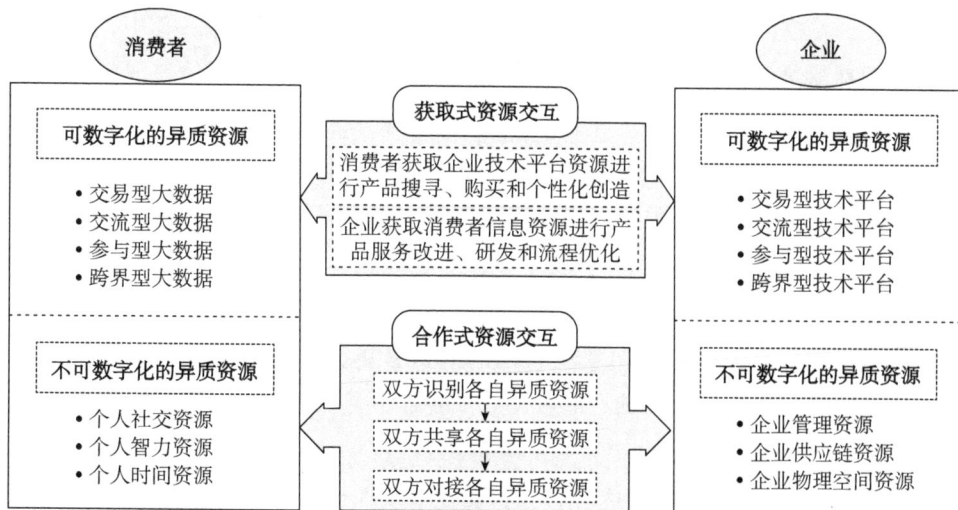

图 5 - 8　企业和消费者的异质资源交互

首先，由图 5-8 可知，对于双方可数字化的异质资源，主要采用获取式的资源交互方式。获取式资源交互方式的特征是企业和消费者通过技术连接，能够便捷获取对方的异质资源并加以利用。互联网从两个方面促进了企业和消费者互补性异质资源的获取式交互：一是互联网降低了获取成本。互联网支持企业和消费者低成本地搜寻和获取网络信息。此外，企业内部技术的发展也促使企业能够低成本存储海量消费者大数据；二是互联网提高了获取效率。互联网强化了信息传播和技术应用（薛海波，2012），使企业和消费者能够实时生产数据，并实时获取数据。尤其借助移动互联技术的便捷性、移动性和广泛性，信息可以全面快速地在企业和消费者之间传递，这极大地提高了资源获取的效率。根据对案例企业的分析发现，6 家企业均采用了获取式资源交互，主要表现在企业主动获取消费者数据进行分析，推动产品、服务及运作改进，使之面向市场需求动态调整。

其次，对于双方不可数字化的异质资源，主要采用合作式的资源交互方式。合作式资源交互方式的特征是企业和消费者在无法占据对方异质资源所有权的情况下，采用合作的方式拥有对方资源的使用权。本书发现，企业 B 与消费者中的特殊消费者（意见领袖）进行了深度的合作式资源交互，主要分为识别资源、共享资源和对接资源。其中，识别资源是企业与消费者合作式资源交互的基础，而共享资源和对接资源是合作式资源交互的主要形式。具体分析如下：

第一，社交网络平台的兴起促进了消费者群体间的便捷交流。其中，部分消费者会因高质量的经验分享、知识贡献或表现出的独特魅力被其他普通消费者认同和关注。此时，这部分消费者会逐渐演变为意见领袖。本书将这一过程概括为消费者角色分化。根据企业 B 受访者描述，线上服装社区中的服装达人和部分电商网红主要通过经常晒出独特风格的服装搭配，吸引大量忠实消费者，成为具有影响力的意见领袖。

基于对在线消费者群体交流信息的获取与分析，企业开始意识到意见领袖在营销影响上的稀缺价值：追随意见领袖的消费者更关注意见领袖的产品扩散信息，也更愿意接受他们给出的产品推荐。如企业 B 副总裁所述：

"我们发现这些服装达人的品位会被很多人认可，有很多粉丝去关注她、跟随她……如果喜欢达人推荐的新品，粉丝也很乐意买单。"

企业 B 发现，虽然普通消费者在服装购买上注重搭配，但他们缺乏相应的搭配知识，因此，乐于关注服装达人的推荐款式，或直接与服装达人互动交流。部分服装达人在搭配推荐中直接提供商品链接，方便普通消费者购买。这种购买形式已颇具规模。如企业 B 副总裁所述：

> "做得好的服装达人靠这种粉丝经济可以每年销售过亿，而且这种达人群体在迅速成长。"

因此，基于对粉丝数量、互动话题热度、评论质量等信息的分析，企业 B 逐渐识别出在线社区中有较高影响力的意见领袖，邀请他们对企业产品和品牌进行推荐。总的来讲，意见领袖异质性资源的出现刺激了企业对新资源进行识别和开发，并通过建立合作使意见领袖成为企业的合作伙伴。

第二，通过与企业建立合作，意见领袖成为连接企业与普通消费者的个人化交易媒介。个人化主要体现在，意见领袖在该阶段主要凭借个人魅力和个人影响力为企业推荐产品和品牌，普通消费者因为认同意见领袖个人魅力而购买产品。此时，意见领袖主要通过共享个人智力资源和时间资源与企业开展合作，意见领袖利用个人经验、知识及闲暇时间为普通消费者提供个性化服务，如服装达人创造性地搭配服装，为有个性化需求的普通消费者提供独特的搭配方案，或利用闲置时间在微博发布企业 B 新品活动、参加新店启动仪式及通过微信微博与粉丝互动等。

第三，意见领袖基于资源共享的营销参与，刺激了企业通过资源共享方式支持意见领袖与普通消费者的交易互动。在技术资源上，企业 B 在移动社区向达人和网红开放更多权限，支持他们自主创建粉丝活动，并通过后台数据统计互动热度，据此给予其相应奖励；在产品资源上，企业 B 为服装达人和电商红人提供服饰，意见领袖自由选择适合自己的服装进行搭配，拍照并分享。此外，企业 B 为部分意见领袖提供专业化的产品设计团队，或向其开放现有品牌使用权限，如企业 B 旗下瑜伽品牌与一位瑜伽达人合作，为其提供服装设计团队，推出了数码印花风格的瑜伽服装产品，迎合了一批喜欢鲜艳瑜伽服装的消费人群；在供应链资源上，企业 B 为意见领袖创造的交易提供后端支持，意见领袖无须个人备货和发货，普通消费者只要点击链接就可直接跳转到企业交易平台进行购买，规避了意见领袖的仓储和物流成本。在共享资源过程中，意见领袖也会将普通消费者的个性化需求及时反馈企业，便于产品/服务改善、更新及新产品研发。

第四，基于企业共享的资源，尽管服装达人可以帮助企业推荐产品和营销引流，但基于个人的营销影响力会逐渐减弱。原因一方面来自于服务达人群体不断扩张，普通消费者的注意力会转移或减弱；另一方面来自于服务达人与普通消费者的营销互动缺少完善的品牌保障和供应链服务，因此与普通消费者长期互动中，依赖个人影响力的意见领袖容易逐渐丧失能力认同的优势。

因此，在这一阶段，部分服装达人会逐渐将个人形象品牌化，不仅基于企业共享的产品资源推出风格一致的服装，也借助企业共享的技术和供应链服务给予消费者更完善、一致的消费体验，进而演化为品牌化交易媒介。品牌化主要体现在，意见领袖通过品牌塑造强化普通消费者对其时尚能力的认同，逐渐将普通消费者对个人的黏性转化为对个人原创品牌的黏性。在这一过程中，企业 B 发现服装达人和电商红人挑选出来的衣服往往在企业 B 原有消费者分类上更加小众，更加贴近这些意见领袖所属的社群需求。但是，由于共享的资源有限，意见领袖在完善品牌化上亟须更多的资源支持。因此，这进一步刺激企业 B 通过资源对接，来支持意见领袖打造原创品牌。

例如，企业 B 成立网红事业部，在网站设计、品牌打造、产品研发和供应链生产等方面全面对接，围绕达人和红人的独特风格，打造新生代小众时尚品牌。作为与企业 B 合作创建品牌的红人，主要通过微博微信发帖、创建话题、举办活动，持续与消费者进行交流，打造和维系品牌形象。如果有消费者喜欢该红人穿搭的服装，则会通过企业 B 专门设计的线上平台进行购买。目前，企业 B 的网红事业部运营 7 个月后成功孵化 12 个原创网红品牌，依托后端设计团队和供应链支持，每个品牌每月上新 10～20 款。其中，品牌 DY 借助与一位网红合作，上新 3 小时内总销量突破 150 万元。如企业 B 社群营销事业部总监所述：

> "网红最大的优势就是在小众群体中的粉丝认可程度很高，我们就围绕这些网红打造个性化的、小而美的品牌，我们可以提供包括设计、供应链、运营、新媒体推广等后端支持，网红就负责美美地维护好自己的粉丝，多与消费者交流。我们不是在做一个网红收割机，而是帮助每个红人往品牌的方向去塑造，这才是对双方更长远的价值。"

在这一阶段，通过资源对接，企业与意见领袖实现了价值共创。"共创"体现在意见领袖整合个人资源帮助企业更好地服务普通消费者，企业整合组织资源支持意见领袖的营销活动及品牌化发展；"价值"体现在意见领袖获得了与企业合作产生的经济收益和个人成就感；企业通过与意见领袖合作，获得了超越产品维度的竞争优势。这样，通过企业与消费者的共创行为，普通消费者不仅可以通过与意见领袖沟通解决个性化需求，也可以通过与企业的交易满足物质需求。

对比三家样本企业发现，企业 A 和企业 C 主要采用的是获取式的资源交互，因而主要促进产品和服务提升；而企业 B 不仅采用了获取式资源交互，还采用了合作式资源交互，通过与消费者的合作促使商业模式创新，形成了价值共创。企业与消费者异质资源交互的主要构念及典型例证见表 5 - 5。

表 5 - 5　企业与消费者异质资源交互的主要构念及典型例证

主要构念	证据事例（典型援引）	关键特征描述
获取式资源交互	"主要就是采集消费者数据，这些资源主要用于销售预测，企业可以存储这些数据资源，随着分析能力的提升，我们想更好地将这些数据资源化、价值化，目前还是需要一个发展的过程，但已经对现在的业务很有助益了。"	企业获取资源 企业控制资源
合作式资源交互	"我们发现与他们（达人）是有合作机会的。所以我们就去找一些跟我们品牌形象接近，又喜欢我们品牌的达人，跟他们建立联系。"	双向识别资源
	"当时我们支持这些达人红人的合作主要是通过开放一些现有资源的权限。例如，我给你技术权限你可以创建线上的粉丝活动。在供应链上也为他们提供后端支持，货都是我们来发的，你不需要备货。"	双向共享资源
	"现在就专门成立了这个网红事业部，主要为这些合作的达人、网红提供一些资源支持，例如，我们可以提供专业化的产品设计团队。现在凭借这些支持，可以保证每个品牌每月上新 10 ~ 20 款。"	双向对接资源

综上所述，通过获取式资源交互，企业和消费者可以通过技术连接，便捷地获取对方可数字化的异质资源并加以利用；通过合作式资源交互，企业和消费者可以通过识别、共享和对接等合作方式，对双方不可数字化的异质资源加以利用。根据案例分析，本书提出结论 5：

结论 5：获取式资源交互促进企业与消费者可数字化资源的利用；合作式资源交互促进企业与消费者不可数字化资源的利用，两者共同构成企业与消费者的交互资源机制。

三、IT 对学习和资源的影响

IT 对企业和消费者间的学习过程和资源配置过程具有显著影响，具体主要发挥两个作用：一是使能作用，即 IT 作为一种支持型资源促进企业与消费者间的信息传递、知识协同，并通过快速地信息共享和便捷地信息可追溯监控运作风险和创新风险；二是引领作用，即 IT 作为一种引领型资源推动流程数字化转型，并刺激业务创新和战略创新。下文将详细阐述 IT 对企业和消费者间学习过程和资源过程的具体影响。

1. IT 的使能作用

根据案例分析发现，IT 的使能作用主要表现在三个方面：

（1）促进企业和消费者间的信息交互。IT 具有提升信息传递速度、降低信息传递成本、提高信息获取和分析效率的显著优势。企业与消费者在学习和资源的交互过程中均涉及信息传递。换言之，快速准确的信息传递是企业与消费者有效交互的根本基础。因此，IT 的合理应用可以帮助有效提升信息传递效率，促进学习机制和资源机制中的企业和消费者交互。以 IT 促进学习过程为例，如企业 B 利用订单管理系统便捷获取消费者产品反馈信息，然后将这些信息传输至 CRM 系统；CRM 系统将这些反馈信息进行分析，分解为不同维度，如运营维度、生产维度，然后再将分解后的数据发送给各个部门，每个部门再对这些数据进行深度分析，形成组织认知，并优化相应管理策略。如企业 B 的 CIO 所述：

> "我们将所有会员数据全部存储进订单系统，然后 CRM 到订单系统里面取数据，再做智能分析，分解为运营维度或生产维度，然后再反馈给各部门，这样一种系统间的连通能够帮助我们快速了解消费者反馈的建议，然后及时修正。"

（2）促进多主体协同。信息技术可以有效提升企业与消费者间的信息协同和供需协同，同时强化企业内和企业间协同以快速满足消费者需求变化。以企业 C 为例，在促进协同方面，企业 C 在原有技术模块基础上开发了专门针对线上运营的电子商务管理信息系统，该信息系统不仅能够支持线上的基本运营，例如，在线下单、物流跟踪、售后反馈，同时也增加了协同电子商务运营与线下业务运营的功能。企业 C 主要通过将电子商务管理信息系统与现有支持线下业务运营的信息系统进行技术端口的对接与整合，如整合多个区域级的仓储管理信息系统，使线上订单一旦产生，便能够开始近距离配货，同时利用后端供应支持系统，统一监控线上和线下的销售情况，自动制定最优的配货计划。如企业 C 的 CIO 所述：

"（整合后的信息系统）管理控制比较强，协调也比较好。我们不用再担心哪里要货，哪里没货，货品又搞错了这些现象。反正信息系统会控制好这些业务流程的协作，人只要这样去操作就行了。系统帮我们整合起来了，每个环节就容易协同了。如果只是人去做，肯定协调不起来。"

（3）监控风险。无论在企业的迭代试错学习中，还是在企业引入新资源、进行资源创新应用的过程中都存在难以预知的风险。如果缺少对风险的及时监控和实时反馈，企业可能会遭遇巨大损失。根据案例研究发现，企业可以利用信息技术在信息共享上的实时性和稳定性，快速识别运作中的风险因素，并通过及时反馈，促使相应部门作出应对，避免或减少损失。例如，当实时数据分析进程在后台运行时，首先，企业 C 可以快速识别哪个在线销售网页上出现了问题。其次，以极快的速度反馈并追溯到相关部门，然后相关部门在各个系统中纠错，如寻找是输入了错误的库存数量，还是销售价格低于阈值。最后，进行快速更正。这种 IT 使能的风险预警和错误反馈，帮助企业 C 的 IT 团队和业务团队快速应对风险。同时，依靠多个子系统的整合与协同，企业 C 可以对运作中新出现的问题进行快速修正。企业 C 的 CIO 提到了 IT 对控制风险的重要作用：

"（上线电子商务后）现在的风险不是单一模块（如零售）的风险。因为协同性强了，模块间一个出现问题，后续环节都会错。所以必须要有信息系统来控制。例如，如果配货期过长，不仅会造成缺货风险，也会影响到后续物流进度、影响收货速度，还可能因为线上系统显示缺货影响消费者下单。所以，我们非常注意强化信息系统的控制。一旦销售接近阈值，马上通知供应商配货。这种信息流的串通非常重要。"

2. IT 的引领作用

当 IT 作为一种支持角色时，由业务逻辑决定 IT 的使用及其价值，而当 IT 作为一种引领角色时，IT 成为了能够引发组织系统性变革的重要战略要素。根据案例分析发现，IT 的引领作用主要表现在三个方面。

（1）刺激流程数字化。根据案例分析发现，IT 与业务运作融合是 IT 影响战略实施的重要途径。对案例企业的分析发现，引入新兴互联网技术及移动互联技术推动业务和流程数字化是企业发展的共同趋势。在销售维度，服装销售的所有基本环节，如售前咨询、浏览商品、下单、支付、收款、统计和售后服务等环节都通过电子商务平台实现；在管理维度，企业内部的管理沟通和审批流程通过企业内管理信息系统，以及移动 OA 系统实现，以数字化的方式替代传统办公模式；在供应维度，案例企业以外包或自建的方式搭建了各自的后端供应链管理平台，并通过与前端线上管理平台、企业自营官方商城和移动端技术平台的系统对接，实现信息系统集中管控供应流程。如企业 B 的信息部经理所述：

"现在 IT 与业务是紧密融合的，销售、管理或者每种业务操作，都在以数字化的方式进行，我们每天的业务情况也都会通过数字反映出来，每天都在记录，所以我们更方便去密切关注一些变化和影响。"

（2）刺激业务创新。IT 能够促进业务进行创新的重要原因在于技术本身存在快速迭代，通过 IT 融合业务，IT 可以将新知识或新数字化运营思维引入到原有业务中或推动原有业务进化，以适应或引领新的消费需求。案例研究发现，更新后的技术或新出现的新兴技术能够以某种更有效率的方式实现业务，进而使业务的运作或设计呈现新特征。移动互联技术的出现就是驱动移动端业务创新的典型例证。样本企业 A 和企业 B 都在移动互联网技术出现后马上开发基于移动端的销售业务，例如，企业 A 专门设计了适应移动端小屏幕的购物界面，并设计移动端管理系统，与官方自营的商城系统进行直连。随着移动互联技术的快速迭代，移动技术从原来主要支持销售业务拓展为支持社交互动，因此，这又刺激企业进一步开发基于移动端的新社交业务，例如，企业 B 设计了自营的 APP，其中，开设了"附近"的频道，通过移动手机的 GPS 定位或摇一摇功能，消费者间可以马上了解到附近的其他消费者，进行社交互动。如企业 B 的信息部经理所述：

"技术一直在不断开发和不断迭代，我觉得从技术角度给业务一些更好的想法。也就是说技术能实现什么，实现到什么程度，其实从业务角度能想很多，但它不知道这样行不行，所以技术相当于给他们一个新的场景，创造一个新的机会。"

（3）刺激战略创新。对于根植于互联网发展起来的企业，IT 不仅发挥着重要的使能作用，同时也是一种重要的战略要素。因此，IT 的重要发展及变化可能会刺激企业在战略层面进行创新。企业 B 的 CIO 讲述了二维码技术推动企业面向 O2O 商业模式转型的例子：企业 B 在 2010 年主要依托天猫平台进行线上销售，曾经在 2010 年尝试新增线下渠道，并且计划将线下与线上整合，实现信息互通。当时没有智能手机，也缺少使线上线下互联的便捷技术，因此，企业 B 自行开发了一个触控机设备。该设备放置在商场内，消费者可以通过触控机查询线上产品信息，如价格和颜色，也可以在该触控机上下单。但该技术的核心问题在于顾客接受程度受限，如企业 B 的 CIO 所述：

"这么大的机器消费者带不回去，带不回去就麻烦了，消费者只是在店里跟你接触一下，他走了这个联系就没了，所以还是没办法将线上线下联通在一起。"

因此，企业 B 在 2010～2011 年开的五家线下实体店销售不尽如人意。随着智能手机兴起以及移动互联技术的快速发展，二维码技术被广泛应用。企业 B 的高层管理团队发现这一技术能够成为搭建服装线上渠道和线下实体渠道的互联技术，因此，在局部测试和试营后，将企业原来单纯发展线上的战略模式拓展为全渠道 O2O 商业模式，并与消费者合作开店，通过移动端技术为消费者经营实体店提供技术支持。消费者店主可以通过与企业线上商城互联的移动端或店铺内终端系统进行选货、下单、补货、供应和其他财务统计功能。2015 年，企业 B 的董事长正式宣布启动"YM＋千城万店"计划，截止到 2016 年 3 月底，已经成功签约了 256 家实体店，入驻全国十多个省市。通过 IT 刺激战略创新，企业能够形成适应或引领消费者线上线下便捷购物的新需求特征，为企业形成显著竞争优势。

3. 信息技术对学习和资源的影响

基于上述对信息技术使能作用和引领作用的详细分析，本节主要探讨信息技术如何影响学习机制和资源机制。本书借鉴业务架构与 IT 架构研究中对"架构"定义的思想（Francalanci and Piuri, 1999；Fong and Yellin, 2006），将学习机制和资源机制的设计架构细化为两类：第一类是运作架构，是指一个机制为了确保能够实现基本运作而设计的一系列稳定、可靠、可操作的模式和流程。在学习机制中，主要包括企业与消费者间的知识传递、有关知识的获取、存储和分析，以及支持上述模式的流程操作；在资源机制中，主要包括企业与消费者双向交互中的资源搜索、存储和利用的基本操作流程以及企业优化内外部资源配置的操作流程。第二类是创新架构，是指一个机制为了先于竞争者或环境变化形成优势而设计的一系列探索性、开拓性、创新性的模式和流程。在学习机制中，主要包括知识开发、机遇探索、学习模式的变革和学习策略的迭代创新；在资源机制中，主要包括资源利用模式的探索和开发、资源利用体系的变革，以及根据环境变化的资源再造。

研究发现，信息技术的使能作用主要作用于学习机制和资源机制的运作架构。主要原因在于，机制的运作架构的主要目的在于维持基本运作目标，支持机制目标落地实现，因此，维持和提升稳定性、可靠性以及可操作性是运作架构的优化方向。信息技术的三种使能作用本质是提高效率和降低成本，因此，会显著影响学习机制和资源机制的运作架构。具体而言，在对学习机制的影响中，例如，企业 A 利用客户关系管理系统将消费者电话反馈的重要建议录入系统，形成知识，再借助技术支持传递到相关部门反馈改进；又如企业 C 利用电子商务管理系统协同线下庞大的供应和分销网络，利用渠道终端系统与店面消费者建立互动关系，对其行为数据存储和分析，再推动产品和服务改进。在对资源机制的影响中，例如，企业 B 利用订单管理系统获取消费者购物行为数据，并基于即时的、积累性的数据存储，形成大数据，然后利用信息系统的智能分析，将数据根据品牌、产品、部门、营销策略等维度进一步细分，用于深度分析。

信息技术的引领作用主要作用于学习机制和资源机制的创新架构。主要原因在于，机制的创新架构的主要目的在于突破既有惯性，寻求先动优势，因此，打破既有模式、强化探索性和创新性是创新架构的优化方向。信息技术的三种引领作用本质是利用技术的快速迭代刺激创新，通过引入新信息和新知识冲击既有业务、模式和规则，进而促进组织创新。具体而言，在对学习机制的影响中，如企业 A 将企业基本的操作流程全部数字化，企业与消费者间的互动、企业间、企业内个体间的互动基本基于技术流程。当技术发生更新和迭代时，通过数字化技术呈现的业务流程也会迭代更新，因此，形成业务创新，如企业 A 移动端小屏幕购物页面开发与移动业务开发的例子。在对资源机制的影响中，如企业 B 利用移动互联技术创建网上社区，进而发现意见领袖以及意见领袖所拥有的异质资源，与之进行资源共享和对接，共同创立品牌，并逐步发展成为合作伙伴，实现合作式资源交互体系，改变了企业原有的资源模式。

基于案例研究发现，信息技术主要发挥何种作用和价值受到三个因素的影响：

（1）信息技术的战略定位。根据对三家样本企业的对比分析发现，信息技术的作用及价值表现存在不同：对企业 A 和企业 B 而言，信息技术不仅是企业重要的运作支持，也是重要的战略要素。两家企业在电子商务发展规划中将信息技术的开发和利用上升到了战略高度，移动事业部也是企业的重要战略部门，与 O2O 运营部门、品牌开发部门等具有紧密的指导和合作关系。从两家企业实践来看，信息技术与业务融合的程度也较高。因此，对企业 A 和企业 B 而言，信息技术通过发挥使能作用促进运作架构，发挥了支持企业运作的使能价值；同时，也通过引领作用促进创新架构，发挥了推动企业创新的引领价值。相比而言，企业 C 虽然也非常重视信息化投资，但其战略要点仍然放在供应链，信息技术主要作为一种支持业务及运作的技术工具。从上述分析来看，企业 C 在学习机制和资源机制上也较少包含创新架构，因此，企业 C 对信息技术的战略定位促使信息技术在企业运作中主要发挥提升效率、降低成本的使能价值。

（2）企业发展阶段。根据对三家样本企业的对比分析发现，企业不同的发展阶段也会影响信息技术的作用及价值表现。如企业 B 在多个新品牌快速发展的时期，主要利用信息技术的引领作用促进品牌创新，这体现了技术运用与战略阶段的匹配；而对于企业 B 已经运营比较成熟的品牌，其具体部门则主要运用信息技术监控风险和提高运营效率，维持高效品牌运营。同样，企业 A 在发展初期也主要利用信息技术开拓市场机遇，刺激业务创新，这时信息技术主要发挥引领作用。当企业 A 已经形成多个产品线运营模式后，企业内部的协同变得越来越复杂，这时就需要信息技术发挥促进协同、强化信息传递、监控风险等使能作用。随后，当企业 A 发现其他电子商务服装品牌逐渐崛起后，为了寻求新的增长机遇，企业 A 又进一步引入新兴技术或自行开发移动端系统，这时信息技术又主要发挥引领作用。因此，企业不同的发展阶段会影响信息技术的主导作用及主要价值。

（3）技术迭代速度。根据对三家样本企业的对比分析发现，企业引入或应用的内外部信息技术也会影响信息技术的作用及价值表现。虽然从外部视角来看，所有企业面临的外部技术都在快速地迭代，但信息技术的应用不仅包括外部技术，如社会媒体、第三方交易平台等，还包括内部技术，如企业内部信息系统，企业自营 PC 端平台或移动端平台，这些技术的迭代速度也会影响到技术的作用和价值。因为信息技术发挥引领作用的一个前提条件是技术迭代速度先于市场消费需求变化，这时技术才能够启发企业原有的业务和战略进行创新，形成先动优势，如果技术本身的迭代速度较慢，那么就难以对业务和战略起到引领作用。如上文提及二维码与 O2O 商业模式的例子，以及移动互联技术刺激移动端业务的例子，都反映了技术迭代速度对信息技术发挥引领作用和价值的重要影响。

综上所述，信息技术对学习和资源的影响如图 5-9 所示。

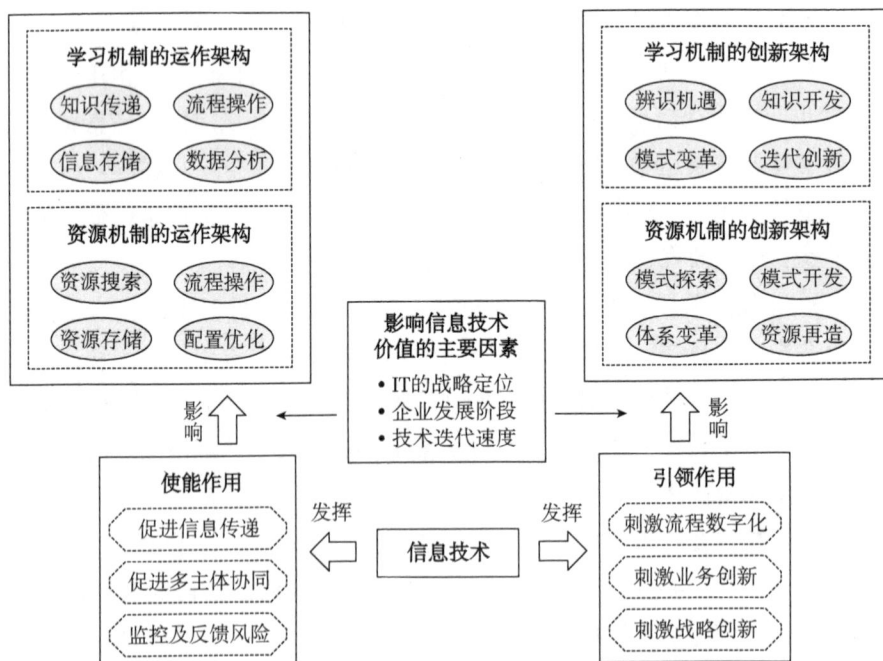

图 5-9　信息技术对学习和资源的影响

根据上述分析，本书提出结论 6，以阐述信息技术与学习机制和资源机制的影响关系。

结论6：信息技术通过发挥使能作用和引领作用促进企业与消费者的交互学习机制和交互资源机制，IT 战略定位、企业发展阶段及技术迭代速度是影响信息技术发挥何种作用的三个因素。

从现有动态能力研究来看，主要基于单向因果关系提出组织学习和企业主导的资源利用（Eisenhardt and Martin，2000；Helfat and Winter，2011），较少探讨企业与消费者双向交互的学习机制和资源机制，也未将信息技术与交互学习机制和交互资源机制联系起来。从现有 IT 与动态能力研究来看，主要从 IT 影响组织知识管理、IT 促进技术与业务匹配等方面侧重分析 IT 对企业动态能力的使能作用（Pavlou and Sawy，2011；Lee et al.，2012），一是较少关注 IT 对动态能力形成机制的引领作用，二是较少关注 IT 在企业与消费者协同演化动态能力形成机制中的影响机制和价值。此外，虽然部分研究探讨了 IT 对组织学习和资源配置的影响，但主要分析的是产生何种影响结果，而非影响过程和机制。

本书通过分析 IT 对交互学习机制和交互资源机制的影响过程，解释了 IT 如何影响协同演化动态能力形成机制，剖析了信息技术对协同演化动态能力形成的作用与价值。具体而言，本书借鉴业务架构与 IT 架构研究中对"架构"定义的思想（Francalanci and Piuri，1999；Fong and Yellin，2006），将学习机制和资源机制的架构设计划分为运作架构和创新架构：运作架构是指一个机制为了确保能够实现基本运作而设计的一系列稳定、可靠、可操作的模式和流程；创新架构是指一个机制为了先于竞争者或环境变化形成优势而设计的一系列探索性、开拓性、创新性的模式和流程。总结而言，运作架构的意义在于维持机制的基本运营，创新架构的意义在于强化机制的创新与变革，前者促进协同演化动态能力的运作和实现，后者推动协同演化动态能力为企业形成先动优势。

通过细化学习机制和资源机制的架构设计，本书提出，IT 的使能作用主要影响学习机制和资源机制的运作架构，具体表现在 IT 对交互学习机制和交互资源机制的支持型影响：一是促进企业和消费者学习过程和资源过程中的信息交互；二是提升企业与消费者间、企业内和企业间的协同；三是在支持创新的同时监控风险。研究结论总体继承了现有研究对 IT 作为一种 Operand 资源的分析逻辑，认为 IT 对企业和消费者间的协同具有显著支持作用。但是，IT 作为 Operand 资源主要充当影响其他组织要素创新的一个支持要素，创新来源仍然是其他组织要素（如组织学习、资源和动态能力），IT 必须与这些组织要素结合才能为企业带来竞争优势（Knoll et al.，2011；Roberts and Grover，2012；Jin et al.，2014）。

IT 的引领作用主要影响学习机制和资源机制的创新架构，具体表现在 IT 刺激流程数字化、刺激业务创新和刺激战略创新三方面。三种引领作用具有逐层影响的递进关系：

首先，IT 与业务融合是 IT 引导业务创新和战略创新的重要基础，企业必须首先实现 IT 与业务的深度融合，才能适应数字化商业环境。IT 与业务融合也是推动企业形成与消费者协同演化动态能力的重要基础。

其次，通过 IT 与业务融合，IT 可以实时将新知识或新数字化运营思维引入到原有业务流程中，推动原有业务进化，使之以更有效率的方式或新的特征运营业务，更加适应消费需求变化，与当前市场需求形成协同。

最后，IT 与业务融合或 IT 驱动下的业务创新会引发战略创新，主要原因在于 IT 已经不再是一个运营要素，而成为牵动企业战略变化的战略要素。IT 的重要发展及变化会影响战略创新，例如，二维码与 O2O 商业模式创新的例子说明 IT 刺激战略创新，使企业能够形成适应或引领消费者线上线下便捷购物的新需求，形成显著竞争优势。

基于上述分析，本书在现有研究基础上进一步细化了 IT 作为一种 Operand 资源的影响机制，解释了 IT 对企业与消费者协同演化动态能力形成的引领作用。IT 的引领作用反映了 IT 可以作为一种创新来源，来引领业务创新及战略转型（Lee et al.，2012；Woodard et al.，2013）。在这一逻辑下，IT 本身就是创新的"来源"，而非"支持者"。虽然现有研究提出了相关思路，但对 IT 如何在动态能力构建中发挥引领作用较少深入分析。本书提出 IT 通过刺激流程数字化、刺激业务创新和刺激战略创新三方面细化了 IT 的引领作用，并且分析了 IT 如何影响创新架构进而实现引领价值。

尽管 IT 具有使能作用和引领作用，但这主要表现在 IT 的功能性，这就存在两个问题，一是 IT 何时发挥何种作用？即影响 IT 价值的主要因素；二是在什么因素的介入下，IT 促进能力形成的功能才能实际转化为促进能力形成的价值。

第一，对于问题一，本书揭示了影响 IT 发挥何种价值的三个主要因素：一是 IT 的战略定位。将 IT 作为运作要素而非战略要素的企业往往主要发挥 IT 的使能作用；而将 IT 作为战略要素的企业往往借助 IT 的引领作用促进创新架构，推动企业创新。二是企业发展阶段。研究结论揭示，企业不同的发展阶段对 IT 的需求不同。在快速发展时期，为了刺激创新，企业主要利用 IT 的引领作用突破惯性推动变革；在成熟稳定时期，为了维持优势，企业主要利用 IT 的使能作用支持运营监控风险。三是技术迭代速度。信息技术发挥引领作用的重要前提在于技术迭代速度要先于市场消费变化，这时技术才能够启发企业原有的业务和战略进行创新，形成先动优势。因此，如果企业内外部技术总体迭代速度较慢，那么技术就难以对业务和战略起到引领作用。

第二，对于问题二，本书结论揭示了企业学习机制和资源机制的架构设计会影响 IT 从功能到价值的转换。例如，基于案例间的对比分析发现，虽然企业 A、企业 B 和 Charilie 都具有较强的 IT 能力，但企业 C 在学习和资源机制的架构设计中较少涉及创新架构，因此，虽然 IT 具有刺激创新的功能性，但也无法发挥引领价值；相反，企业 A 和企业 B 在学习机制和资源机制的架构设计中都涉及运作架构和创新架构，因此，IT 的使能功能和引领功能都可以转化为使能价值和引领机制。对比企业 A 和企业 B，由于企业 A 在资源机制中较少涉及创新架构，因此，基于 IT 的使能功能主要实现与消费者的获取式资源交互，而企业 B 在资源机制中包含资源创新架构，基于 IT 的引领功能主要实现了与消费者的合作式资源交互，推动原有资源体系创新。因此，企业学习机制和资源机制的架构设计会影响 IT 从功能到价值的转换。

此外，本书通过提出基于信息技术的交互学习机制和交互资源机制，解释了协同演化动态能力的形成机制。这部分虽然遵循了动态能力形成的现有研究思路（Helfat et al.，2007；Teece et al.，2016），但引入了侧重解释双向关系的协同演化视角。本书指出，协同演化动态能力形成于企业与消费者的协同演化过程，协同演化是能力形成的主要路径。这种协同演化关系主要体现在企业与消费者通过技术使能的信息交互，产生双向知识传递，进而促进资源维度的适应性调整，形成基于交互关系的协同演化动态能力。其中，适应性调整主要表现在企业的改变是为了回应消费者变化，而消费者同时也因为企业的改变进一步发生变化。例如，意见领袖在品牌化发展过程中对资源有了新的要求，进而刺激企业从原来单纯共享资源转变为面向意见领袖的品牌化发展需求对接资源，而这种对接资源的行为进一步促进意见领袖品牌化发展，使之成为企业的合作者。因此，有别于动态能力研究现有结论，协同演化动态能力的形成是基于双向关系的适应性调整，其特征是动态迭代。换言之，协同演化动态能力的动态性不仅体现在企业利用动态能力应对消费者变化，同时，协同演化动态能力也是企业与消费者不断互动的结果。总结而言，互联网情境下动态能力的形成是基于企业与消费者频繁的双向互动，动态能力的演化是基于企业与消费者的协同演化。在互联网环境下的协同演化动态能力形成中，信息技术通过影响学习机制和资源机制进而影响能力形成。

第三节　企业与消费者协同演化动态能力演化机制

本节主要从发展过程角度分析协同演化动态能力的演化机制。根据案例分析发现，基于企业与消费者交互式学习和双向资源交互，企业与消费者协同演化动态能力的发展主要经历两个阶段：一是被动适应阶段，主要形成捕捉消费者变化和适应消费者变化两个能力维度；二是主动适应阶段，主要形成与消费者价值共创的能力维度。在每个发展阶段，环境对企业和消费者形成不同压力，为应对压力，企业和消费者行为发生改变，并以信息技术为基础，通过交互式学习缓解压力，进而改进资源利用，形成协同演化动态能力。下文将以企业 A、企业 B、企业 C 与企业 F 及其与消费者的协同演化过程为例。

一、被动适应阶段①

1. 捕捉消费者变化能力的形成

2007 年企业 A 成立初期，在线交易技术已经出现，电子商务改变了部分线下消费者的习惯，促使在线购买需求逐渐形成。消费者在刚接触网购时，对网购流程和电商环境的整体认知较为模糊，其中，大部分消费者缺乏必要的网购经验，在产品购买中也仅仅只是进行简单对比。因此，消费者主要面临的是市场环境变化带来的信息匮乏压力。在信息匮乏压力下，消费者会通过企业 A 邮寄目录和网站搜寻进行个体学习，了解产品、网购流程，逐渐形成网购经验，在这一个体学习过程中缓解信息匮乏压力。

在这一阶段，企业 A 处于成立初期，刚刚进入电子商务领域，其主要面临生存压力，对于企业而言，即是否能够提供消费者需要的产品以及是否能够让消费者搜寻到企业网站、找到购买途径，这对企业生存而言非常重要。因此，企业 A

---

① 该节中的部分论述和模型引自作者博士论文发表的已刊出文章：肖静华，谢康，吴瑶，冉佳森.企业与消费者协同演化动态能力构建：B2C 电商梦芭莎案例研究 [J]. 管理世界，2014（8）.

高层管理团队通过邮册寄送的方式，将线下消费者引导至梦芭莎官网进行消费。为了能够更好地了解消费者的喜好，企业 A 依托数据分析信息技术，对销售数据进行收集和分析，掌握产品销售情况和寄送目录的顾客转化率。通过这种方式，企业 A 可以捕捉消费者变化的趋势，进行产品改进，优化目录设计，然后通过数据监控改进后的销售情况。如企业 A 的副总经理说道：

　　"每天我们都会去分析数据，自动分析这个顾客购买过哪些东西，浏览过哪些产品，然后下次就在这个网站上推荐这种产品，这是一个自动的过程。然后我们给产品打很多标签，什么季节穿的，什么风格，价格段，类似这样的标签。顾客在访问过程中访问哪个产品，它的标签就越来越多。网站也会在下次顾客访问的时候推荐一样标签的产品"。

在线交易技术的出现和消费者线上购买需求的产生对企业和消费者均产生压力。通过对案例资料的分析，我们发现，在面对压力的情况下，企业和消费者分别通过组织学习和群体学习采取适应压力或解决压力的行为。其中，在企业生存阶段，企业主要是通过数据分析获取信息和知识，捕捉消费者变化，因此，这一阶段的组织学习以知识获取为主；而消费者则通过尝试网购来增加个人经验，从而形成以个人经历获取为主的消费者群体学习。通过对消费者信息的不断捕捉和分析，企业 A 逐渐掌握女性内衣细分市场的消费者喜好，能够快速为这一细分市场的消费者提供产品和服务。这时，对于企业来说，"完全无序"的市场状态逐渐向"离散"的市场状态过渡①。

综上所述，捕捉消费者变化阶段企业与消费者的行为及交互如图 5 - 10 所示。

2. 适应消费者变化能力的形成

2008 年电子商务进入蓬勃、快速发展时期，各大电子商务企业上线，产品日益丰富，消费者在线上购物过程中所接触到的信息量越来越大。同时，因为电子商务市场发展快速但仍不完善，很多消费者因为没有完全了解产品信息、被商家信息误导、误入诚信度不高的电商企业的"陷阱"，在购物过程中可能会买到

---

　　① 在"离散"的市场状态中，企业因为产品线单一，仅能够为一个细分市场的消费者提供产品，而无法吸引其他消费者群体（如购买女装、男装、童装、首饰等的消费者群体），所以很多不同的消费群体还处于"脱离"企业的边界之外。

假货和次品、遭遇延迟收货和态度恶劣的客户服务。这些"糟糕"的购物经验使消费者在搜寻信息的同时还要甄别信息。此外，各大电子商务品牌的发展，使消费者在购物中面对大量相似信息，因此面临信息同质化的压力。

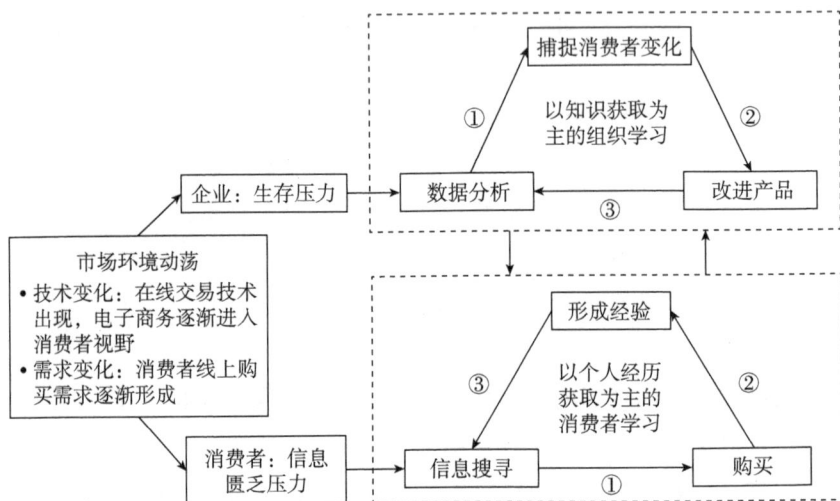

图 5 – 10　捕捉消费者变化阶段企业与消费者的行为及交互

　　此外，消费者在该阶段拥有了更多的网购经验，同时利用电子商务平台和相关技术，消费者可以建立或搜寻到评价、分享商品的专业社区或网站；在企业官网的商品评论中，消费者也可以直接发表对商品的意见，为其他消费者做参考。在这一阶段，企业 A 主要通过拓展产品线、整合供应链和优化组织结构三大策略来应对消费者变化。

　　首先，在拓展产品线方面，企业 A 通过内衣形成消费者需求的自然延伸。自2008 年开始，先后建立了女装、女鞋和童装等自主品牌，并逐步引入男装、饰品、女包等产品品类。截至 2012 年，企业 A 共运营 15 条产品线，为消费者提供欧美风格、日韩风格和中国古典风格的女装、高端男装和童装等多品类产品，从而将流量最大限度地转化为实际订单，保障企业的盈利。

　　其次，在整合供应链领域，企业 A 实行"1 + X"的供应链管理模式，按照服装面料将产品分为梭织、针织、毛织、牛仔等，在一个品类下寻找一家最核心的供应商，签订战略合作协议，保证企业 A 的供货，其余的 X 是配套厂商，支持对市场需求波动的灵活管理。通过这种供应链管理模式，企业 A 在有效应对市场需求波动的同时，又能避免产品的库存积压。同时，企业 A 通过自行开发信息系统，保证高效、快速的信息互通和流程整合，最大限度地发挥信息追溯和信息共享的优势，通过服装销售周期的历史数据来推算未来销售趋势，根据消费者的偏好、线上浏览记录和购买规律来预测产品的生产数量、生产周期和库存摆放位置等，实现供应链的快速反应。

在这一阶段，企业 A 发展快速，每天最高接单数量高达 2 万件。为了保证消费者对企业 A 的产品和服务满意，在仓库管理方面，企业 A 推行了六西格玛管理，将错落包率从 5‰ 降到 2‰；在拣货和货物调整方面，采用条形码、二维码来操作，并进行现场优化管理，将畅销品摆放在员工便于拿取的区域，将尾货摆放在偏远的区域，使包裹拣货率从每人每天 80 个提升到每人每天 120～140 个。在问及为什么企业 A 会进行这些整改时，企业 A 副总经理和 IT 中心副总监指出，消费者的信息反馈和群体效应是促进企业进行整改的重要动力：

"每天几万个订单，如果一个消费者不满意，传播开来口碑就不好了，1 个人至少要影响 10 个人，在网上会更多，对电商企业来说，消费者口碑太重要了。"

"这些都是根据消费者提出来的一些意见和建议进行的改动，如果消费者的体验度不好，那我们的网站做得再漂亮，也是没有人买单的。"

最后，在优化组织结构领域，企业 A 为适应消费者日益提高的在线购物需求，对组织结构进行了持续优化。如上文提到的企业 A 对客服中心的整改：在企业 A 发展初期，客服中心由售前模块、售后模块和资深模块[①]组成，各自独立负责购买前的咨询、购买后的退换货服务和投诉处理。随着订单量的增多，消费者咨询量急剧上升，需要处理的问题也逐渐多样化，客服中心原有的组织结构难以承载订单激增造成的服务压力。在巨大的工作压力下，客服人员的工作态度、质量和效率越来越难以保证。面对这一困境，企业 A 根据消费者的投诉信息、网上意见反馈等，通过后台的数据分析，对业务流程进行重新设计，以便改善消费者的服务体验。主要采取三项措施：一是新增在线机器人，自动回答常见问题，分解接线压力；二是新增质培模块和外呼模块，改进服务质量，提高服务效率；三是重构客服中心的管理模式，形成客服流程的闭环。

综上所述，适应消费者变化阶段企业与消费者的行为及交互如图 5 - 11 所示。

总的来看，通过与消费者的进一步协同演化，企业形成了适应消费者变化的动态能力。总体而言，无论是捕捉消费者变化的能力，还是适应消费者变化的能力，企业均处于一种防御性的被动状态，因此，本书将企业形成这两个能力维度的发展阶段概括为被动适应阶段。

二、主动适应阶段①

本书发现，部分企业可以通过与特殊消费者进行深度价值共创，进而实现对外部环境的主动适应。并非每个企业都会从被动适应转变为主动适应，根据案例数据分析发现，尽管企业 A 和企业 C 形成了捕捉和适应消费者变化能力，但未与消费者进行深度价值共创；相反，企业 B 和企业 F 在形成捕捉和适应消费者变化两个能力维度后，又进一步开展与特殊消费者的价值共创，通过深度协同，实现了对消费者变化的主动适应。下文将详细分析企业 B 和企业 F 与特殊消费者的协同演化过程及与消费者价值共创的能力形成过程。

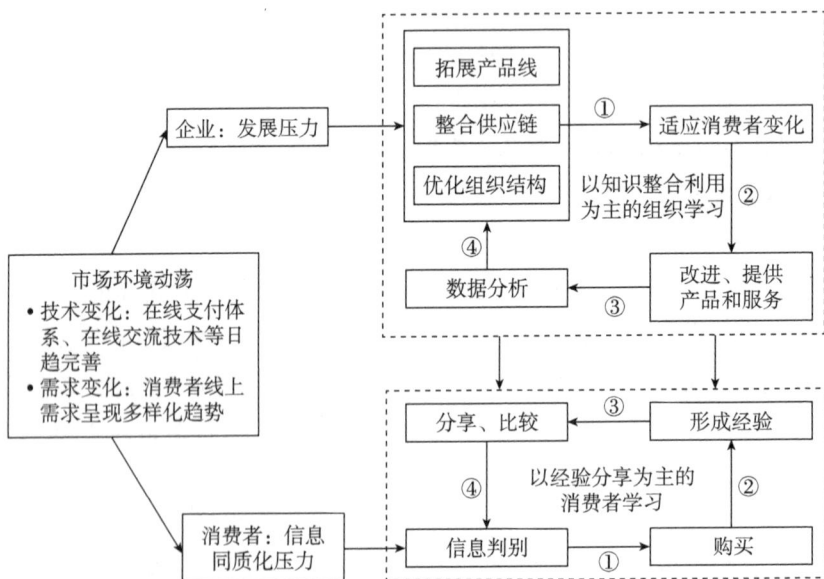

图 5 - 11　适应消费者变化阶段企业与消费者的行为及交互

---

① 该节中的部分论述和模型引自作者博士论文发表的已刊出文章：吴瑶，肖静华，谢康等. 从价值提供到价值共创的营销转型——企业与消费者协同演化视角的双案例研究 [J]. 管理世界，2017（4）.

企业 B 与两类特殊消费者开展了深度价值共创，一是凭借知识贡献或特殊魅力发挥人际影响力的意见领袖（Van Den Bulte and Wuyts，2007；Li and Du，2011），如服装社区中的时尚达人和网络红人；二是借助结构型社会资本发挥人际影响力的平民化中心（Gladwell，2000；Sutanto et al.，2011），如有一定资金实力和社会资本的消费者，他们通过与企业合作开设实体店，参与到价值创造过程中。与两类特殊消费者开展价值共创的过程和交互关系如图 5-12 所示：

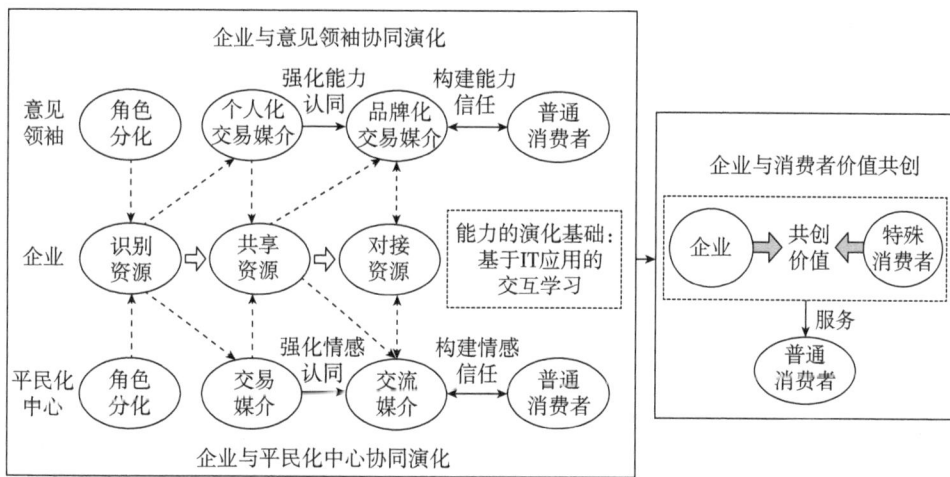

图 5-12 与消费者价值共创阶段企业与消费者的交互过程

（1）与意见领袖协同演化。根据对企业 B 数据的归纳分析发现，意见领袖是与企业 B 协同演化的主要特殊消费者类型。其中，企业 B 通过与意见领袖进行双向的资源交互，逐步适应双方合作、应对外部环境变化的协同演化动态能力。从能力演化特征来看，主要分为三个阶段。

第一，识别资源阶段。首先，社交网络平台的兴起为消费者群体间便捷交流创造了条件。其中，部分消费者会因高质量的经验分享、知识贡献或表现出的独特魅力被其他普通消费者认同和关注。此时，这部分消费者就逐渐演变为意见领袖。我们将这一过程概括为消费者角色分化。根据企业 B 受访者描述，线上服装社区中的服装达人和部分电商网红主要通过经常晒出独特风格的服装搭配，吸引大量忠实消费者，成为具有影响力的意见领袖。

基于对在线消费者群体交流信息的获取与分析，企业开始意识到意见领袖在营销影响上的稀缺价值：追随意见领袖的消费者更关注意见领袖的产品扩散信息，也更愿意接受他们给出的产品推荐。如企业B副总裁所述：

> "我们发现这些服装达人的品位会被很多人认可，有很多消费者去关注她、跟随她……如果喜欢达人推荐的新品，粉丝也很乐意买单。"

企业B发现，普通消费者在服装购买上注重搭配，但他们缺乏相应的搭配知识，因此乐于关注服装达人的推荐款式，或直接与服装达人互动交流。部分服装达人在搭配推荐中直接提供商品链接，方便普通消费者购买。这种购买形式已颇具规模。企业B副总裁提道：

> "做得好的服装达人靠这种消费者经济可以每年销售过亿，而且这种达人群体在迅速成长。"

因此，基于对消费者数量、互动话题热度、评论质量等信息的分析，企业B逐渐识别出在线社区中有较高影响力的意见领袖，邀请他们在社群网络中对企业产品和品牌进行推荐。总的来讲，意见领袖异质性资源的出现刺激了企业对新资源进行识别和开发，并通过建立合作使意见领袖成为企业的合作伙伴。通过对异质资源的识别和分析，企业形成识别资源的能力。

第二，共享资源阶段。通过与企业建立合作，意见领袖成为连接企业与普通消费者的个人化交易媒介。个人化主要体现在，意见领袖在该阶段主要凭借个人魅力和个人影响力为企业推荐产品和品牌，普通消费者因为认同意见领袖个人魅力而购买产品。此时，意见领袖主要通过共享个人智力资源和时间资源与企业开展合作，意见领袖利用个人经验、知识及闲暇时间为普通消费者提供个性化服务，如服装达人创造性地搭配服装，为有个性化需求的普通消费者提供独特的搭配方案，或利用闲置时间在微博发布企业B新品活动、参加新店启动仪式，及通过微信、微博与粉丝互动等。

意见领袖基于资源共享的营销参与，刺激了企业通过资源共享方式支持意见领袖与普通消费者的交易互动。在技术资源上，企业B在移动社区向达人和网红开放更多权限，支持他们自主创建消费者活动，并通过后台数据统计互动热度，据此给予其相应奖励；在产品资源上，企业B为服装达人和电商红人提供服饰，意见领袖自由选择适合自己的服装进行搭配，拍照并分享。此外，企业 B 为部分意见领袖提供专业化的产品设计团队，或向其开放现有品牌使用权限，如企业 B 旗下瑜伽品牌与一位瑜伽达人合作，为其提供服装设计团队，推出了数码印花风格的瑜伽服装产品，迎合了一批喜欢鲜艳瑜伽服装的消费人群；在供应链资源上，企业 B 为意见领袖创造的交易提供后端支持，意见领袖无须个人备货和发货，普通消费者只要点击链接便直接跳转到企业交易平台进行购买，规避了意见领袖的仓储和物流成本。在共享资源过程中，意见领袖也会将普通消费者的个性化需求及时反馈企业，便于产品/服务改善、更新及新产品研发。这样，企业通过与意见领袖共享异质资源形成了共享资源能力。

第三，对接资源阶段。基于企业共享的资源，尽管服装达人可以帮助企业推荐产品和营销引流，但个人的营销影响力会逐渐减弱。原因是一方面来自于服务达人群体不断扩张，普通消费者的注意力会转移或减弱；另一方面来自于服务达人与普通消费者的营销互动缺少完善的品牌保障和供应链服务，因此与普通消费者长期互动中，依赖个人影响力的意见领袖容易逐渐丧失能力认同的优势。

因此，在这一阶段，部分服装达人会逐渐将个人形象品牌化，不仅基于企业共享的产品资源推出风格一致的服装，更借助企业共享的技术平台和供应链服务给予消费者更完善、一致的消费体验，进而演化为品牌化交易媒介。品牌化主要体现在，意见领袖通过品牌塑造强化普通消费者对其时尚能力的认同，逐渐将普通消费者对个人的黏性转化为对个人原创品牌的黏性。在这一过程中，企业 B 发现服装达人和电商红人挑选出来的衣服往往在企业 B 原有消费者分类上更加小众，更加贴近这些意见领袖所属的社群需求。但是，由于共享的资源有限，意见领袖在完善品牌化上亟须更多的资源支持。因此，这进一步刺激企业 B 通过资源对接，来支持意见领袖打造原创品牌。

例如，企业 B 成立网红事业部，在网站设计、品牌打造、产品研发和供应链生产等方面全面对接，围绕达人和红人的独特风格，打造新生代小众时尚品牌。与企业 B 合作创建品牌的红人，主要通过微博微信发帖、创建话题、举办活动，持续与粉丝进行交流，打造和维系品牌形象。如果有消费者喜欢该红人穿搭的服装，则会通过企业 B 专门设计的线上平台进行购买。目前，企业 B 的网红事业部运营 7 个月后成功孵化 12 个原创网红品牌，依托后端设计团队和供应链支持，每个品牌每月上新 10~20 款。其中，下属品牌 D 借助排名前 30 的一位网红，上新当天 5 分钟就接近 100% 的售罄率，3 小时销量突破 160 万元。正如企业 B 社群营销事业部总监所述：

> "网红最大的优势就是在小众群体中的粉丝认可程度很高，我们就围绕这些网红打造个性化的、小而美的品牌，我们可以提供包括设计、供应链、运营、新媒体推广等后端支持，网红就负责美美地维护好自己的消费者，多与消费者交流。我们不是在做一个网红收割机，而是帮助每个红人往品牌的方向去塑造，这才是对双方更长远的价值。"

　　基于企业对接的资源，意见领袖进一步完善个性形象的品牌塑造，成为企业与小众消费群体中间的"连接者"，负责小众品牌的宣传、消费者维系和交易服务。在这一阶段，通过资源对接，企业与意见领袖实现了价值共创。资源对接是针对合作方特征进行的、资源维度上的适应性调整，是基于双向交互形成的一种资源再配置，其目的是促进合作方发挥其资源优势。"共创"体现在意见领袖整合个人资源帮助企业更好地服务普通消费者，企业整合组织资源支持意见领袖的营销活动及品牌化发展；"价值"体现在意见领袖获得了与企业合作产生的经济收益和个人成就感；企业通过与意见领袖合作，获得了超越产品维度的竞争优势。这样，通过企业与消费者的共创行为，普通消费者不仅可以通过与意见领袖沟通解决个性化需求，也可以通过与企业的交易满足物质需求。因此，通过企业与意见领袖的双向交互，企业形成了对接资源的能力。

　　综上所述，意见领袖发生了从角色分化、个人化交易媒介到品牌化交易媒介的转变；通过与意见领袖的协同演化，企业逐渐形成了识别资源、共享资源和对接资源的能力。

　　（2）与平民化中心协同演化。与企业 B 不同，平民化中心是与企业 F 进行协同演化的主要特殊消费者类型，并且在消费者演化特征上也与企业 B 存在明显区别。但是，通过对企业 F 数据的归纳分析发现，双向资源交互仍然是企业 F 与平民化中心协同演化及企业动态能力形成的重要机制。其中，企业与特殊消费者各自拥有的互补性异质资源是促使双方开展合作的重要基础。因此，从能力演化特征来看，依然主要形成识别资源、共享资源和对接资源三个阶段。

　　第一，识别资源阶段。首先，部分消费者在购买企业 F 儿童家具产品后，会基于个人的人脉关系进行产品使用分享，如发布孩子与儿童衣柜的趣味合照，或邀请亲友来家里参观。这些消费者的分享行为会对周边接收到该信息的人群产生营销影响力，因此这些消费者成为了平民化中心。产生角色分化的消费者不仅仅是产品购买者，更是产品传播者，能够基于个人社会关系网络传播产品信息。企业 F 通过对线上顾客访问路径的分析和对新顾客的回访发现，很多新顾客是受到亲朋好友的推荐来购买产品。"一个小区里面的很多妈妈都是相互认识的，她们之间在选购儿童用品上具有很强的相互影响。如果你的孩子用了这个家具觉得特别好，孩子特别开心，那么其他妈妈也会考虑给自己的孩子买这个牌子的产品"（企业 F 副总监 c）。因此，企业 F 发现，这些平民化中心基于个人社会资本的营销影响力是企业稀缺的一种异质性资源。

平民化中心异质性资源的出现刺激企业 F 对新资源进行识别和开发。为了能够正确认识平民化中心的营销价值，企业 F 主要通过对在线社区新老顾客之间沟通信息的数据抓取以及电话回访等方式收集数据，分析消费者群体交互特征。企业 F 发现，每个平民化中心身边往往都会有一批具有类似身份属性的普通消费者，如共同关注孩子成长的妈妈们，他们之间存在比较强的情感认同。基于这种情感认同，平民化中心与普通消费者很容易构建情感信任。因此，企业可以通过识别平民化中心，与之合作，借助其人脉资源宣传产品。在这一阶段，通过对异质资源的识别和分析，企业主要形成了识别资源的能力。

第二，共享资源阶段。在企业识别出这些平民化中心、与之建立合作后，平民化中心就成为连接企业和普通消费者的个人化交易媒介，这主要体现在平民化中心会向普通消费者推荐企业品牌和产品。企业 F 将其形象地称为"酷妈"。酷妈既可以通过在产品宣传中加入产品链接、引导普通消费者点击链接进入企业 F 官网购买产品，也可以带朋友去实体店体验产品、促成购买。当酷妈引荐的朋友购买产品后，企业 F 会给予其一定的物质奖励。在这一过程中，酷妈通过共享个人社交资源和时间资源的方式与企业开展合作。如酷妈引荐好友参与企业 F 举办的线下儿童家具知识讲座，并在讲座中分享产品使用经验；或利用闲暇时间在朋友圈或育儿社群分享产品或品牌软文，促进营销互动；企业 F 在微信端建立的妈妈群经常举办话题互动，就育儿问题进行交流，利用碎片化时间，酷妈可以就个人经验和知识进行分享。

平民化中心的营销推广行为进一步激发企业向其共享更多组织资源。如企业 F 共享线下官方渠道资源，邀请酷妈带其好友和孩子一起到线下店体验，体验店内有专门供儿童玩耍的小型游乐场所。在等待孩子玩耍过程中，妈妈们可以聊天交流，并体验产品。企业 F 还为酷妈开放更多技术权限，如酷妈可以进入微信端的营销管理系统浏览其他酷妈的分享动态和营销业绩，也可以从中查看个人营销软文的点击量和转化率。酷妈基于微信端的互动记录会被实时上传至企业 F 后台，这些数据资源成为企业进一步分析酷妈营销效果的依据，也帮助企业 F 更好地共享相应的企业资源，以支持酷妈活动。在该阶段，资源交互方式从以企业为核心的资源整合向企业与平民化中心的资源共享转变，企业和平民化中心便捷使用彼此的异质性资源，企业通过协同演化形成了共享资源的能力。

第三，对接资源阶段。企业 F 在与平民化中心合作一段时间后发现，最初与平民化中心合作的目的是希望借助平民化中心的社会资源更好地吸引普通消费者关注企业品牌和产品，利用平民化中心的身份认同优势构建信任，巩固忠诚度。但在企业共享大量组织资源，尤其是支持产品交易的资源后，平民化中心就会逐渐在与普通消费者的交流中体现出很强的营销目的，如频繁推荐产品、推荐高价产品、不关心朋友的真实需求等。这严重破坏了消费者之间原有的情感信任。企业 F 通过对平民化中心和普通消费者的交流信息分析发现，企业初期借助平民化中心引流取得了一定效果，但由于平民化中心的交易行为损害了原来交流产生的信任，因此，出现了流失消费者的现象。另外，有部分酷妈向企业反映，当他们的朋友知道酷妈在推荐产品后有返利或提成，心理上认为"我的朋友在利用我赚钱"，朋友关系受到显著破坏。因此，平民化中心过度的交易行为使普通消费者逐渐意识到平民化中心已经成为企业代表，失去了原有情感信任和身份认同所带来的沟通优势。上述问题的出现使企业迫切意识到与平民化中心的合作方式需要进行转变。

为了解决上述问题，企业和平民化中心均做出了适应性调整。平民化中心逐步转变身份，不再直接对普通消费者进行营销推广，而是负责交流沟通，充当连接企业与普通消费者的个人化交流媒介。如酷妈不需要直接促成普通消费者的产品购买，只需要多邀请朋友一起参加相关育儿活动；或者在活动中分享个人心得，例如，如何组装家具能节省空间、如何让孩子愿意独自睡觉等。酷妈还在虚拟社群中回答其他妈妈关于儿童用品选择的提问，以此强化群体互动。在这一过程中，酷妈无须要求普通消费者购买产品，而是通过强化与普通消费者之间的情感信任，使普通消费者对企业 F 品牌社群中的人际关系形成情感依赖，由此强化消费者黏性。

在平民化中心充当交流媒介的条件下，企业也转变角色，主要支持平民化中心的交流活动。企业不再通过实际产品销售来考核酷妈，而是通过酷妈与普通消费者之间的互动频率、普通消费者对酷妈的支持率来评估和奖励酷妈。如普通消费者可以通过点赞的方式来对经验分享或疑惑解答的酷妈进行感谢，这些数据会自动记录到后台系统，企业 F 则根据这些数据记录给酷妈提供个性化奖励，具体奖励从原来的现金提成替换为积分兑换或活动参与，积分可根据消费者偏好兑换音乐会票、旅游优惠券、健身卡等，活动包括亲子游、音乐会、专题讲座等，由此避免企业对酷妈的奖励影响酷妈与普通消费者的情感信任。

在资源互动上，企业为了支持平民化中心发挥交流优势，有针对性地搭建了支持平台。如企业 F 在原有移动管理信息系统基础上专门开发了酷妈管理系统，方便追踪酷妈与普通消费者的互动信息；又如企业 F 在组织结构上专门成立了酷妈培训团队，培训这些酷妈如何更好地与普通消费者交流，避免过度的交易导向；此外，企业 F 还在广州购书中心儿童图书层专门开设了一家 O2O 体验店，定期举办亲子活动和儿童安全教育活动。酷妈可以携孩子和亲友到店参与，体验店提供所有活动用具，如小型儿童玩乐设施、沙画工具和陶土材料，妈妈们可以在活动中进行深度交流。

在该阶段，企业与平民化中心在原有资源共享基础上进一步对接资源。资源对接并不是简单的资源提供或资源整合，而是针对合作方特征进行的适应性调整，以促进合作方优势发挥。通过资源对接，平民化中心不仅是连接企业与普通消费者的交流媒介，更成为企业的合作伙伴：平民化中心从交流维度服务普通消费者，了解消费者所需、解答他们关心的问题、与普通消费者进行社交沟通。平民化中心与普通消费者的交互数据通过 IT 实时反馈给企业，企业再从交易维度服务普通消费者，为其提供所需要的优质产品和配套的交易服务。因此，企业在这一阶段主要形成了对接资源的能力。

综上所述，平民化中心发生了从角色分化、个人化交易媒介到个人化交流媒介的转变，通过与平民化中心的协同演化，企业逐渐形成了识别资源、共享资源和对接资源的能力。

基于对企业 B 和企业 F 的对比分析发现，通过与意见领袖和平民化中心的深度合作，企业 B 借助意见领袖快速开发适应小众市场的时尚品牌，有针对性地为小众消费群体提供他们所需要的产品和服务；企业 F 借助平民化中心快速、大范围且低成本地搭建线下渠道网络，为普通消费者供应更优质的试用和售后服务，建立区域范围内更强的消费者黏性。通过与消费者价值共创，企业不再被动适应外部环境，而是通过与消费者建立深度的合作关系，从被动适应变为主动适应。

在与特殊消费者的协同演化中，企业形成了与消费者价值共创的能力。因此，本书的研究将企业与消费者价值共创的能力发展阶段概括为主动适应阶段。协同演化动态能力特征、发展阶段的主要构念及典型例证见表5-6。

表5-6　协同演化动态能力特征及发展阶段的主要构念及典型例证

主要构念	证据事例（典型援引）	关键特征描述
捕捉消费者变化	"最开始就是邮册寄送，我们看消费者会选择哪些产品，然后电话沟通，了解他们为什么选择这些产品，有什么意见。"	数据分析
	"我们打破了传统线下店做产品规划的方式，按照顾客的身形去规划产品线。传统线下店做服装做内衣时都是按面料、按风格去规划，我们是按身形、按功能去做分类。"	产品改进
适应消费者变化	"我们开始扩展品类，扩展的主要原因是内衣相对是一个比较窄的产品，电子商务有两个比较核心的指标：一个是顾客的转化率，另一个是二次购买率。一个是评价我们产品的吸引力，一个是评价顾客的忠诚度。如果这两个指标不好的话，企业就很难经营下去。"	拓展产品线
	"我们是1+X模式，一个主要供应商，另外几个辅助供应商专门应对需求波动。大家的协同都是通过系统，所以一旦快要脱销或者需要追单，直接就可以形成生产和供货，反应速度很快。"	整合供应链
	"主要调整了客服部门，这是与消费者直接沟通最多的一个部门。增加了在线机器人，还有质培和外呼模块。"	优化组织结构
与消费者价值共创	"我们发现与他们（达人）是有合作机会的。所以我们就去找一些跟我们品牌形象接近，又喜欢我们品牌的达人，跟他们建立联系。"	建立合作关系
	"我们正在逐渐成为一个后端的支持平台，一是支持前端的消费者互动，二是支持实际产生的交易，与我们合作的消费者可以获得个人的收益，企业在这个过程中也高效地进行了营销推广，是一种双赢吧。"	价值共创
被动适应	"我们是快时尚，需要进行不断的创新，一旦消费者对产品或服务提出了什么需求，我们马上可以进行调整，应对市场变化。"	企业根据消费者变化进行适应性调整
主动适应	"我们认为，现在企业和消费者更多的是一种合作，不是说谁主导谁，而是说大家一起来共同解决问题，这也是企业和消费者间的一种共赢的关系。其实这也是企业和顾客的磨合过程。顾客提出的问题我们要改进，但我们提出的一些创意消费者也在慢慢接受。"	企业与消费者协同演化

综上所述，基于企业与消费者协同演化的能力形成过程分析，本书提出结论7，以阐述协同演化动态能力的特征和发展阶段。

结论7：企业与消费者协同演化动态能力由捕捉消费者变化、适应消费者变化和与消费者价值共创三种能力构成。

三、协同演化中的被动适应和主动适应

1. 被动适应

协同演化动态能力演化过程中的被动适应阶段反映了企业通过与消费者协同演化缓解基本生存压力和发展压力的过程。在这一过程中，企业主要以一种防御性策略应对环境变化，因此，形成了以捕捉消费者变化和适应消费者变化为主的协同演化动态能力。这一结论表明，只有企业具备正确认知消费者变化和适应消费者变化的能力，才能够实现在电商市场的立足和发展。

2. 主动适应

协同演化动态能力演化过程中的主动适应阶段反映了企业通过与消费者协同演化缓解创新压力的过程。在这一过程中，企业主要以更主动的方式探索甚至引领消费者变化，形成了与消费者价值共创的协同演化动态能力。当一个企业从被动适应转变为主动适应时，一个显著的演化特征是企业对某一类资源的选择频率发生变化。例如，企业 B 主要选择了特殊消费者这一异质资源，借助意见领袖和平民化中心的人际影响力和个人资源，构建合作关系，革新资源模式，进而推动组织创新，实现对普通消费者变化的主动适应。主动适应也反映了企业通过与消费者协同演化形成先动优势的过程。

本书结论也揭示了从被动适应阶段到主动适应阶段并非一个必然过程，被动适应解决的是企业的立足和发展压力，主动适应解决的是企业创新压力，两者目的和策略均不同。

第四节　企业与消费者协同演化动态能力的理论框架

基于上述案例分析，本节将整合研究结论并提出企业与消费者协同演化动态能力理论框架，并探讨与现有动态能力理论的联系和区别。

一、企业与消费者协同演化动态能力理论框架

本书聚焦于"企业与消费者如何形成协同演化"以及"如何通过协同演化形成协同演化动态能力"两个主要研究问题，基于企业 A、企业 B 和企业 C 三家企业的案例分析，提出 7 个结论。现将主要结论论述的理论关系绘制如图 5 - 13 所示。

由图 5 - 13 可知，互联网环境具有高度动态、快速迭代等特征。这种环境给企业和消费者带来正向和负向两方面的压力，其中，正向压力主要体现在形成机遇和促进发展；负向压力主要体现在对企业和消费者的生存和适应形成威胁。环境压力加速了企业演化和消费者演化，企业和消费者为了适应压力进行学习并且改变行为，这是形成协同演化的构建前提（结论 1）。基于企业和消费者分别对外部压力的适应，两者分别形成了"变异—选择—保留"的 VSR 演化过程。本书基于案例分析发现，交易联系、信息交换和价值关联是连接企业和消费者各自演化、促使两个种群形成协同演化的主要双向因果机制（结论 2）。

在论述了企业和消费者为什么会形成协同演化的基础上，进一步从学习机制、资源机制、信息技术对学习和资源机制的影响、能力发展阶段及主要特征、能力演化的结果等方面详细剖析了企业与消费者协同演化动态能力构建的过程。

首先，遵循现有研究提出"学习是影响能力形成的最关键要素"这一理论思想（Eisenhardt and Martin, 2000），本书提出企业与消费者交互式学习构成企业协同演化动态能力形成的主要学习机制（结论 3）。交互式学习有别于现有组织学习模式的重要特征主要在于学习过程中的交互性，具体表现为企业与消费者的信息交互和企业在学习过程中采用多种学习策略的组合。通过交互式学习，企业能够及时否定和摒弃失效知识，实现与消费者的信息协同，并进行快速、低风险的创新，实现与消费者的供需协同。交互式学习为企业形成与消费者协同演化的动态能力构建了知识基础。

其次，本书剖析了学习对资源配置的影响。研究指出，在企业与消费者交互式学习的过程中，消费者的参与影响了企业信息获取的方式和内容，进而影响了企业资源配置，促使企业根据消费者变化不断优化资源配置方式（结论 4）。更进一步，本书提出企业与消费者双向的资源交互构成企业协同演化动态能力形成的主要资源机制（结论 5）。其中，企业与消费者采用获取式的资源交互方式，利用双方的可数字化异质资源，技术连接是获取式资源交互的重要实现条件；采

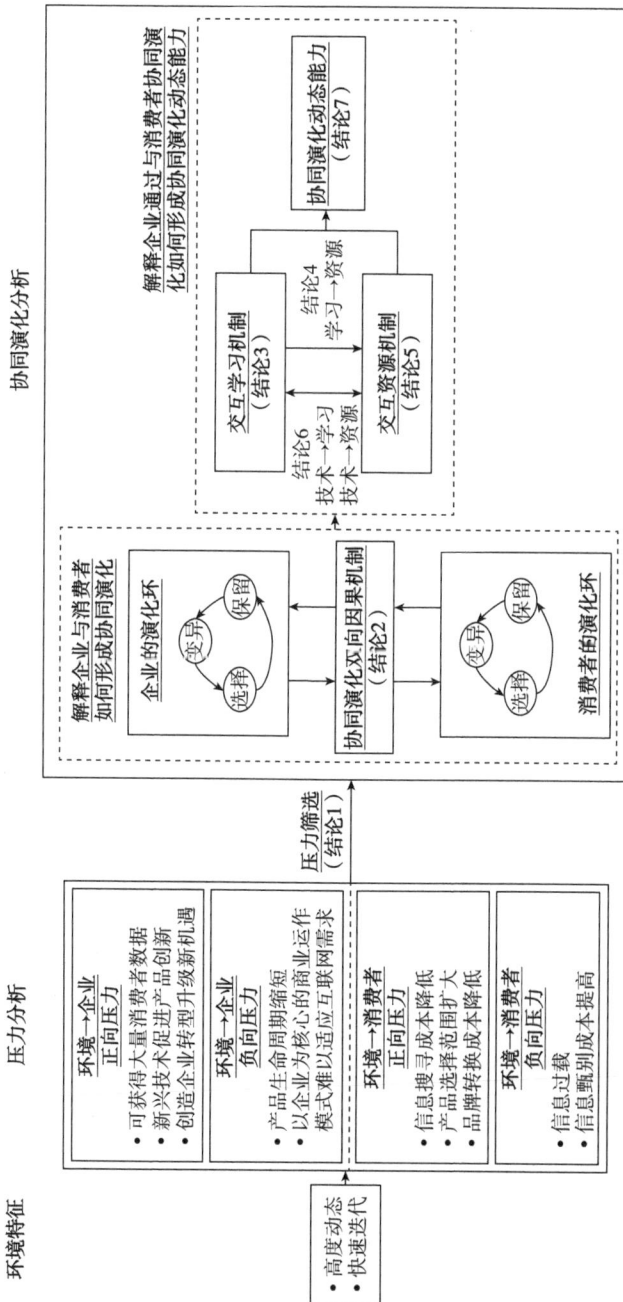

图 5－13　互联网情境下企业与消费者协同演化动态能力的理论模型

用合作式的资源交互方式利用双方的不可数字化异质资源，合作式资源交互较之获取式资源交互更容易促进企业与消费者价值共创。在合作式资源交互中，识别资源是企业与消费者合作式资源交互的基础，而共享资源和对接资源是合作式资源交互的主要形式。

最后，在分析学习机制和资源机制基础上，本书的研究进一步分析了信息技术对两种机制的影响。具体指出，信息技术在促进学习和资源机制过程中主要发挥使能作用和引领作用（结论6），其中，IT 的使能作用体现在促进信息传递、促进多主体协同和监控及反馈风险三个方面，主要作用于学习机制和资源机制的运作架构；IT 的引领作用体现在刺激流程数字化、刺激业务创新和刺激战略创新三个方面，主要作用于学习机制和资源机制的创新架构。IT 的战略定位、企业发展阶段以及技术迭代速度是影响信息技术发挥何种价值的三个重要因素。

基于交互学习和交互资源两种机制，企业形成了与消费者协同演化的动态能力，具体体现为经历从被动适应到主动适应的能力发展阶段，形成了捕捉消费者变化、适应消费者变化和与消费者价值共创三种主要能力维度（结论7）。

这样，7 个主要结论汇总如表 5 - 7 所示。

表 5 - 7　互联网情境下企业与消费者协同演化动态能力构建的主要结论

分析思路	主要结论	结论的解释范畴
解释"企业与消费者如何形成协同演化"	结论1：市场环境动荡形成的压力筛选加速企业演化和消费者演化	该结论主要解释的是"环境↔种群"的影响关系，提出协同演化的形成前提
	结论2：交易联系、信息交换和价值关联是企业和消费者形成协同演化的三种双向因果机制	该结论主要解释的是"种群↔种群"的影响关系，提出协同演化因果机制
解释"企业通过与消费者协同演化如何形成协同演化动态能力"	结论3：企业与消费者的交互式学习促进两者形成信息协同和供需协同	该结论主要解释的是协同演化动态能力形成的学习机制
	结论4：企业与消费者的交互式学习影响企业改变传统企业主导的资源配置	该结论主要解释的是"学习→资源"的影响关系
	结论5：获取式资源交互促进企业与消费者可数字化资源的利用；合作式资源交互促进企业与消费者不可数字化资源的利用，两者共同构成企业与消费者的交互资源机制	该结论主要解释的是协同演化动态能力形成的资源机制

分析思路	主要结论	结论的解释范畴
解释"企业通过与消费者协同演化如何形成协同演化动态能力"	结论6：信息技术通过发挥使能作用和引领作用促进企业与消费者的交互学习机制和交互资源机制，IT战略定位、企业发展阶段及技术迭代速度是影响信息技术发挥何种作用的三个因素	该结论主要解释的是"信息技术→学习、资源"的影响关系
	结论7：企业与消费者协同演化动态能力由捕捉消费者变化、适应消费者变化和与消费者价值共创三种能力构成	该结论主要解释的是协同演化动态能力的发展阶段和能力特征

二、企业与消费者协同演化动态能力与现有动态能力的比较

协同演化动态能力的提出既继承了现有动态能力研究的经典思想，又明显区别于现有动态能力研究。继承性主要体现在三个方面：一是协同演化动态能力研究的理论意义继承现有动态能力研究，主要用于解释企业如何在快速变化的互联网环境中获取和维持竞争优势，研究同样关注企业活动、资源、学习、惯例以及竞争优势。二是协同演化动态能力研究遵循了现有研究中对外部环境与动态能力、组织学习与动态能力、资源配置与动态能力、学习对资源、能力主要维度等研究成果的主要思想，基于现有理论对上述因素的影响关系和理论联系的思考，形成协同演化动态能力的研究框架。三是协同演化动态能力仍然是一种动态能力，同样具有现有动态能力理论强调的基本特征，例如，感知、整合和再配置资源，以适应动态变化环境（Zollo and Winter，2002；Helfat and Winter，2011）。

但是，协同演化动态能力也明显区别于现有动态能力研究。表5－8从六个维度对比了两者的差异。总体而言，现有动态能力研究主要将环境与动态能力的关系视为单向因果关系，基于企业内部视角探讨动态能力的形成问题及影响机制；协同演化动态能力研究认为动态能力形成于企业与消费者的协同演化过程中，本质上将原有"环境→企业"的单向因果关系拓展为双向交互关系。下文将逐个维度解释这种双向交互关系。

1. 动态能力形成前提

尽管现有动态能力理论强调了市场环境动荡对企业整合与重构资源的影响，但研究主要从企业内部视角分析市场环境动荡，认为市场环境动荡对企业形成压

表5-8　协同演化动态能力与现有动态能力研究的差异比较

比较维度	协同演化动态能力	现有动态能力研究	
动态能力形成前提	市场环境动荡形成的压力筛选对企业与消费者构成不同类型的压力，形成两者协同演化的前提	市场环境动荡对企业构成压力，成为企业形成动态能力的前提	代表研究：Teece 等，1997；Teece，2007
动态能力形成逻辑	能力的形成路径是双向的，是由企业与消费者相互作用、协同演化而渐进形成的	能力的形成路径是单向的，是企业对外部环境形成的反应	代表研究：Eisenhardt 和 Martin，2000；Barreto，2010
动态能力构建机制	学习机制：基于信息技术的交互式学习；资源机制：基于信息技术的双向资源交互	学习机制：企业主导的组织学习；资源机制：单向的资源获取与利用	代表研究：Eisenhardt 和 Martin，2000；Lin 和 Wu，2014
动态能力主要维度	捕捉消费者变化的能力、适应消费者变化的能力、与消费者价值共创的能力	感知、适应和整合	代表研究：Teece 等，1997；Teece，2007；Helfat 等，2007
动态能力主要特征	基于企业与外部环境视角的互补性、交互性和合作性	基于企业内部视角的整合性、协调性和动态性	代表研究：Teece，2007；Pavlou 和 Sawy，2011
动态能力影响结果	企业和消费者成为彼此合作资产	形成企业竞争优势	代表研究：Li 和 Liu，2014；Mikalef 和 Pateli，2017

力，进而促使企业形成动态能力以应对压力（Teece et al.，1997；Teece，2007）。从现有研究的分析思路来看，侧重将环境视为多因素组成的模糊总体，主要探讨企业对环境的适应，而非企业与环境的协同演化（Winter，2003；Teece，2012）。协同演化动态能力研究首先借鉴将环境要素具象化的策略（Murmann，2013），将消费者抽离出来，单独作为一个代表环境变化的具体要素，深入分析企业与消费者的双向互动关系。本书提出，企业对环境的适应在很大程度上是企业对消费者的适应，并进一步指出市场环境动荡形成的压力筛选分别加速了企业演化和消费者演化，对两者构成不同的压力，促使两者形成协同演化，这成为企业与消费者形成协同演化动态能力以适应外部压力的构建前提。

2. 动态能力构建逻辑

现有动态能力研究认为，能力的构建路径是单向的，是企业对外部环境形成的反应（Eisenhardt and Martin，2000；Barreto，2010）。协同演化动态能力认为，动态能力形成于企业与消费者的协同演化过程，协同演化是能力形成的重要路径。这种协同演化关系主要体现在企业与消费者通过技术使能的信息交互，产生双向知识传递，进而促进资源维度的适应性调整，形成基于交互关系的协同演化动态能力。其中，适应性调整主要表现在企业的改变是为了回应消费者变化，而消费者同时也因为企业的改变进一步发生变化。因此，有别于动态能力研究的现有结论，协同演化动态能力的形成过程是基于双向关系的适应性调整，其特征是动态迭代。换言之，协同演化动态能力的动态性不仅体现在企业利用动态能力适应外部动荡的市场环境，同时，协同演化动态能力也是企业与外部环境要素不断互动的结果，只要外部环境要素发生变化，那么协同演化动态能力内部的要素也会随之发生变化。

3. 动态能力形成机制

学习和资源是解释动态能力形成的两大主要机制，协同演化动态能力研究与现有动态能力研究在具体机制表现上存在差异：现有动态能力研究中主要基于企业单方视角解释组织学习和资源配置过程，一方面，侧重探讨企业如何通过组织学习进行改变（Eisenhardt and Martin，2000）；另一方面，强调通过强化对资源的控制以获取竞争优势（Lin and Wu，2014）。因此，现有动态能力研究在探讨学习机制和资源机制上均侧重关注企业行为，消费者仅是影响企业采取何种学习策略和资源策略的影响因素之一，两者是单向的影响关系，而非双向交互的协同演化关系。协同演化动态能力研究基于企业与消费者交互视角提出基于信息技术的交互式学习和双向资源交互是协同演化动态能力构建的主要机制。在学习维度上，强调企业与消费者之间双向的信息、知识传递是形成交互式学习的重要基础，通过交互式学习，企业和消费者能够快速感知彼此变化，做出适应性调整；在资源维度，强调企业和消费者利用技术便捷性进行双向的资源合作和配置，以构建双方协同的资源体系。

本书进一步指出，信息技术对学习和资源的内在影响机理，解构了学习机制和资源机制的架构设计，指出信息技术的使能作用主要作用于学习机制和资源机制的运作架构，维持机制的稳定性、可靠性和可操作性；信息技术的引领作用主要作用于学习机制和资源机制的创新架构，促进企业发现和获取先于竞争者的机遇和优势策略。其中，IT 的战略定位、企业发展阶段和技术迭代速度是影响信息技术发挥何种价值的三种重要因素。这一研究结论在现有动态能力研究和 IT 与动态能力研究的基础上不仅细化了 IT 对基于协同演化关系形成的动态能力的影响机制，也细化了 IT 在协同演化动态能力构建中的价值分析。总的来说，在互联网情境下，协同演化动态能力的构建机制是基于信息技术的交互式学习机制和双向交互资源机制，信息技术是促进企业与消费者协同演化以及促进两者形成协同演化动态能力的重要运作因素和战略因素。

4. 动态能力主要维度与特征

现有动态能力研究认为，感知、适应和整合是动态能力的三个基本维度（Teece，2007）。虽然不同视角的现有研究对动态能力维度划分有一定的差异，但总体上均包含上述三个维度（Wang and Ahmed，2007；Barreto，2010）。上述三个动态能力维度也反映了企业动态能力在应对外部环境变化时对内外部资源的整合性、协调性以及应对变化的动态性（Teece，2007；Pavlou and Sawy，2011）。与基于企业内部视角的现有动态能力区别之处在于，协同演化动态能力基于交互视角提出捕捉消费者变化、适应消费者变化和与消费者价值共创是三个基本能力维度，并更加强调企业与外部环境主体（如消费者）的互补性、交互性和合作性。

（1）互补性。互补性体现在企业和消费者各自拥有的资源都是对方需要但无法低成本获取和利用的资源，这些由双方各自拥有的资源都不可能被孤立地使用，需要被组合或与其他资源组合起来才能够最大化资源的价值（Arthur，2009）。例如，意见领袖仅拥有智力资源并不能为自身持续创造经济收益，只有通过与企业的供应链和管理资源等组织资源相结合，才有可能形成有效的、持续的营销影响。

（2）交互性。交互性体现在学习维度的交互和资源维度的交互。在学习维度上，通过交互式学习，企业和消费者能够快速感知彼此变化，做出适应性调整。在资源维度上，互联网强化了企业与消费者的实时交互，为互补性异质资源的整合创造了技术条件。例如，借助移动互联技术的便捷性、移动性和广泛性，信息可以全面快速地送达消费者，使消费者与企业随时随地的反馈和互动成为可能（Shankar et al.，2010）。本书基于案例发现提出两种资源交互的重要方式：一是获取式，主要针对可数字化的异质资源，强调企业与消费者借助技术连接强化资源交互；二是合作式，主要针对不可数字化的异质资源，强调企业与消费者通过识别、共享和对接资源，实现外部异质资源的价值化。

（3）合作性。合作性体现在企业和消费者互动中的价值关联和服务交互。

价值关联是连接企业和消费者形成协同演化的重要双向因果机制，通过这种利益绑定，企业和消费者从生产—需求关系转变为合作关系；服务交互即企业和消费者利用各自资源解决自身或另一方所需，进而成为对彼此有价值的合作者。企业和消费者通过价值关联发生协同演化，在协同演化中形成服务交互，进而逐渐成为彼此的合作资产。合作资产的一个重要特征就是收益双边性，即企业与消费者在合作中均能获得收益（共享收益）。因此，合作性不仅体现在企业和消费者行为上的合作，也体现在收益上的共享和双赢。

第六章　企业与消费者协同演化
动态能力价值创造

在上一章剖析企业与消费者协同演化动态能力的形成机制与演化机制、提出理论框架的基础上，本章拟探讨企业与消费者协同演化动态能力如何创造价值，即主要回应企业与消费者协同演化动态能力有何价值。具体地，从两个方面探讨企业与消费者协同演化动态能力的价值创造路径，一是大数据合作资产，二是适应性变革与管理创新。

第一节　企业与消费者互动的大数据合作资产

在解释了协同演化动态能力发展阶段和特征的基础上，本节进一步探讨协同演化动态能力的影响结果。企业与消费者协同演化动态能力由捕捉消费者变化、适应消费者变化和与消费者价值共创三个能力维度组成。其中，与消费者价值共创能力体现了企业推动价值共创的合作能力。服务主导逻辑提出，价值是由企业与消费者共同创造并共同分享（Bettencourt et al.，2014；Vargo and Lusch，2008）。然而，现有资产视角对价值的解释仍主要遵循传统产品主导逻辑，将消费者视为企业的一种被动资产。消费者资产被定义为："企业所有消费者（现有消费者和潜在消费者）终身价值折现现值的总和。"（Rust et al.，2004）一方面，消费者资产侧重关注购买行为所形成的经济价值；另一方面，主要侧重企业对消费者的利用。本书提出，营销环境的改变（从企业主导供给到企业与消费者价值共创）促使：一是消费者非购买行为所产生的价值变得同等重要；二是资产形成中的交互特征更为突出。因此，有必要进一步拓展原有资产概念，进一步突出当今企业与消费者价值共创关系下的价值体现。

此外，尽管价值共创已经是一种普遍存在的合作现象，研究者往往侧重关注单一行动方的收益，至今未有一个理论概念能够体现合作行为所带来的共享收益。本书借助资产视角，提出"合作资产"概念。合作资产是指企业和消费者在服务交互中成为能够被另一方所拥有和利用的并能创造当前或未来经济收益的资产。

结合数字化情境，Xie 等（2016）将这一概念细化为"大数据合作资产"。大数据合作资产是在数字化情境下结合服务主导逻辑理论及资产特征提出的，是用以反映数字经济价值的重要概念，是指企业和消费者在数字化服务交互中成为能够被另一方所拥有和利用的并能创造当前或未来经济收益的数字化资产。

以下，将从大数据合作资产的概念内涵与外延、形成机制、重要特征和理论意义四个方面展开。

一、大数据合作资产的概念内涵与外延

数字化技术、服务交换和可转移的使用权三个要素，共同构成了大数据合作资产的概念内涵。首先，数字化技术构成大数据合作资产的技术内涵。数字化技术提升了消费者参与行为的可数据化程度，使生成数据具有高易获得性，成为能够被便利、低成本、突破时空限制地转化为可被企业获取和利用的数据资源。这些数据能够反映不同人群的需求特征及变化，激发并支持企业创新。数字化技术使消费者在线上行动中自然形成数字轨迹，消费者无须具备主动参与的意愿，也能自动形成大数据进而影响企业创新。

其次，基于数字化技术形成的企业与消费者服务交换，反映了大数据合作资产的互动特征。服务主导逻辑将"服务"定义为行动者（企业或消费者）为了提高另一个行动者的收益或自身收益而采取的专业化的能力应用（Vargo and Lusch，2004，2008）。因此，服务本质上是能力，服务交换是一种能力交互，即企业和消费者发挥各自能力满足自身或另一行动者所需的能力应用过程。具体如Xie 等（2016）提出的企业合作能力和消费者合作能力反映了企业或消费者基于数字化技术形成的能力类型，这些能力促进了从数字资源到合作资产的价值转化。

最后，数字化资源使用权的可转移性构成大数据合作资产的互动条件，使企业和消费者间的数字化服务交互成为可能。其中，包括消费者产生的非结构化大数据，学者认为，社交媒体和移动媒体的大量创新源自于对这些数据的使用。此外，社会角色的差异性导致消费者会产生不同类型的大数据信息资源，例如，Xie 等（2016）提出的交易型大数据、交流型大数据、参与型大数据和跨界型大数据。此外，还包括消费者可便捷利用的技术平台等企业提供的数字化资源，也可以成为消费者可以使用并创造价值的资产，如消费者借助社交媒体平台创造内容并构建个人社交资源，或借助即时通信、直播等技术进行社群互动，形成、传播和改变社群知识和信息。研究提出，消费者借助这些新媒体技术进行个体学习和群体互动，在知识贡献和寻求社交支持中获得收益。

通过与相关资产概念进行比较，我们可以理论化地界定大数据合作资产的概念外延。在现有研究中，从资产角度界定企业与消费者关系的价值主要涉及三个概念：消费者资产、关系资产和大数据合作资产。尽管这三个资产概念基于资产形式的经济特性呈现出一定的共性，但在互动特征、价值来源和理论基础上表现出显著差异。

在共性上，现有研究指出，当一个概念用"资产"予以概括，它必须拥有与其他常见资产形式相一致的经济特性，包括衡量投资的明确机制和计算回报的明确手段，并清楚地了解这一资产在多大程度上能够应用于不同领域及情境（Sobel，2002）。此外，可共享性是所有资产的一种共性特征，表示资产本身及其价值可以被任何一方占有（Elfenbein and Zenger，2014）。

在差异上，消费者资产、关系资产和大数据合作资产强调不同的互动特征：消费者资产描述的是企业对消费者的价值获取，体现了产品主导逻辑下"消费者终端价值的接受者"观点。现有消费者资产研究偏重定量，关注购买行为所形成的经济价值（也被称为直接效益面）（Wiesel et al.，2008）。关系资产描述的是企业对基于社会关系的利益相关者的价值获取，核心主体仍然是企业，消费者或合作伙伴被认为是关系网络中的一种资源。基于这种资源的存在性，企业可以预期得到收益或创造价值；与消费者资产和关系资产相比，大数据合作资产强调三点：一是对消费者而言，非交易行为所带来的潜在价值；二是资产通过数字化服务交换形成；三是资产的收益具有双边性。因此，大数据合作资产在互动关系上强调的是企业与消费者间双向的价值交换（Xie K. et al.，2016）。

在价值来源上，三个概念也形成明显区别：消费者资产强调消费者购买行为所形成的直接经济价值，以及依据消费者数量形成的直接经济预期（Wiesel et al.，2008）；关系资产强调来源于重复交易关系中积累的经济价值，以及来自于社会关系、规范、信任和群体对交易连续性的期望（Elfenbein and Zengret，2014）；大数据合作资产强调价值来源于企业和消费者行为及资源的数据化，以及基于数据化形成的资源使用权或所有权的可转移性（Xie K. et al.，2016）。因此，尽管同样描述资源价值，但三个概念在理论上对价值来源的理解不同。

在理论基础上，三个概念来源于不同的理论背景。消费者资产是顾客关系管理理论下衡量消费者价值的重要概念（Kumarv and Reinartz，2012）。现有研究指出，企业已经意识到，正如顾客从其所提供的产品服务中获得价值一样，企业也从顾客群中获得价值。Kumar 和 Reinartz（2016）将顾客的这一价值定义为"顾客与公司关系的经济价值，以贡献率或净利润为基础表示"。当企业确定了顾客提供的价值时，它们将能够：①更好地管理成本；②公布收入和利润的增加；③实现更好的投资回报（ROI）；④获得和留住能为公司带来盈利的顾客；⑤重新整合营销资源，以最大限度地提高顾客价值。因此，消费者资产体现了学者对消费者给企业带来的直接型经济价值的关注，对这一概念的衡量使用了诸如频率—货币价值（Recency - Frequency - Monetary Value，RFM）、过去的顾客价值（Past Customer Value，PCV）、钱包份额（Share of Wallet，SOW）和期限（Tenure/Duration）等指标。

关系资产处于社会互动论（Elfenbein and Zengret，2014）、社会资本理论（Baker，1990）和顾客关系管理理论（Husainz et al.，2013）的交界处，属于社会资本的一个重要维度，指的是基于行为者之间互动的历史而根植于人际关系中的资产（Nahapiet and Ghoshal，1998）。社会学的推理路线认为，反复的互动产生了潜在的资产，有可能在未来交易中提供价值。关系资产起源于一个简单的事实，即反复的交易形成了根深蒂固的社会关系（Granovetter，1985）。通过反复交易，各组织之间的社会关系不断深化，促进了规范的灵活性，支持了信息交易，并产生了解决相互问题的承诺。所有这些都有助于产生彼此适应，进而促进持续和有效的交易。基于这一逻辑链，一些学者也指出消费者资产是关系资产的一个子集，认为只有当企业对消费者非常重视时，消费者才会与企业深入互动，促进知识创造和创新（Husainz et al.，2013）。

大数据合作资产是结合服务主导逻辑（Vargo and Lusch，2004；Vargo and Lusch，2008）、价值共创理论（Grönroos and Voima，2013）和技术示能性理论（Gibsen，1979；Majchrzak and Markusm，2012）提出的概念，关注的是基于数字

化技术增权、企业与消费者的双向互动关系所产生的双边价值。其中，服务主导逻辑强调"价值是以消费者为中心、由企业和消费者共同创造"的思想（Vargo and Lusch，2004；Vargo and Lusch，2008）；"价值共创"被定义为企业和消费者在直接交互中的联合行动（Grönroos，2012）；技术示能性（Affordance）理论认为技术的价值来自于用户和工具之间的相互作用，技术能够为用户提供情境化的行动潜力（Majchrzak and Markusm，2012）。如消费者创造和传播信息、企业获取和分析消费者数据，企业和消费者均可以利用数字化技术进行情境化的价值创造等。

大数据合作资产强调数字化资源整合和服务交换。如果将服务概念化为价值共同创造过程（Vargo and Lusch，2008），那么，互动就是资源整合和后续价值驱动体验的决定性因素（Prahalad and Ramaswamy，2004）。可以说，价值是通过一系列的互动体验由企业和消费者共同实现的（Kowalkowski，2011）。因此，这种双向的互动性强调了企业和消费者在满足彼此需求过程中的参与，使价值创造不再可能由单一行动主体所主导或控制，从而使双方成为彼此的合作资产。

总的来说，大数据合作资产反映了价值创造中行动主体之间的互动，强调双方对彼此资源的依赖性会进一步促进服务交换而促进创新。因此，尽管大数据合作资产在资产特性上与消费者资产和关系资产具有一定的相似性，但更强调基于技术的双边互动而形成的双边价值创新。

二、大数据合作资产的形成机制

通过对案例企业的数据整理分析发现，本书提出大数据合作资产的形成主要包括两个重要过程：一是资源整合，二是服务交互。通过资源整合和服务交互，企业和消费者通过协同演化成为彼此的合作资产。

有关资源整合，企业和消费者各自拥有的数字化异质资源是形成合作资产的资源基础。在互联网情境下，企业和消费者之间最经常进行交互的资源是数字化资源。数字化资源具有易获得、易存储、便于应用或分析的优势，同时也是承载重要消费信息和企业信息的重要资源形式。本案例研究分析发现，一方面，生成大数据是消费者价值表达的重要方式，例如，消费者生成的交易数据、交流数据、参与数据和跨界数据，这些消费者提供的大数据信息资源能够帮助企业产品改进、服务开发、流程优化以及精准营销；另一方面，企业提供大数据平台资源是企业价值表达的重要方式，例如，企业作为平台搭建者提供的交易型平台、交流型平台、参与型平台和跨界型平台。通过提供这些技术平台，企业可以将产品和服务的重要信息传递给消费者，与消费者开展互动，并支持消费者利用这些技术平台参与企业价值创造。综上所述，企业和消费者所掌握的资源通过数据化的表达，成为能够被对方便捷获取、分析和利用的数据化资源，这为企业和消费者进一步进行服务交互构建了资源基础。

有关服务交互，无论是消费者生成的大数据还是企业提供的大数据平台，都是消费者或企业各自拥有的异质资源。通过案例分析发现，企业和消费者要成为对彼此有价值的合作资产，都需要将各自拥有的资源资产化。这种资产化过程可以被概括为：企业或消费者通过协同演化动态能力，将各自异质资源转变为可被另一方拥有、控制，并能产生收益的过程。下面将详细分析协同演化动态能力如何推动资源转化为资产。

1. 消费者能够成为企业的一种合作资产

原因在于消费者生成的大数据信息资源能够被企业通过大数据平台便捷地拥有和控制，并且这些数字化异质资源能够在现在或未来给企业带来收益。这一从资源到资产的转化过程主要依赖三种与大数据相关的企业能力：企业的大数据获取、分析和商业化能力。

消费者生成的大数据信息资源能够被企业通过大数据平台便捷地拥有和控制，这主要依赖于企业的大数据获取能力。大数据获取是指企业对大数据的采集、传输和存储。消费者每天都会在线上产生海量大数据，如果企业不能够低成本、及时有效地获取数据，那么就不具备将大数据资源转化为资产的基础条件。

在拥有和控制消费者数据化资源的基础上，消费者生成的大数据信息资源能够给企业带来收益，这主要依赖于企业的大数据分析能力和商业化能力。企业通过运用大数据分析能力，能够从海量、多维的数据中寻找到商业发展机遇。例如，企业 B 设立新瑜伽品牌的最初原因就是从交易型大数据中分析出女性运动市场需求在逐步扩大。这体现企业运用大数据分析能力优化战略决策。又如，企业 A 通过线上试销的消费者购买数据和客服回访数据逐步提升新服装产品与目标客户群需求的吻合度。这体现企业运用大数据分析能力优化业务决策。

企业通过大数据商业化能力，将数据分析结果转化成为实际的产品/业务改进或战略优化。例如，企业 B 通过交易型大数据得出女性运动市场需求正在扩大的结论后，又进一步分析瑜伽服消费特征。结果发现，瑜伽训练者通常非常愿意跟随她们瑜伽老师在服装和用品上的选择。因此，企业 B 与一位对瑜伽服装见解独到的瑜伽老师合作，快速建立以时尚印花风格为主的瑜伽服，将其设立为企业 B 旗下的一个子品牌。企业 B 通过上述方式实现了数据从资源到价值的转换。

企业 F 的实践也反映了类似的规律。企业 F 通过分析酷妈在社区中的产品分享数据，发现消费者在产品营销中效果更好、效率更快、涉及面更广，而且成本更低。因此，企业 F 迅速调整组织架构，形成阿米巴的内部独立经营团队，以针对性服务支持各地区酷妈的营销活动；及时调整营销战略，将消费者作为营销主力，并逐步完善对参与营销的消费者的激励机制；进一步完善移动互联技术，减少信息传输不及时和奖励反馈延迟等技术问题，进一步强化前端消费者和后端企业的协同。这一系列举措极大地提升了新产品的推广效果，并吸收了更多的新用户。

2. 企业能够成为消费者的一种合作资产

原因在于企业提供的大数据平台能够被消费者便捷地接触和使用，并且这些数字化异质资源能够在现在或未来给消费者带来收益。这一从资源到资产的转化过程主要依赖三种与大数据相关的消费者能力：消费者信息搜寻、学习和参与能力。

3. 企业提供的大数据平台能够被消费者便捷地接触和使用

这主要依赖于消费者的信息搜寻和技术学习。消费者的信息搜寻是其参与价值创造的基础。通过信息搜寻，消费者可以接触到其所需要的各种平台资源，并且在平台上搜寻所需信息。如果消费者不具备或仅具备有限的信息搜寻能力，那么消费者难以或只能接触有限的企业数字化平台资源；消费者学习能力是指其对新技术应用的识别和适应能力。根据案例分析发现，一些忠实于品牌的老顾客会表现出更强的学习能力，他们比新顾客更愿意了解企业新推出的技术，会通过不断学习逐渐掌握。例如，企业 B 旗下品牌 Y 品牌，推出官方自营的移动端 APP，开设了"附近"栏目。一些 Y 品牌的忠实粉丝发现后，就会去了解如何使用附近功能，找到地理位置接近的其他粉丝，并自行举办一些服装互动活动。因此，消费者对新技术的学习能力反映了他们对企业提供的新兴技术或新功能的适应能力。

4. 企业提供的大数据平台能够给消费者带来收益

这主要依赖于消费者的参与能力。基于信息搜寻和学习，部分消费者会形成参与能力。参与能力越强，消费者在价值共创就会创造更多价值，同时获得更多的收益。例如，同样是消费者群体交流，意见领袖相比于一般消费者而言就会获得更多的社会关注度和系统权限。又如，一些消费者不仅单纯在交易型平台上购买企业服装产品，他们还会根据自己独特的风格和品位进行设计和搭配，并且借助平台推荐给粉丝。这些服装达人当聚集了一定人气后，就会被企业 B 邀请为新产品设计或产品搭配提出意见，进而深度参与到企业的产品改进中，他们也会获得相应的物质奖励。有些甚至会转成企业的时尚买手，从单纯的消费角色变成真正的共创者。

综上所述，企业大数据获取、分析和商业化能力构成了企业合作能力；消费者信息搜寻、学习和参与能力构成了消费者合作能力。企业和消费者的合作能力本质上是通过不同协同演化形成的协同演化动态能力，通过该能力实现彼此所需，进而促进价值共创。

三、大数据合作资产的重要特征：收益双边性

案例分析发现，大数据合作资产具有双边收益的特征，即企业与消费者在合作中均能获得收益。与上文分析逻辑一致，本书共识别出交易型、交流型、参与型和跨界型四种具体合作资产类型，并分析每种类型合作资产分别为企业和消费者带来何种收益。

1. 交易型合作资产为企业带来的主要是交易收益

交易收益反映了企业销售业绩的提升。在受访案例中，6 家企业均非常注重通过分析结构化订单数据（如价格、颜色、数量、购买周期等）和非结构化沟通数据（如消费者评论和售前售后沟通）以提升产品销量和消费满意度。例如，企业 B 副总裁提到，企业 B 通过从订单系统里面提取消费周期数据，发现大多数核心用户都是在一个月之内买两次，因此，指导企业 B 每周推出新款式，极大提升了老顾客的购买频次。此外，客服部门收集的退货反馈意见也会有助于企业修正产品和服务，提高消费者满意度，促进企业交易绩效。如企业 B 客服主管提道：

"每次有消费者退货，客服就会主动沟通，问消费者为什么要退，为什么要换，消费者就会反馈给你相应的信息。比如这件衣服他穿着大了，网站展示的跟预期不符，或产品在配送过程中有破损。那我们就会根据这些意见进行修正。这也是一个磨合的过程，消费者磨合我们的款式，我们磨合他们

的预期。"

2. 交易型合作资产为消费者带来的主要是交易收益

消费者交易收益反映了消费者在交易或与交易相关的活动中所获得的经济收益。消费者的交易收益包括两部分：一是与企业直接交易所获得的物质满足。消费者可以通过企业提供的便捷交易平台，寻找自己所需的日常用品，并且能够享受到快速的配送服务和无忧的退换货服务，这些均属于直接性的交易满足。二是连接企业与新用户所获得的经济收益。消费者可以通过推荐新用户获得经济收益。这反映了消费者充当交易中介所获得的利益。例如，与企业 B 合作的服装达人通过为企业进行品牌宣传和产品推广，可以获得按交易额的销售返利。

3. 交流型合作资产为企业带来的主要是营销收益

营销收益反映了企业营销活动的改进，如营销效率提升或效果更好。

一方面，在企业官方提供的主题性交流平台中，消费者之间的信息交流会增进对品牌的了解，进而强化品牌认知度和忠诚度。例如，企业 B 的受访者均提到，在他们构建的消费者虚拟社区中，活跃用户或意见领袖往往具有极高的消费忠诚度，且对品牌文化、产品特性非常熟悉。这些活跃粉丝往往促进了品牌的营销宣传。如企业 B 的品牌设计总监所述：

> "消费者社区中的一些粉丝非常活跃。我们发现，她们不仅晒自己的服装搭配，还会帮助其他消费者解决问题。例如，一些消费者会问搭配这个款式的衣服需要怎么化妆，那她们就会相互交流。这种交流对增强消费者对社区的使用非常有利。"

另一方面，企业通过分析消费者形成的交流型大数据，既可以甄别出活跃用户，可以了解特定消费群体喜爱的话题、内容呈现（如文字表达还是图片表达）甚至潜在需要解决的问题。这有助于企业准确判断消费者群体特征、喜好以及需求变化，以进一步指导营销活动的改进。

4. 交流型合作资产为消费者带来的主要是社会收益

社会收益反映了消费者所获得的情感满足和社会资本。在案例研究中发现，消费者会借助虚拟交流平台结交朋友。消费者能与陌生人成为朋友的一个重要原因在于，企业构建的虚拟交流平台往往是以主题、兴趣分类的。因此吸引来的消费者或面临同样的问题，例如，如何搭配适合职场风格的服装或拥有共同的兴趣爱好，如热爱棉麻风格的服装。消费者可以借助企业交流型平台进行情感沟通、答疑解惑，并在与其他消费者的交互中从陌生人关系成为朋友关系。又如，企业 B 运营主管提到，YM 品牌移动 APP 的"附近"频道里面消费者间交流很活跃，很多消费者发现了周边与自己志同道合的人也同样选择 YM 的服装，因此，在多次互动中成为了朋友。

5. 参与型合作资产为企业带来的主要是运营收益

运营收益反映了企业运营效率或效果的提升。消费者参与企业产品开发或服务提升的行为能够帮助企业提升运营效率和效果。如上述提到的企业 B 案例中，消费者参与投票，为新服装产品设计选址的例子。如企业 B 副总裁所述：

> "因为消费者投票做出的选择往往更能反映他们对我们品牌的需求，因此更有价值。所以这些消费者的参与提升了这项业务运作的效果。以往的运作方式是企业头脑风暴，这不仅需要很多次会议，而且不一定符合消费者的预期。现在我们每年都由消费者选择新服装设计的地址。"

6. 参与型合作资产为消费者带来的主要是定制收益

定制收益体现在，当企业接受了特定消费者的意见或建议，企业相当于为这类消费者提供了定制化的产品或服务。如企业 B 推出新产品之前征询老顾客的意见。消费者可以表达对新服装元素的偏好。设计师收集到这些偏好数据后，会根据消费者的意见进行设计，那么这些消费者也会获得根据自己意见"定制"的产品。

7. 跨界型合作资产为企业和消费者带来的主要是知识收益

一方面，企业通过分析跨界型大数据可以学习其他品牌消费者所传递的异质性知识，例如，企业 A 和企业 B 的市场部门和信息部门会分析多品牌社区和跨行业在线社区中的重要信息，尤其有关差异化的品牌诉求、新服务的开发动向和营销模式的新变化。这有助于企业优化市场定位、细化品牌战略以及提升服务。另一方面，消费者通过跨界型平台可以搜寻和学习到其他类似品牌和产品，增强有关品牌、产品功能、服务特色等知识，有助于进一步优化品牌选择和购买决策。

四、大数据合作资产的理论意义

从理论上来看，现有动态能力研究主要基于"动态能力→竞争优势"这一理论关系，认为竞争优势或持续竞争优势是动态能力的影响结果。尽管 Teece 学派和 Eisenhardt 学派在动态能力是否能够获得持续竞争优势上存在异议，但是均认为动态能力是企业在动态环境下获得竞争优势的重要方式（Peteraf et al.，2013）。协同演化动态能力研究认为，基于双向交互视角，提出企业和消费者成为彼此合作资产是协同演化动态能力的影响结果。基于案例发现，通过协同演化，企业和消费者在进行资源交互中建立合作关系，通过整合异质化资源为自身和其他行动者创造收益。在这一过程中，企业和消费者在满足彼此需求过程中不断互动，使价值创造不再可能由单一行动主体主导和控制，使两者的权力更加平衡。在磨合中，企业和消费者形成对彼此的依赖性，导致自身对另一方的价值提升，进而成为合作资产。合作资产的形成遵循服务逻辑（Bettencourt et al.，2014；Vargo and Lusch，2004），是企业和消费者在持续的、迭代的交互中形成的。

从合作资产角度解析动态能力影响结果的另一意义在于打破了企业处于商业生态关系主导地位的隐含假设，将企业与消费者价值共创的关系引入到动态能力研究中，将动态能力的构建问题置于企业与消费者平等、趋向合作的关系框架内进行探讨。从现有动态能力研究来看，无论是 Teece 学派还是 Eisenhardt 学派，其研究情景主要基于企业主导的价值创造情景，消费者仅是影响企业战略和运作的众多因素之一，很少被单独或者重点分析。本书选择互联网这一研究情境，即试图通过转换情境打破企业主导这一既有隐含假设。协同演化动态能力所强调的基于双向交互的合作关系表明，现有动态能力强调以企业为核心的资源获取和利用（Helfat and Winter，2011），主张通过强化对资源的控制与支配构建竞争优势（Lin and Wu，2014）等观点，在互联网情境下需要得到改变，因为消费者的参与行为改变了企业的信息获取方式和内容，促进了与消费者互动中获取和利用知识的组织学习，使从原有以企业为核心的资源利用转变为企业与消费者双向的资源交互，进而形成协同演化动态能力。

第二节　企业与消费者互动的适应性变革与管理创新

案例分析表明，企业与消费者协同演化动态能力是实现适应性变革与管理创新的重要能力基础，主要体现在三个方面：一是与消费者形成协同演化关系带动了企业面向数字化进行战略转型；二是企业通过与不同类型的消费者协同演化，形成了差异化的适应性变革方向；三是为了支持数字化转型，企业需要不断与消费者交互形成对运营管理的适应性管理创新。

一、对企业战略转型的价值

企业构建协同演化动态能力的过程也是企业面向数字化转型的过程。数字化转型是当前企业，尤其是传统企业面临的重大组织变革，这种变革具有高风险特征。通过企业调研发现，企业在数字化的战略转型中往往面临着"不转等死，转不好找死"的两难抉择：一方面，传统服装企业意识到业务电商化、服务数字化的趋势，认识到企业必须突破既有惯性进行组织变革；另一方面，大量服装企业试水电商失败，组织不仅难以维系原有竞争优势，而且也会因为控制创新风险不当导致快速衰退和死亡。在数字化转型中，企业面临的战略风险具有与以往不同的特性：第一，以往企业进行生产制造的转型升级或从熟悉产业转到陌生产业等，都是在工业化体系内的变革（李廉水等，2004；孔伟杰，2012），这一次则是从工业化体系转向互联网体系，跨体系的变革提高了转型的风险，使企业突破组织惯性的难度更大（Hansen and Siew，2015）；第二，以往企业转型面临的风险多是单一风险，即突破组织惯性的风险，较少应对创新风险，因为其转型后可以模仿和学习先进企业或相关行业优秀企业的经验（Corso et al.，2003）。但数字化转型使传统企业转向一个全新的市场环境，缺乏成熟、可借鉴的模式，在这种情境下，企业转型面临双重风险，即突破组织惯性的风险和形成新惯例的风险。如何有效控制高风险和双重风险，是关系到企业能否顺利实现数字化转型的核心问题。

形成协同演化动态能力有助于企业在推动战略变革的同时控制变革风险，主要表现在三个方面：

第一，在形成协同演化动态能力过程中，企业会着重建立与消费者的紧密联系，密切关注消费者变化，并根据消费者变化调整学习机制和资源机制。强化与消费者的交互性促使企业能够准确定位战略变革方向，避免"南辕北辙"的风险，并根据消费者变化不断突破既有组织惯性，促进变革。

第二，协同演化动态能力是渐进而迭代形成的，这种渐进性和迭代性使企业能够低成本试错，避免系统性变革带来的毁灭性风险。企业通过与消费者的协同演化，可以逐渐摸索和调整战略转型的具体策略。

第三，在协同演化动态能力的形成机制中涉及迭代试错的学习策略和双向交互的资源机制，前者有效促进企业对风险的认知和预防，后者有效促进企业高效整合异质资源，通过合作的方式提高效率并控制资源风险。从案例分析来看，企业战略风险往往产生于与市场需求的不匹配、内外部协同不足或过度/不恰当的资源投入。通过迭代试错和协同演化的方式，企业可以更好地摸索产品、服务和运作流程与市场需求的匹配程度；通过交互学习机制，可以促进知识协同和信息协同，提高企业内、企业间以及企业与消费者的协同；通过双向交互的资源机制，可以防止企业过度投入资源或投入错误资源，使企业和消费者可以通过资源共享的方式高效整合资源，避免了组织资源配置过程中的风险。

综上所述，形成企业与消费者协同演化动态能力有助于在突破组织惯性的同时控制变革风险，进而有效推动企业战略变革和组织转型。

二、对形成差异化变革方向的价值

上一章的案例分析表明，企业通过与不同类型的消费者协同演化，构建区别于竞争对手的竞争优势，这种优势主要体现在适应性变革方向的差异化上。具体而言，本书的研究揭示了与普通消费者协同演化形成数据驱动的研发创新（产品变革），以及，与不同类型特殊消费者协同演化形成基于影响者的营销创新（营销变革），以下详细展开。

案例分析表明，通过与普通消费者协同演化，企业可以借助大数据、AI 等技术支持消费者对研发创新的数字化参与。在大数据技术出现之前，企业倾听每个消费者意见的困难在于，企业无法判断一个消费者的声音具有多少代表性，因而也无法对消费者参与的投入产出做出合适的决策（Menguc et al.，2014）。本书的案例分析表明，大数据让每个普通消费者的声音通过"数据"的方式进行分类，每类人群的共同需求、每类人群的比例等，企业均能进行准确分析，从而使企业能够对市场趋势和消费者偏好变化做出更精准的判断。因此，企业利用消费者数据而形成的研发创新能力成为企业掌控普通消费者参与的重要条件。

协同演化理论指出，协同演化是强化组织适应性和应变性的重要过程（Flier et al.，2003）。一方面，企业通过与消费者在研发互动中形成共演关系，及时获取和分析消费者行为的动态数据，提高适应性。普通消费者加入到企业的研发系统后，极大提升了研发管理的复杂性（Gruner et al.，2014），企业既要兼顾不同消费者需求和偏好的差异，又要确保新产品生产的可行性和可靠性。因此，只有以数据为纽带，将消费者的参与转化为可利用的数据，才能使企业有效管控消费者的参与。另一方面，企业通过与消费者在研发价值共创过程中的能力进化，提高应变性。消费者参与会给企业带来更多不确定性（Menguc et al.，2014），通过协同演化，企业能够根据消费者大数据在研发流程和机制上做出及时调整和改变，并通过信息交互有效利用消费者的参与（Stock，2014；Cui and Wu，2016）。

例如，对企业 B 和企业 D 在利用普通消费者数字化参与研发创新的对比案例分析表明：对于用户导向的设计理念，企业基于消费者形成的大数据，首先，通过数据获取形成细分用户的能力，根据消费者基本特征和交易规律生成基础用户画像；其次，通过数据迭代形成优化决策的能力，根据多维、动态数据的分析，为研发决策提供优化支持，并通过数据分析和决策结果的迭代，逐步提升能力；最后，通过数据驱动形成构建规则的能力，即研发规则基于数据分析构建出来，并根据数据的变化而不断调整。由此，逐步实现精准化的研发。

对于设计师导向的设计理念，企业基于消费者形成的大数据，首先，通过数据获取形成识别社群的能力，了解与企业设计风格相匹配的消费者群体的主要特征；其次，通过数据整合形成辅助决策的能力，在企业内部通过对消费者数据的利用，为设计师的决策提供辅助；最后，通过数据支持形成匹配规则的能力，弥补设计师对市场预测判断的偏差，有效控制风险。由此，逐步实现设计创意与数据判断相融合的研发。

总体来说，本书的研究基于企业与消费者协同演化的视角，归纳出企业利用普通消费者大数据形成的数据驱动研发创新模式，体现了产品维度的适应性变革与创新，与动态能力理论提出的观点——企业通过获取资源、整合资源和重构资源以适应环境在逻辑上是一致的（Teece et al.，2009），但在大数据环境下形成了新的发现。这一发现不仅推进了企业利用消费者参与研发的能力研究，而且将企业与消费者协同演化动态能力在研发领域进行了细化（肖静华等，2014）。

　　另外，案例分析表明，通过与不同类型特殊消费者协同演化，企业能够推动基于影响者的营销创新。具体而言，例如对企业 B 和企业 F 的对比分析表明，企业通过与意见领袖和平民化中心两类特殊消费者协同演化，形成了两种营销创新的路径：一是企业与意见领袖协同演化以构建交易媒介来强化普通消费者的能力信任，意见领袖主要借助知识共享和能力认同发挥营销影响力，企业主要通过运营资源与意见领袖进行互补性资源共享和对接。二是企业与平民化中心合作主要是构建交流媒介来强化普通消费者的情感信任，平民化中心主要借助结构型社会资本和情感认同发挥营销影响力，企业主要通过平台资源与平民化中心进行互补性资源共享和对接。

　　为什么企业在营销转型中会选择与不同的特殊消费者合作？本书研究指出，特殊消费者与普通消费者之间的信任类型是影响企业选择不同合作者的重要因素。人际信任主要由认知因素和情感因素组成（McAllister，1995）。其中，认知因素与能力密切相关，如意见领袖的服装搭配能力会影响普通消费者对意见领袖时尚技能和可靠性的认知。在网络环境下购买服装时，普通消费者由于缺乏穿衣搭配等专业经验，通常乐于接受专业人士的引导，这体现了普通消费者对意见领袖的能力信任。该结论与现有相关研究是一致的（Faraj et al.，2015；Turcotte et al.，2015）。因此，企业 B 主要选择与具有能力认同优势的意见领袖开展合作，促进营销转型。本书进一步指出，尽管初期意见领袖通过成为连接企业与普通消费者的交易媒介可以帮助企业推荐产品和营销引流，但在与普通消费者长期互动中，依赖个人影响力的意见领袖容易因为缺少品牌保障、供应链服务等原因而逐渐丧失能力认同的优势，因而需要与企业通过资源共享和对接来实现持续合作。企业为意见领袖提供运作资源，使意见领袖拥有的前端客户资源与企业拥有的后端运营资源相互对接，使其从仅凭个人专业知识和能力形成的个人化意见领袖，逐步演化为拥有强大产品设计资源、技术资源和供应链资源的品牌化意见领袖，向普通消费者输出企业品牌形象和可靠的产品服务，进一步强化普通消费者的能力信任。这一发现在现有研究中被忽略了。

　　在网络环境下购买家具时，消费者往往更容易相信具有类似身份属性的消费群体。例如，对于有儿童家具购买需求的妈妈，更容易相信其他妈妈对儿童家具的选择，这种情感信任来自对类似身份属性的情感认同。正如 McAllister（1995）指出："情感型信任建立在人们的感情纽带中，往往通过长期交互来建立和深化，依赖于良好的沟通。"因此，企业 F 主要选择与具有情感认同优势的平民化中心开展合作，促进营销转型。案例发现，长期频繁的交流和沟通是平民化中心与其他身份属性类似的消费群体形成情感信任的主要方式。该结论与现有研究结论相同（李志兰，2015）。但案例进一步发现，当平民化中心充当企业与普通消费者之间的交易媒介时，平民化中心得到企业销售奖励的交易性特征，会降低其与普通消费者之间的情感信任，使平民化中心丧失原有连接企业与普通消费者的媒介功能。这主要是因为信任具有脆弱性，很容易被破坏（Tomlinson et al.，2004）。这时，企业需要与平民化中心协同演化来创新合作模式，如企业为平民化中心提供强大的平台资源，使其充分利用线上社区和线下体验店资源与普通消费者进行纯粹的情感交流，而不承担交易功能，同时为其提供个性化的激励而非简单的物质激励。这样，平民化中心只作为企业与普通消费者之间的交流媒介而非交易媒介，使其身份认同优势和情感交流优势得到增强，从而提升普通消费者对平民化中心的情感信任，帮助企业提升消费者黏性。

上述讨论表明，当需要通过专业化的知识和能力影响普通消费者时，企业可以采取与意见领袖合作的路径实现营销转型；当需要通过身份认同和情感交流影响普通消费者时，企业可以采取与平民化中心合作的路径实现营销转型。

三、对企业管理创新的价值

形成协同演化动态能力对生产和研发、供应链、营销具有显著的促进作用，具体分析如下：

首先，从研发和生产维度来看，形成协同演化动态能力有助于促进企业面向消费者需求开展个性化研发和生产。个性化研发和生产要求企业必须准确了解消费者个性化需求。根据案例分析，企业与消费者协同演化动态能力包括捕捉消费者变化、适应消费者变化和与消费者价值共创三个能力维度。捕捉消费者变化的能力帮助企业快速感知变化，获得有关消费者变化的新知识，有助于挖掘消费者个性化需求，形成组织认知调整，进而刺激个性化研发。适应消费者变化的能力反映了企业在面对变化和创新时做出恰当选择的能力，本质上是一种应变能力。在获得消费者个性化需求基础上，企业可以将原有适应大批量生产的供应链再造为适应多品种小批量的供应链，进行个性化生产；或调整原有单一品牌架构，根据消费者细分群体的个性化需求进行品牌创新。与消费者价值共创的能力可以促进个性化品牌创新，例如，不同风格的服装达人协助企业认知细分消费者的个性化需求，企业则根据该服装达人的风格合作建立原创品牌，服务细分消费群体。

又如，案例所示，深度的资源共享和对接可以帮助企业面向个性化需求进行创新，并借助消费者资源和能力实现高效创新，建立更强的消费者黏性。这种协同演化动态能力本质上促进了企业与消费者的价值共创，使企业不再被动适应外部环境，而是通过与消费者建立深度的合作关系，从被动适应变为主动适应，因此，形成更强的市场竞争力和影响力。

其次，在互联网环境下的企业营销正在逐渐从以产品为核心转向以消费者为核心，形成协同演化动态能力有助于促进企业面向与消费者合作的营销战略转型。协同演化动态能力构建于企业与消费者的交互式学习和双向资源交互，在能力的构建过程中，消费者的参与和互动改变了企业可获取的信息和资源，使企业能够深入了解消费者，面向消费者优化产品和服务，逐渐将产品设计和流程设计从以产品为核心转向以消费者为核心。通过与消费者的协同演化，企业有机会识别出拥有异质资源和个人能力的意见领袖或平民化中心，通过双向的资源交互改变企业与这些消费者单纯的供需关系，形成合作关系，利用意见领袖和平民化中心的人际影响力开展营销，使企业营销体系从企业主导的价值提供模式转向为企业与消费者合作的价值共创模式。协同演化动态能力强化了企业与消费者基于双向交互的合作关系，使企业能够根据消费者变化和消费者特征进行适应性调整，进而成为企业面向与消费者合作的营销战略转型的重要能力基础。

最后，电子商务的快速发展对企业供应链的协同能力提出了更高要求。在电商市场中，供应链的核心已从合作伙伴转向消费者。形成协同演化动态能力显著促进供应链中上下游企业与消费者之间的协同运作，进而促进面向消费者的供应链转型，具体表现在促进三个维度的协同：一是供应链前端与消费者的协同，二是从供应链前端到供应链后端的协同，三是从供应链后端到供应链前端的协同。在供应链前端，消费者可以通过下订单、在线评价和反馈等对企业的产品和服务设计产生影响。通过形成协同演化动态能力，处于供应链前端的企业能够及时捕捉消费者的各类信息，通过数据挖掘分析消费者的购买偏好、行为特征和潜在需求，以此推动产品和服务设计创新，提供差异化产品和提升服务体验。在供应链前端到供应链后端的协同中，形成协同演化动态能力有助于促使企业间协同也是以消费者为核心，例如，供应商可以从网上看到消费者对产品的评价，从而能迅速改进生产中的各类问题。与消费者协同演化也有助于供应链前后端企业一起更新市场知识，进而在面向消费者的适应性调整上更容易形成企业间共识。在从供应链后端到供应链前端的协同中，形成协同演化动态能力有助于强化消费者体验。通过信息共享，供应链合作伙伴之间的生产、研发、运作和管理得以深度协同，从而有效支持前端面向消费者的产品和服务设计，全面提升消费者体验。

总结来说，在互联网环境下，企业对环境的适应在很大程度上是企业对消费者的适应。无论对传统企业还是互联网企业，消费者对企业发展变得更加重要。通过与消费者协同演化形成协同演化动态能力，企业能够根据消费者变化"向势而动"，因此，在互联网环境下能够更好地生存。本书表明，企业可以通过与消费者形成频繁的交易联系、强化双方间的信息交换以及形成稳定的价值关联三种方式促进企业与消费者的协同演化。在形成协同演化动态能力上，企业可以通过加强交互式学习快速感知消费者变化，与消费者形成信息协同和供需协同；企业可以通过强化与消费者的资源交互，发挥彼此资源优势共创价值。

此外，不同消费者蕴含不同价值，企业需要具备相应的资源、技术和能力来区分和利用消费者资源，促进双方价值共创。例如，普通消费大众拥有大量交易型大数据，通过分析这类数据，能够显著提升企业产品和服务；意见领袖拥有特殊的智力资源和营销影响力，通过与意见领袖建立合作，企业可以借助这类消费者资源进行个性化品牌创造，激发商业模式创新，并借助意见领袖的营销影响力撬动普通消费资源；平民化中心拥有广泛的人脉资源和个人资源，通过与平民化中心建立合作，企业可以借助这类消费者资源进行快速、低成本的营销推广，推动线上线下业务拓展，并借助平民化中心的营销影响力服务普通消费者。此外，本书对合作资产的探讨提示企业，无论对于企业还是消费者，成本最低效率最高的异质化资源都应是数据化资源，利用好数据化资源是形成合作资产、实现企业与消费者价值共创的重要基础。

第七章　理论应用与拓展

第一节　主要研究工作

现有研究认为，企业不仅在适应环境，也在塑造环境，提出企业与环境存在协同演化关系（Madhok and Liu，2006；Murmann，2013；Pacheco et al.，2014）。在数智时代，消费者增权和消费者参与行为对企业的影响日益提升（Howells，2005；van Doorn et al.，2010），促使企业对环境的适应在很大程度上表现为企业对消费者的适应，消费者成为能够代表环境特征的重要因素之一（Howells，2005；van Doorn et al.，2010）。企业如何与消费者协同演化形成适应环境变化的动态能力，既是理论前沿问题，也是数智时代企业开展社群营销、实现数字化转型与管理创新迫切需要解决的实践问题。

根据第一至第六章的研究工作，本书获得了如下主要研究结论：

（1）互联网环境压力分别加速了企业演化和消费者演化，压力筛选是形成企业与消费者协同演化的构建前提。

（2）基于企业和消费者对外部压力的适应，二者分别形成了"变异—选择—保留"的演化过程。交易联系、信息交换和价值关联是促使企业与消费者形成协同演化的三种双向因果机制。

（3）企业与消费者交互式学习是协同演化动态能力形成的主要学习机制，促使二者形成信息协同和供需协同。

（4）企业与消费者的交互式学习影响企业改变传统企业主导的资源配置，

促使二者形成双向的资源交互。

（5）获取式资源交互促进企业与消费者可数字化资源的利用；合作式资源交互促使企业与消费者不可数字化资源的利用，两者共同构成企业与消费者的交互资源机制。

（6）信息技术显著影响交互学习机制和交互资源机制中的运作架构和创新架构，其中信息技术的使能作用主要影响机制的运作架构，引领作用主要影响机制的创新架构。

（7）企业通过与消费者协同演化形成的动态能力主要由捕捉消费者变化、适应消费者变化和与消费者价值共创三种能力构成，该能力的发展包括被动适应和主动适应两个阶段。

基于上述结论，本章将结合薇娅等 KOL、抖音等上的 KOC 这些社群营销的现象级案例，以及剖析优衣库面向消费者的数字化转型的经典案例，揭示企业与消费者协同演化动态能力理论的应用场景，并分析相应的管理启示和未来理论研究方向。

第二节　理论应用

一、针对社群营销的理论应用分析

企业与消费者协同演化动态能力理论适用于解释以 KOL 和 KOC 为媒介的社群营销现象。

关键意见领袖（Key Opinion Leader，KOL），通俗地讲就是"大 V"。一般来说，他们是某个垂直领域的专家，拥有相当规模、价值观一致且黏性很强的粉丝群，通过引导消费决策而形成巨大商业价值。以美食领域的李子柒为例，2016年始，她借助短视频、直播等新内容载体，开始以美食为主题拍摄短视频。通过反映真实的农村生活，李子柒以田园纪录片的风格拍摄酿酒、酿造黄豆酱油等美食制作的全过程。凭借内容的原创性和创新性，以及当时微博平台扶持内容原创者的计划，李子柒迅速吸引了大量粉丝，如短视频《兰州拉面》，2016年全网播放量超过5000万次，点赞60万次，使李子柒迅速爆红，并于次年开始与大量广告商合作①。类似美食领域的李子柒，还有影视娱乐领域的@Real 皮皮王、美妆时尚领域的@认真少女_颜九、情感领域的@德卡先生的信箱以及动漫领域的@大绵羊 BOBO②，这些 KOL 的涌现反映了消费者群体在数字化技术赋权下的角色演化，他们的影响性和重要性骤然提升，已然成为能够显著影响企业、与企业发生协同演化的一个特殊"种群"。

KOL 中更加极端性的例子是薇娅和李佳琦。据统计③，2020 年 1~3 月淘宝直播"带货力"排名第一的是薇娅，带货 38 亿元；李佳琦排名第二，带货 34 亿元。两大超头部主播合计带货 72 亿元商品，这种流量能力完全颠覆了个体与企业在谈判或合作中的权力结构。以薇娅为例，薇娅及其团队会提前选品，并对产品享有定价权。据腾讯网报道④，如市场售价 298 元的产品，由于薇娅直播间客单价为 90.3 元，因此，广告商为了达成合作，即便薇娅及其团队将价格压至百元之下，广告商也必须接受。此外，薇娅对于每件商品要求再分一半销售额，且当天直播完就结算，这意味着薇娅不为退货负责，广告商完全承担退货产生的成本。尽管在权力结构上如此不对等，仍然有大量广告商对薇娅直播间的展位趋之若鹜，业内人士戏称"直播都是一个愿打一个愿挨"。如薇娅、李佳琦等 KOL 的社群营销现象，更加说明，数字化技术赋权下的消费者与企业的互动，已经显著区别于传统消费者单纯作为购买者的互动，企业如何与这些拥有差异化资源的特殊消费者协同演化，对于企业开展社群营销至关重要。

与 KOL 对应的另一类人群被称为"关键意见消费者"（Key Opinion Consumer，KOC），通俗讲就是某领域的发烧友、素人。KOC 被认为拥有与 KOL 不同的社群营销价值：KOC 与普通消费者联系更加紧密，因此可以通过身份认同和同理心来打动普通消费者；普通消费者对于 KOC 的认知更偏向同类人群，对于细分社群表现出更强的渗透力；此外，KOC 被认为更具有传播的爆发力，这种爆发力是通过 KOC 周边的朋友、粉丝等进行口碑传播实现的。尽管相比于 KOL，KOC 的粉丝量更少，但他们的影响力更垂直、细分，而且合作价格也相对更便

① 资料来源：https://baike.baidu.com/item/%E6%9D%8E%E5%AD%90%E6%9F%92/22373329?fr=aladdin。

② 资料来自克劳锐 2020 发布的《广告主 KOL 营销市场盘点及趋势预测》，上述举例均以微博平台的各垂直领域的 KOL 为例。

③ 资料来源：https://www.zhihu.com/question/369637401。

④ 资料来源：https://new.qq.com/omn/20200520/20200520A0AN7E00.html。

宜①。因此，KOC 这类特殊消费者反映了消费者角色演化的另一种类型，也是企业进行协同演化和价值共创的重要对象。

　　企业与消费者协同演化动态能力理论认为，尤其在 VUCA 时代，企业和这些特殊消费者在价值创造上具有极强的互补性，长期竞争优势的构建离不开任何一方。这种互补性体现在企业和消费者各自拥有的资源都是对方需要但无法低成本获取和利用的资源，这些由双方各自拥有的资源都不可能被孤立地使用，需要被组合或与其他资源组合才能够最大化资源价值（Arthur，2009）。例如，一方面，KOL 仅拥有智力资源并不能为自身持续创造经济收益，只有通过与企业的供应链和管理资源等组织资源相结合，才有可能形成有效的、持续的营销影响。另一方面，企业由于组织身份的限制越来越不被社群消费者信任，必须借助 KOL 或 KOC 等社交网络和异质的个人资源开展社群营销。在生活碎片化、社群圈层化但万物互联的数智时代，企业与特殊消费者的这种互补性越来越强，它构成企业与消费者协同演化动态能力的构建逻辑基础，也是企业与消费者价值共创的基本前提。

　　更进一步地，本书提出的企业与消费者协同演化动态能力理论有助于理解企业与 KOL 和 KOC 合作的特征和规律：

　　在企业与 KOL 的合作中，KOL 的核心作用在于充当品牌化交易媒介，借助粉丝对于他们在专业知识上的能力信任，帮助企业推广产品。实践中，薇娅、李佳琦和李子柒等代表性 KOL 都将个人形象品牌化，并通过与企业（广告商）合作在产品和服务上为普通消费者提供从购买到售后的优质消费体验。薇娅更像是渠道品牌，类似线下渠道品牌国美和苏宁，她利用自己目前对供应链的谈判能力和优势，集合各方资源，实现价值共创与变现；李佳琦尽管目前属于综合型主播，但他身上有较强的美妆垂类的网红人设，普通消费者更容易把对美妆产品的信任度转移到品牌上②，因此，业内人士认为打造李佳琦自己的美妆品牌是未来方向，本书的研究结论也印证了这一点。

　　在企业与 KOC 的合作中，KOC 的核心作用在于充当交流媒介，借助身份认同和情感交流的优势帮助企业吸引粉丝，或促进普通消费者对品牌和产品的信赖。本书研究发现指出，KOC 不适合充当单纯的交易媒介：由于他们往往不具

---

① 资料来源：https：//zhuanlan.zhihu.com/p/79497492。
② 资料来源：https：//mp.weixin.qq.com/s/E4_ Mz9M2lnca8KjxPCxoIg。

备对垂直领域的专业知识，难以在社群中产生能力信任。但是，他们却具有明显的情感认同优势，即普通消费者更相信 KOC "与他们是同样的普通人"，但同时，他们还具有明显的 "标签"，例如①，隔壁老王是外企奶粉厂的技术员，他在熟人眼里就拥有一个对奶粉品类有鉴赏力的标签；隔壁丁妹妹老家是全国最出名的苹果产地，从小吃苹果长大的，那她就在熟人眼里有一个代表苹果品类鉴赏力的标签。这些人在熟人眼里就是 KOC。因此，他们对于细分社群的渗透力更强，表达的信息更容易被相信。在实践中，抖音、快手上培育了数以万计的 "素人达人"，是典型的 KOC。这些人尽管粉丝量不多，但黏性很强，与粉丝的互动深度也明显强于 KOL。大量实践表明，通过利用这些 KOC 充当交流媒介，广告商能够将新品以更有效的方式传达至细分社群，并促进口碑传播，实现社群推广。

鉴于 "KOL + KOC" 的组合投放已经成为大量品牌商选择的一种核心营销投资策略，理解企业与这两种不同类型的特殊消费者合作的特征和规律，有助于社群营销的战略制定和策略调整，构成企业开展营销创新的重要认知基础。

二、针对面向消费者数字化转型的理论应用分析

企业与消费者协同演化动态能力理论有助于从双向互动的视角理解面向消费者的数字化转型与管理创新的现象。

在管理实践中，所有企业都认为需要坚持 "顾客至上" 的理念，但如何在战略、营销、研发、生产上落实这一理念，却是企业在开展转型时面临的一大实践难题。以转型前的优衣库为例②：尽管优衣库经过 30 多年的发展已经成为全球领先的服饰零售商，但在 2017 年，消费者如果想要购买优衣库公众号上发布的某款服装，必须要经历保存图片、查询附近的优衣库店铺、对比图片寻找衣服、付款四个步骤。如果店内没有合适的尺寸，还要求助工作人员到其他门店调货。复杂的操作极大制约了良好的消费体验，尽管这一例子只是反映优衣库在打通线上和线下上还存在极大的提升空间，但 "未面向消费者" 的同类问题还存在于企业营销、研发、生产等其他价值链环节，是跨行业的各转型企业所面临的共性问题。

---

① 资料来源：https://zhuanlan.zhihu.com/p/133417983．
② 有关优衣库的部分信息和观点引自：优衣库：数字化转型进行时 [J]．哈佛商业评论（中文版），2019（4）．

2017 年，迅销集团（优衣库母公司）董事长柳井正正式宣布优衣库向"数字消费零售公司"转型，它的具体策略很好地反映了企业如何借助数字化技术与消费者协同演化并促进企业转型。

首先，由于优衣库的客群是面向所有年龄层的消费人群，这种人群广度和规模在捕捉和分析需求信息上对企业提出了更高挑战。这促使优衣库开展与咨询公司埃森哲、科技巨头谷歌、物流公司 Daifuku Co. 合作，引入大数据、人工智能和技术的方式，预测顾客购买行为。在消费者产生购买行为后，优衣库也利用线上平台的数据获取和线下渠道的终端数据收集，整合消费者反馈，并将这些反馈融入到产品设计与功能提升上，极大提高了"爆品"的概率。在供应端，借助数字化技术，优衣库实时收集所有线下门店和线上渠道的产品销售数据，快速补货"爆品"，保证消费者购买体验，促进销量进一步提升。这极大颠覆了传统服装供应链需要 3~6 个月打板、制作和运输的长周期模式，使优衣库和消费者动态需求之间形成了高效协同。

其次，优衣库强调"随消费者的生活而动"，而数字化技术是实现这一目的的重要基础，例如，一方面，数字化帮助优衣库快速了解各类人群个性化和场景化的需求；另一方面，数字化促进了消费者与优衣库的交易联系、信息交换和价值关联，强化了两者的协同演化关系。更重要的是，云计算、物联网、机器人/自动化、人工智能和区块链等数字化技术已经在供应链中实现深度应用①，极大地促进了消费者通过数据化参与的方式影响企业价值创造。企业与消费者协同演化动态能力理论认为，针对如企业数字化产品、消费者行为等可数字化的异质资源，企业与消费者可以借助技术连接强化资源交互，因此提升对彼此变化的适应。优衣库的案例表明，对这些数字化技术的高效和合理运用，使企业能够精准预测需求、高效优化产品和服务，因此使商务休闲、老人儿童、酷暑寒冷要穿的服饰都能在优衣库找到，将企业"随消费者的生活而动"的目标落实到产品和服务体验之中。

对比转型之前，2018 年的优衣库推出掌上旗舰店，消费者能够通过"一键随心购"功能，通过微信、微博、店铺等线上和线下各渠道直接进入线上商城购买，不再需要如前文所述的复杂操作。尽管这是消费体验的一处细节，却反映了

---

① 云计算、物联网、机器人/自动化、人工智能和区块链等数字化技术在供应链中体现出不同的价值创造，数字化供应链决胜未来［J］．中欧商业评论，2020（1）．

优衣库面向数字化转型成功的冰山一角。优衣库案例揭示了，利用数字化技术形成与消费者的协同演化关系，能够有效促进企业在营销、研发和供应链上面向消费者的数字化转型，可供各领域的数字化转型企业参考借鉴。

第三节　管理启示

通过上述理论应用分析，本书分别针对社群营销和面向消费者的数字化转型凝练3点管理启示，总结如下：

一、针对社群营销实践的管理启示

1. 管理启示1

企业与 KOL 和 KOC 等特殊消费者协同演化的重要性体现在强化基于人际信任的社群交流，这是企业实现成功的社群营销的基础。社群就是一种基于人际的关系结构，更多的是基于人际信任的情感交流，而当企业忽视了社群的这种特征时，必然不能实现成功的社群营销。据分析①，小米公司的困境来自于，尽管开设小米社群强化组织与粉丝的互动，但二者之间终究围绕产品而缺乏情感层面的交流。而小米公司碍于资本市场的压力和售货的本能冲动，导致其与用户情感连接弱化，无法实现成功的社群营销。企业与消费者协同演化动态能力理论的研究表明，为什么 KOL 和 KOC 等特殊消费者能够成为显著影响企业的一个"种群"，就在于他们基于社交媒体等技术赋权获得了区别于企业所拥有的社交资本、知识资源、创造力等异质化资源，这些资源是受限于组织身份的企业所不能获得的，且能够产生出极强的粉丝黏性和深度的人际互动。"如果你能通过特定渠道抓住特定粉丝，他们对你的爱将爆发出超乎想象的影响力"②。因此，企业只有与这些特殊消费者建立合作，实现资源交互，才能够深入社群，实现营销创新。

2. 管理启示2

企业选择与不同类型的特殊消费者协同演化本质上是营销战略的差异化。企

---

① 唐兴通. 引爆社群：移动互联网时代的新4C法则（第二版）［M］. 北京：机械工业出版社，2020：16.

② 顾旻曼. 私域流量打造核心竞争力［J］. 中欧商业评论，2018（10）.

业与消费者协同演化动态能力理论的研究表明，与谁协同演化是企业在开展社群营销前需要厘清的首要问题。社群营销成功的关键，首先是企业需要明确其产品或服务应用的场景是什么，再基于这个场景找到合适类型的特殊消费者并与之合作。唐兴通（2020）在《引爆社群：移动互联网时代的新 4C 法则》（P29）一书中清晰界定了场景的概念及其特征："场景不等于销售渠道，其是由人、地点、时间等多重维度界定出来的一个小世界。场景就是传播的环境及相关因素的综合，它是营销发生的背景。场景关注的是顾客在物理位置上的集中、需求的集中、群体的情绪及状态的集中。"鉴于社群的圈层化，以及这些圈层在碎片化生活中的不同需求，场景成为社群营销中的一个重要概念：场景不同，营销战略也不同，因此极大决定了企业与哪种特殊消费者合作的问题。例如，对于薇娅和李佳琦等头部 KOL，品牌即便亏损也要与之合作，是因为这类 KOL 能够为品牌宣传带来更好的效果，因此，在合作的战略定位上，与这类 KOL 合作是为了品牌宣传，而非产品促销；如果是为了实现产品促销，企业更应选择中腰部的 KOL 或同时与众多 KOC 合作，这样能够深入各细分社群，同时兼顾营销的深度和广度。

3. 管理启示 3

企业与不同类型的特殊消费者协同演化会面临差异化的管理挑战。本书的研究表明，在理论上，以 KOL 为代表的意见领袖，和以 KOC 为代表的平民化中心，他们所蕴含的价值不同，角色特征不同，因此合作方式也不同，对企业的要求也不同。一般而言，在特定时间段内，品牌商会与少量 KOL 合作，但这些 KOL 带货能力强，对组织产品供应能力和售后服务能力要求高；同时，品牌商可能会同时与大量 KOC 合作，这些 KOC 尽管每个带货能力有限，产品销售量有限，但 KOC 数量多，且分布在诸如微信、微博、抖音、快手、映客、花椒、斗鱼等多种形态的社交媒体平台上，如何长期协调好在空间和时间上离散的各种 KOC，分析他们的合作效果，优化与之合作的流程，是这种合作模式下需要考虑的关键问题。本书的研究强调了信息技术对于资源交互和双向协同上的重要作用，也强调企业必须要借助信息技术，尤其是社交媒体技术，促进与这些特殊消费者的协同演化。尽管对信息技术的价值挖掘有待场景化、具体化，但本书的研究论证了信息技术促进企业与 KOL 和 KOC 协同演化的价值，为理论研究者和企业管理者提升社群营销的合作效率和效果提供了一种方案。

二、针对面向消费者的数字化转型实践的管理启示

1. 管理启示 1

面向消费者的数字化转型，可以通过与消费者形成紧密的协同演化关系实现。在 VUCA 环境下，企业对环境的适应在很大程度上是企业对消费者的适应。无论对于传统企业还是互联网企业，消费者对企业发展变得更加重要。通过与消费者协同演化形成协同演化动态能力，企业能够根据消费者变化"向势而动"，因此在互联网环境下能够更好地生存。本书的研究表明，企业可以通过与消费者形成频繁的交易联系、强化双方间的信息交换以及形成稳定的价值关联三种方式促进企业与消费者的协同演化。在形成协同演化动态能力上，企业可以通过加强交互式学习快速感知消费者变化，与消费者形成信息协同和供需协同；企业可以通过强化与消费者的资源交互，发挥彼此资源优势共创价值。在面向消费者的数字化转型实践中，如优衣库、美的、美团等各行业各类型的大企业以及如酷漫居、半亩花田、壹亩地瓜等各行业各类型的中小企业，无一不在强化与消费者的直接互动和数据分析。这些各领域领先企业的实践表明，与消费者形成紧密的协同演化关系是让消费者参与或将其所掌握的异质化价值整合到企业价值链环节中的一种重要路径，需要为相应领域的理论研究者和企业管理者所重视。

2. 管理启示 2

在面向消费者的数字化转型中，企业需要着重培养与不同类型消费者协同演化的能力，促进双方价值共创。例如，普通消费大众拥有大量交易型大数据，通过分析这类数据，能够显著提升企业产品和服务；意见领袖拥有特殊的智力资源和营销影响力，通过与意见领袖建立合作，企业可以借助这类消费者资源进行个性化品牌创造，激发商业模式创新，并借助意见领袖的营销影响力撬动普通消费资源；平民化中心拥有广泛的人脉资源和个人资源，通过与平民化中心建立合作，企业可以借助这类消费者资源进行快速、低成本的营销推广，推动线上线下业务拓展，并借助平民化中心的营销影响力服务普通消费者。为了利用这些差异化的价值，企业应该"因地制宜"地培养与不同类型消费者协同演化的能力：如企业要促进普通消费者的数据化参与，就需要着重发展基于大数据、AI、云计算等数据分析能力，实现从数据资源到价值资产的转变；如企业要利用特殊消费者推动社群营销，则需要培养双向资源交互的能力，在与不同类型的特殊消费者

合作中选择合适的营销战略、策略，并根据特殊消费者的角色特征和价值特征，进行策略的优化和调整。在实践中，可以看到品牌商往往通过与 MCN（Multi - Channel Network）机构和诸如卡思和飞瓜数据等专门针对短视频及直播进行广告投放效果监测的数据平台进行合作，筛选、监控各垂直领域的 KOL 或 KOC，并进行下一轮的营销合作策略调整和优化。

3. 管理启示 3

在面向消费者的数字化转型中，与消费者协同演化的路径会影响到企业最终形成何种竞争优势。具体而言，一方面，通过强化与消费者的交易互动和交易型大数据的获取分析，企业会不断进行产品和服务迭代，最终形成基于优质产品的竞争优势。典型如优衣库、亚马逊、美团等这些本身具有强大技术资源的企业的数字化转型，其中一个重要维度就是利用对消费者交易型大数据的获取分析，强化生产和研发；再通过数据量积累提高基于大数据的预测能力，形成深层次的情报分析。另一方面，如果不断强化对消费者社交行为等行为变化数据的分析，企业可能变得更为关注消费者中的特殊消费者，与他们建立深度合作，最终形成基于消费者合作的竞争优势。当然，很多企业能够同时形成多维的竞争优势，但对于大部分资源禀赋有限的企业而言，聚焦也是一种可靠的选择，因此，这些企业需要根据自身战略、资源禀赋来选择、控制和调整协同演化的维度，这会影响到企业最终形成何种竞争优势。总的来说，本书的研究结论揭示，尽管企业可以通过与消费者协同演化更好地适应环境变化，但是应对变化的具体路径不同，这也是商业生态系统多样性的重要来源。

第四节　理论拓展

企业与消费者协同演化动态能力的理论研究主要可以从三个方向进行拓展：

首先是强化企业端研究。正如马云在 2020 中国国际智能产业博览会线上峰会上提出的，"数字化以前只是让一些企业活得更好，而今天是企业活下去的关键。"家具、服装、家电、快消、化妆品和旅游等各行业都面临迫切需要数字化转型的问题，每个行业的产品特征和运作模式差异巨大，这会影响到企业如何与消费者协同演化，以及他们的协同演化会产生何种具体价值这两个关键问题。在本书研究中，主要聚焦了家电行业和服装行业。在未来研究中，一方面，可以拓展行业类型，关注实践前沿，挖掘更多企业与消费者协同演化的其他路径或模式；另一方面，可以深度聚焦行业情景，如家电生产和旅游服务是产品特征差异巨大的两种行业，对于这两种行业，他们在面向消费者数字化转型中遇到的核心困难是否不同？通过企业与消费者协同演化应对这些困难时，如何协同演化？以及协同演化之后产生了何种情景化价值？要形成理论创新和面向行业的前沿实践问题，都需要深度聚焦行业情景，因此，成为该理论重要的拓展方向之一。

其次是强化消费者端研究。消费者一直在高速进化。本书所述的消费者角色和特征应是一种阶段性体现，无论是理论研究者还是企业管理者都应长期追踪消费者的新变化。其中，对于理论研究者而言，更应注意从纷繁复杂的现象中注意对消费者变化的理论化工作。这关乎两个重要问题：一是在中国情境下对消费者行为的研究，是中国独特的还是普适性的？未来研究应该在概念化和理论化工作的基础上，实现更多跨领域跨学科的对话，如将营销学的消费者参与理论、社会学的弱连接理论、管理科学的服务创新理论进行多维度、多角度的比较和融合，从比较西方经典理论和中国管理实践中提出兼具创新性和普适性的概念和理论。二是如何衡量这些新变化对商业的影响及其价值？本研究采用的主要是定性研究方法。在未来研究中，需要对反映消费者影响和价值的关键构念进行精准测量。这些构念包括但不限于：大数据合作资产、消费者数据化参与、消费者合作能力、交易收益、营销收益、运作收益和知识收益。要实现这一目标，需要应用更多前沿研究方法，包括大数据和计量分析以及融合定量和定性的混合研究方法等。

最后是强化两者的交互研究。现有协同演化研究强调双主体特征变化的双向因果关系，较少针对3个或3个以上主体的复杂因果关系的分析。本书的研究也是主要将企业和消费者抽象为两大种群，也是针对双主体的协同演化研究。但是，在现实情境中，竞争者、政府、数字化平台企业等技术提供者、其他利益相关者均可能参与到企业与消费者的协同演化中，且对企业与消费者协同演化动态能力构建可能产生显著影响，这些主体可以通过采用复杂适应系统或系统动力学模型来纳入到协同演化的分析框架中，强化交互机制的研究，使研究更加逼近现实情境。此外，在核心影响因素上，本书的研究仅重点考虑压力、技术、学习和资源对企业与消费者协同演化，及协同演化动态能力形成及影响中的重要作用，但未考虑如企业领导人、组织结构、惯性等其他因素的影响。这些因素可能在特定行业更加重要。因此，在未来研究中，研究者可以根据行业特征筛选核心影响因素，再结合定量研究方法，细化这些因素对协同演化动态能力的影响机制与价值研究。

参考文献

［1］Ambrosini V. , Bowman C. . What are Dynamic Capabilities and are They a Useful Construct in Strategic Management? ［J］. International Journal of Management Reviews, 2009, 11（1）: 29 –49.

［2］Ambrosini V. , Cliff B. and Nardine C. . Dynamic Capabilities: An Exploration of How Firms Renew Their Resource Base ［J］. British Journal of Management, 2009（20）: 9 –24.

［3］Amit R. , Zott C. . Value Creation in E – business ［J］. Strategic Management Journal, 2001, 22（6 –7）: 493 –520.

［4］Arnould E. J. , Price L. , Zinkhan G. . Consumers ［M］. New York: McGraw – Hill, 2001.

［5］Arthur B. W. . The Nature of Technology: What It is and How It Evolves ［M］. New York: Free Press, 2009.

［6］Augier M. , Teece D. J. . Dynamic Capabilities and the Role of Managers in Business Strategy and Economic Performance ［J］. Organization Science, 2009, 20（4）: 410 –421.

［7］Banker R. D. , Sunil W. and Jose M. Plehn – Dujowich. R&D Versus Acquisitions: Role of Diversification in the Choice of Innovation Strategy by Information Technology Firms ［J］. Journal of Management Information Systems, 2011, 28（2）: 109 –144.

［8］Barreto I. . Dynamic Capabilities: A Review of Past Research and an Agenda for the Future ［J］. Journal of Management, 2010, 36（1）: 256 –280.

［9］Barrett M. , Davidson E. , Prabhu J. , Vargo S. L. . Service Innovation in the

Digital Age: Key Ccontributions and Future Directions [J]. MIS Quarterly, 2015, 39 (1): 135 – 154.

[10] Baumann J., Le Meunier – Fitzhugh K.. Making Value Co – creation a Reality: Exploring the Co – creative Value Processes in Customer – salesperson Interaction [J]. Journal of Marketing Management, 2015, 31 (3/4): 289 – 316.

[11] Bettencourt L. A., Lusch R. F., Vargo S. L.. A Service Lens on Value Creation: Marketing's Role in Achieving Strategic Advantage [J]. California Management Review, 2014, 57 (1): 44 – 66.

[12] Bettencourt, Lance A. and Anthony W. Ulwick. The Customer – centered Innovation Map [J]. Harvard Business Review, 2008, 86 (5): 109 – 115.

[13] Bingham C. B., Eisenhardt K. M.. Rational Heuristics: The Simple Rules' that Strategists Learn from Process Experience [J]. Strategic Management Journal, 2011, 32 (13): 1437 – 1464.

[14] Bingham C. B. and Eisenhardt K. M.. Position, Leverage and Opportunity: A Typology of Strategic Logics Linking Resources with Competitive Advantage [J]. Managerial and Decision Economics, 2008 (29): 241 – 256.

[15] Bogers M., Chesbrough H., Heaton S., Teece D. J.. Strategic Management of Open Innovation: A Dynamic Capabilities Perspective [J]. California Management Review, 2019, 62 (1): 77 – 94.

[16] Braganza A., Brooks L., Nepelski D., Ali M. and Moro R.. Resource Management in Big Data Initiatives: Processes and Dynamic Capabilities [J]. Journal of Business Research, 2017 (70): 328 – 337.

[17] Brown S. L., Eisenhardt K. M.. The Art of Continuous Change: Linking Complexity Theory and Time – Paced Evolution in Relentlessly Shifting Organizations [J]. Administrative Science Quarterly, 1997, 42 (1): 1 – 34.

[18] Campbell D. T.. Unjustified Variation and Selective Retention in Scientific Discovery [M]. Berkeley: University of California Press, 1974: 139 – 161.

[19] Campbell D. T.. Variation and Selective Retention in Socio – cultural Evolution [J]. General Systems, 1969 (14): 69 – 85.

[20] Cavusgil S. T., Knight G.. The Born Global Firm: An Entrepreneurial and Capabilities Perspective on Early and Rapid Internationalization [J]. Journal of Inter-

national Business Studies, 2015, 46 (1): 3 – 16.

[21] Chakraborty G. , Srivastava P. , Marshall F. . Are Drivers of Customer Satisfaction Different for Buyers/Users from Different Functional Areas? [J] . The Journal of Business & Industrial Marketing, 2007, 22 (1): 20 – 28.

[22] Chakravarthy B. S. . Adaptation: A Promising Metaphor for Strategic Management [J] . Academy of Management Review, 1982, 7 (1): 35 – 44.

[23] Child J. , Rodrigues S. B. , Tse K. K. . The Dynamics of Influence in Corporate Co – evolution [J] . Journal of Management Studies, 2012, 49 (7): 1246 – 1273.

[24] Chuang S. , Lin H. . The Roles of Infrastructure Capability and Customer Orientation in Enhancing Customer – information Quality in CRM Systems: Empirical Evidence from Taiwan [J] . International Journal of Information Management, 2013, 33 (2): 271 – 281.

[25] Coff R. W. . The Coevolution of Rent Appropriation and Capability Development [J] . Strategic Management Journal, 2010, 31 (7): 711 – 733.

[26] Collis D. J. . Research Note: How Valuable are Organizational Capabilities? [J] . Strategic Management Journal, 1994, 15 (1S): 143 – 152.

[27] Corso M. , Martini A. , Pellegrini L. , Paolucci E. . Technological and Organizational Tools for Knowledge Management: In Search of Configurations [J] . Small Business Economics, 2003, 21 (4): 397 – 408.

[28] Danneels E. Survey Measures of First – and Second – order Competences [J]. Strategic Management Journal, 2016, 37 (10): 2174 – 2188.

[29] Danneels E. . Organizational Antecedents of Secondorder Competences [J]. Strategic Management Journal, 2008, 29 (5): 519 – 543.

[30] Delbridge R. , Fiss P. C. . Editors Comments: Styles of Theorizing and the Social Organization of Knowledge [J] . Academy of Management Review, 2013 (38): 325 – 331.

[31] Den van Bulte C. and Joshi Y. V. . New Product Diffusion with Influentials and Imitators [J] . Marketing Science, 2007, 26 (3): 400 – 421.

[32] Denegri – Knott J. , Zwick D. , Schroeder J. E. . Mapping Consumer Power: An Integrative Framework for Marketing and Consumer Research [J] . European Journal of Marketing, 2006, 40 (9/10): 950 – 971.

［33］ Denford J. S.. Building Knowledge: Developing a Knowledge – based Dynamic Capabilities Typology ［J］. Journal of Knowledge Management, 2013, 17 (2): 175 – 194.

［34］ Dijksterhuis M. S., Van den Bosch F. A., Volberda H. W.. Where Do New Organizational Forms Come From? Management Logics as a Source of Coevolution ［J］. Organization Science, 1999, 10 (5): 569 – 582.

［35］ Doorn van J., Lemon K. N., Mittal V., Pick D., Priner P., et al.. Customer Engagement Behavior: Theoretical Foundations and Research Directions ［J］. Journal of Service Research, 2010, 13 (3): 253 – 266.

［36］ Durham W. H.. Coevolution: Gens, Culture, and Human Diversity ［M］. Standord, CA: Stanford University Press, 1984.

［37］ Dyer J. H., Nobeoka K.. Creating and Managing a High – performance Knowledge – sharing Network: The Toyota Case ［J］. Strategic Management Journal, 2000, 21 (3): 345 – 367.

［38］ Easterby – Smith M., Prieto I. M.. Dynamic Capabilities and Knowledge Management: An Integrative Role for Learning? ［J］. British Journal of Management, 2010, 19 (3): 235 – 249.

［39］ Eaton B.. Distributed Tuning of Boundary Resources: The Case of Apple's IOS Service System ［J］. MIS Quartely, 2015, 39 (1): 217 – 243.

［40］ Ehrlich P. R., Raven P. H.. Butterflies and Plants: A Study in Coevolution ［J］. Evolution, 1964, 18 (4): 586 – 608.

［41］ Eisenhardt K. M., Graebner M. E.. Theory Building from Cases: Opportunities and Challenges ［J］. Academy of Management Journal, 2007, 50 (1): 25 – 32.

［42］ Eisenhardt K. M., Martin J. A.. Dynamic Capabilities: What Are They? ［J］. Strategic Management Journal, 2000, 21 (10/11): 1105 – 1121.

［43］ Eisenhardt K. M.. Building Theories from Case Study Research ［J］. Academy of Management Review, 1989, 14 (4): 532 – 550.

［44］ Elfenbein D. W., Zenger T. R.. What Is a Relationship Worth? Repeated Exchange and the Development and Deployment of Relational Capital ［J］. Organization Science, 2014, 25 (1): 222 – 244.

［45］ Elliot S.. Transdisciplinary Perspectives on Environmental Sustainability: A

Resource Base and Framework for IT – Enabled Business Transformation [J]. MIS Quarterly, 2011, 35 (1): 113 – 197.

[46] Fawcett S. E., Wallin C., Allred C., et al.. Information Technology as an Enabler of Supply Chain Collaboration: A Daynamic Capability Perspective [J]. Journal of Supply Chain Management, 2011, 47 (1): 38 – 59.

[47] Felin T., Powell T. C.. Designing Organizations for Dynamic Capabilities [J]. California Management Review, 2016, 58 (4): 78 – 96.

[48] Fong W., Yellin D.. Using Enterprise Architecture Standards in Managing Information Technology [J]. Journal of Management Information Systems, 2006, 23 (3): 645 – 654.

[49] Francalanci C., Piuri V.. Designing Information Technology Architectures: A Cost – oriented Methodology [J]. Journal of Information Technology, 1999, 14 (2): 181 – 192.

[50] Frans A. V. D. B., Volberda H. W., de Boer M.. Coevolution of Firm Absorptive Capacity and Knowledge Environment: Organizational Forms and Combinative Capabilities [J]. Organization Science, 1999, 10 (5): 551 – 568.

[51] Frynas J. G., Mellahi K. and Pigman G. A.. First Mover Advantages in International Business and Firm – specific Political Resources [J]. Strategic Management Journal, 2006 (27): 321 – 345.

[52] Fyrberg Yngfalk A.. "It's not Us, It's Them!" —Rethinking Value Co – creation among Multiple Actors [J]. Journal of Marketing Management, 2013, 29 (9/10): 1163 – 1181.

[53] Galunic D. C., Eisenhardt K. M.. The Evolution of Intracorporate Domains: Divisional Charter Losses in High – technology, Multidivisional Corporations [J]. Organization Science, 1996, 7 (3): 255 – 282.

[54] Ge B. S., Dong B. B.. Resource Integration Process and Venture Performance: Based on the Contingency Model of Resource Integration Capability [C]. International Conference on Management Science and Engineering at Long Beach, USA, 2008 (10): 291 – 297.

[55] Geroski P. A., Mazzucato M.. Modelling the Dynamics of Industry Populations [J]. International Journal of Industrial Organization, 2001, 19 (7): 1003 – 1022.

[56] Gersick C. J. G.. Pacing Strategic Change: The Case of a New Venture [J]. Academy of Management Journal, 1994, 37 (1): 9 – 45.

[57] Gibson C. B., Birkinshaw J.. The Antecedents, Consequences, and Mediating Role of Organizational Ambidexterity [J]. Academy of Management Journal, 2004, 47 (2): 209 – 226.

[58] Gladwell M.. The Tipping Point: How Little Things Can Make a Big Difference [M]. Back Bay Books Little, Brown & Company, Hachette Book Group, USA, NY, 2000.

[59] Glaser B., Strauss A.. The Discovery of Grounded Theory [M]. Chicago, IL: Aldine, 1967.

[60] Granovetter M.. Economic Action and Social Structure: The Problem of Embeddedness [J]. American Journal of Sociology, 1985, 91 (3): 481 – 510.

[61] Grigoriou K., Rothaermel F. T.. Organizing for Knowledge Generation: Internal Knowledge Networks and the Contingent Effect of External Knowledge Sourcing [J]. Strategic Management Journal, 2017, 38 (2): 395 – 414.

[62] Grönroos C., Gummerus J.. The Service Revolution and Its Marketing Implications: Service Logic vs Service – dominant Logic [J]. Managing Service Quality, 2014, 24 (3): 206 – 229.

[63] Grönroos C., Voima P.. Critical Service Logic: Making Sense of Value Creation and Co – creation [J]. Journal of the Academy of Marketing Science, 2013, 41 (2): 133 – 150.

[64] Grönroos C.. Conceptualising Value Co – creation: A Journey to the 1970s and Back to the Future [J]. Journal of Marketing Management, 2012, 28 (13/14): 1520 – 1534.

[65] Haleblian J., Finkelstein S.. The Influence of Organizational Acquisition Experience on Acquisition Performance: A Behavioral Learning Perspective [J]. Administrative Science Quarterly, 1999, 44 (1): 29 – 56.

[66] Hallen B. L., Katila R. and Rosenberger J. D.. How do Social Defenses Work? A Resourcedependence Lens on Technology Ventures, Venture Capital Investors, and Corporate Relationships [J]. Academy of Management Journal, 2014, 57 (4): 1078 – 1101.

[67] Hansen R. , Siew K. S.. Hummel's Digital Transformation Toward Omnichannel Retailing: Key Lessons Learned [J] . MIS Quarterly Executive, 2015, 14 (2): 51 –66.

[68] Harrington J. E. , Chang M. H.. Co – evolution of Firms and Consumers and the Implications for Market Dominance [J] . Journal of Economic Dynamics and Control, 2005, 29 (1 –2): 245 –276.

[69] Helfat C. E. , Winter S. G.. Untangling Dynamic and Operational Capabilities: Strategy for the (N) ever – changing World [J] . Strategic Management Journal, 2011, 32 (11): 1243 –1250.

[70] Helfat C. E. , Peteraf M. A.. The Dynamic Resource – based View: Capability Lifecycles [J] . Strategic Management Journal, 2003, 24 (10): 997 –1010.

[71] Helfat C. E.. Know – How and Asset Complementarity and Dynamic Capability Accumulation: The Case of R&D [J] . Strategic Management Journal, 1997, 18 (5): 339 –360.

[72] Helfat C. E. , Peteraf M. A.. Managerial Cognitive Capabilities and the Micro – Foundations of Dynamic Capabilities [J] . Strategic Management Journal, 2015, 36 (6): 831 –850.

[73] Helfat C. E. , Peteraf M. A.. Understanding Dynamic Capabilities: Progress along a Developmental Path [J] . Strategic Organization, 2009, 7 (1): 91 –102.

[74] Helfat C. E. , Ruth R.. Dynamic and Integrative Capabilities for Profiting from Innovation in Digital Platform – based Ecosystems [J] . Research Policy, 2018, 47 (8): 1391 –1399.

[75] Hilton T. , Hughes T. , Chalcraft D.. Service Co – creation and Value Realisation [J] . Journal of Marketing Management, 2012, 28 (13/14): 1504 –1519.

[76] Hodgkinson G. P. , Healey M. P.. Psychological Foundations of Dynamic Capabilities: Reflexion and Reflection in Strategic Management [J] . Strategic Management Journal, 2011, 32 (13): 1500 –1516.

[77] Howells G.. The Potential and Limits of Consumer Empowerment by Information [J] . Journal of Law & Society, 2005, 32 (3): 349 –370.

[78] Husain Z. , Al – Tameem A. A. , Gautam V. S. Technology Based Management of Customer Relational Capital: Human – Touch Still a Necessity [J] . Journal of

Services Research, 2013, 13 (1): 53 –74.

[79] Iyengar R. , Ansari A. , Gupta S. . A Model of Consumer Learning for Ser-vice Quality and Usage [J] . Journal of Marketing Research, 2007, 44 (4): 529 –544.

[80] Jacobides M. G. , Winter S. G. . The Co – evolution of Capabilities and Transaction Costs: Explaining the Institutional Structure of Production [J] . Strategic Management Journal, 2005, 26 (5): 395 –413.

[81] Jensen J. A. , Cobbs J. B. and Turner B. A. . Evaluating Sponsorship through the Lens of the Resource – Based View: The Potential for Sustained Competitive Advantage [J] . Business Horizons, 2016, 59 (2): 163 –173.

[82] Jin Y. , Vonderembse M. , Ragu – Nathan T. , et al. . Exploring Relation-ships among IT – enabled Sharing Capability, Supply Chain Flexibility, and Competitive Performance [J] . International Journal of Production Economics, 2014 (153): 24 –34.

[83] Kang Xie, Yao Wu, Jinghua Xiao and Qing Hu. . Value Co – creation be-tween Firms and Customers: Big Data – based Cooperative Assets [J] . Information & Management, 2016, 53 (8): 1034 –1048.

[84] Karimi J. and Walter Z. . The Role of Dynamic Capabilities in Responding to Digital Disruption: A Factor – based Study of the Newspaper Industry [J] . Journal of Management Information Systems, 2015, 32 (1): 39 –81.

[85] Kim L. . Crisis Construction and Organizational Learning [J] . Organization Science, 1998, 9 (4): 506 –521.

[86] King A. A. , Tucci C. L. . Incumbent Entry into New Market Niches: The Role of Experience and Managerial Choice in the Creation of Dynamic Capabilities [J] . Management Science, 2002, 48 (2): 171 –186.

[87] Knoll S. W. , Horton G. . Changing the Perspective: Using a Cognitive Model to Improve Think Lets for Ideation [J] . Journal of Management Information Sys-tems, 2011, 28 (1): 85 –114.

[88] Koka B. R. , Madhavan R. , Prescott J. E. . The Evolution of Interfirm Networks: Environmental Effects on Patterns of Network Change [J] . Academy of Management Review, 2006, 31 (7): 721 –737.

[89] Kor Y. Y. , Mesko A. . Dynamic Managerial Capabilities: Configuration and Orchestration of Top Executives Capabilities and the Firm's Dominant Logic [J] .

Strategic Management Journal, 2013, 34 (2): 233 - 244.

［90］Kostova T. , Roth K. . Adoption of an Organizational Practice by Subsidiaries of Multinational Corporations: Institutional and Relational Effects ［J］. Academy of Management Journal, 2002 (45): 215 - 233.

［91］Kow A. C. Dynamics of Value Propositions: Insights from Service - Dominant Logic ［J］. European Journal of Marketing, 2011, 45 (1 - 2): 277 - 294.

［92］Krug B. , Hendrischke H. . Framing China: Transformation and Institutional Change through Co - evolution ［J］. Management & Organization Review, 2008, 4 (1): 81 - 108.

［93］Kumar V. , Reinartz W. J. . Creating Enduring Customer Value ［J］. Journal of Marketing, 2016, 80 (6): 36 - 68.

［94］Kumar V. , Reinartz W. J. . Customer Relationship Management: Concept, Strategy, and Tools ［M］. Heidelberg: Springer, 2012.

［95］Lambert D. M. and Enz M. G. . Managing and Measuring Value Co - creation in Business - to - Business Relationships ［J］. Journal of Marketing Management, 2012, 28 (13 - 14): 1588 - 1625.

［96］Lee K. . The Coevolution of IT Innovation and Copyright Institutions: The Development of the Mobile Music Business in Japan and Korea ［J］. Journal of Strategic Information Systems, 2012, 21 (3): 245 - 255.

［97］Levinthal D. A. , March J. G. . The Myopia of Learning ［J］. Strategic Management Journal, 1993, 14 (12): 95 - 112.

［98］Lewin A. Y. , Long C. P. , Carroll T. N. . The Coevolution of New Organizational Forms ［J］. Organization Science, 1999, 10 (5): 535 - 550.

［99］Lewin A. Y. , Volberda H. W. . Beyond Adaptation - Selection Research: Organizing Self - renewal in Co - evolving Environments ［J］. Journal of Management Studies, 2003, 40 (8): 2109 - 2110.

［100］Lewin A. Y. , Volberda H. W. . Prolegomena on Coevolution: A Framework for Research on Strategy and New Organizational Forms ［J］. Organization Science, 1999, 10 (5): 519 - 534.

［101］Li F. , Du T. C. . Who Is Talking? An Ontology - based Opinion Leader Identification Framework for Word - of - Mouth Marketing in Online Social Blogs ［J］.

Decision Support Systems, 2011, 51 (1): 190 – 197.

[102] Li J. , Kozhikode R. K.. Knowledge Management and Innovation Strategy: The Challenge for Latecomers in Emerging Economies [J]. Asia Pacific Journal of Management, 2008, 25 (3): 429 – 450.

[103] Lin Y. , Wu L. Y.. Exploring the Role of Dynamic Capabilities in Firm Performance under the Resource – based View Framework [J]. Journal of Business Research, 2014, 67 (3): 407 – 413.

[104] Lusch R. F. , Nambisan S.. Service Innovation: A Service – dominant Logic Perspective [J]. MIS Quarterly, 2015, 39 (1): 155 – 176.

[105] Lyons B. , Henderson K.. Opinion Leadership in a Computer – Mediated Environment [J]. Journal of Consumer Behaviour, 2005 (4): 319 – 329.

[106] Madhok A. , Liu C.. A Coevolutionary Theory of the Multinational Firm [J]. Journal of International Management, 2006, 12 (1): 1 – 21.

[107] Makadok R.. Toward a Synthesis of the Resource Based and Dynamic Capability Views of Rent Creation [J]. Strategic Management Journal, 2001, 22 (5): 387 – 401.

[108] Makkonen H. , Pohjola M. , Olkkonen R. and Koponen A.. Dynamic Capabilities and Firm Performance in a Financial Crisis [J]. Journal of Business Research, 2014, 67 (1): 2707 – 2719.

[109] McKee D. O. , Varadarajan P. R. and Pride W. M.. Strategic Adaptability and Firm Performance: A Market – Contingent Perspective [J]. The Journal of Marketing, 1989 (53): 21 – 35.

[110] Mckelvey B.. Avoiding Complexity Catastrophe in Coevolutionary Pockets: Strategies for Rugged Landscapes [J]. Organization Science, 1999, 10 (3): 294 – 321.

[111] Mckelvey B.. Quasi – natural Organization Science [J]. Organization Science, 1997, 8 (4): 352 – 380.

[112] Michailova S. , Zhan W.. Dynamic Capabilities and Innovation in MNC Subsidiaries [J]. Journal of World Business, 2015, 50 (3): 576 – 583.

[113] Mikalef P. , Krogstie J. , Pappas I. O. , et al. Exploring the Relationship between Big Data Analytics Capability and Competitive Performance: The Mediating Roles of Dynamic and Operational Capabilities [J]. Information & Management, 2019,

57 (2).

［114］Mikalef P. , Pateli A. . Information Technology – Enabled Dynamic Capabilities and Their Indirect Effect on Competitive Performance: Findings from PLS – SEM and fsQCA ［J］. Journal of Business Research, 2017 (70): 1 – 16.

［115］Miles M. B. , Huberman A. M. . Qualitative Data Analysis ［M］. Thousand Oaks Sage Publications, 1994.

［116］Mowery D. C. , Oxley J. E. , Silverman B. S. . Strategic Alliances and Interfirm Knowledge Transfer ［J］. Strategic Management Journal, 2015, 17 (S2): 77 – 91.

［117］Murmann J. P. . Knowledge and Competitive Advantage: The Coevolution of Firms ［J］. Technology & National Institutions, 2003, 12 (4): 26 – 31.

［118］Murmann J. P. . The Coevolution of Industries and Important Features of Their Environments ［J］. Organization Science, 2013, 24 (1): 58 – 78.

［119］Nazir S. , Pinsonneault A. . IT and Firm Agility: An Electronic Integration Perspective ［J］. Journal of the Association for Information Systems, 2012, 13 (3): 150 – 171.

［120］Nnahapiet J. , Ghoshal S. . Social Capital, Intellectual Capital, and the Organizational Advantage ［J］. Academy of Management Review, 1998, 23 (2): 242 – 266.

［121］Overby E. , Sabyasachi M. . Physical and Electronic Wholesale Markets: An Empirical Analysis of Product Sorting and Market Function ［J］. Journal of Management Information Systems, 2014, 31 (2): 11 – 46.

［122］Pacheco D. F. , York J. G. , Hargrave T. J. . The Coevolution of Industries, Social Movements, and Institutions: Wind Power in the United States ［J］. Organization Science, 2014, 25 (6): 1609 – 1632.

［123］Pan G. , Pan S. L. , Lim C. Y. . Examining How Firms Leverage IT to Achieve Firm Productivity ［J］. RBV and Dynamic Capabilities Perspectives, 2015, 52 (4): 401 – 412.

［124］El Sawy O. A. , Pavlou P. A. . The "Third Hand": IT – enabled Competitive Advantage in Turbulence through Improvisational Capabilities ［J］. Information Systems Research, 2010, 21 (3): 443 – 471.

［125］Peng M. W. , Wang D. Y. L. and Jiang Y. . An Institution – based View of International Strategy: A Focus on Emerging Economies ［J］. Journal of International Business Studies, 2008 (39): 920 –936.

［126］ Peteraf M. , Stefano G. D. , Verona G. . The Elephant in the Room of Dy-
namic Capabilities: Bringing Two Diverging Conversations Together ［J］ . Strategic
Management Journal, 2013, 34 (12): 1389 –1410.

［127］ Pfeffer J. , Salancik G. R. . The External Control of Organization: A Re-
source Dependence Perspective ［J］ . American Journal of Sociology, 1981 (87):
757 –759.

［128］ Porter M. E. . Competitive Strategy ［M］ . New York: Free Press, 1980.

［129］ Porter M. E. . Strategy and the Internet ［J］ . Harvard Business Review,
2001, 79 (3): 62 –78, 164.

［130］ Porter M. E. . The Five Competitive Forces That Shape Strategy ［J］ .
Harvard Business Review, 2008, 86 (1): 78 –93.

［131］ Porter T. B. . Coevolution as a Research Framework for Organizations and the
Natural Environment ［J］ . Organization & Environment, 2006, 19 (4): 479 –504.

［132］ Portes A. . Social Capital: Its Origins and Applications in Modern Sociology
［J］ . Annual Review of Sociology, 1998, 24 (1): 1 –24.

［133］ Prahalad C. K. , Ramaswamy V. . Co – creation Experiences: The Next
Practice in Value Creation ［J］ . Journal of Interactive Marketing (John Wiley &
Sons), 2004, 18 (3): 5 –14.

［134］ Ridley M. . Evolution (2nd ed.) ［M］ . Cambridge, MA: Blackwell Sci-
ence, 1996.

［135］ Ries E. . The Lean Startup: How Constant Innovation Creates Radically
Successful Businesses ［M］ . London: Penguin Group, 2011.

［136］ Roberts N. , Campbell D. E. , Vijayasarathy L. R. . Using Information Sys-
tems to Sense Opportunities for Innovation: Integrating Postadoptive Use Behaviors with
the Dynamic Managerial Capability Perspective ［J］ . Journal of Management Informa-
tion Systems, 2016, 33 (1): 45 –69.

［137］ Roberts N. , Grover V. . Leveraging Information Technology Infrastructure
to Facilitate a Firm's Customer Agility and Competitive Activity: An Empirical Investi-
gation ［J］ . Journal of Management Information Systems, 2012, 28 (4): 231 –270.

［138］ Rodrigues S. B. , Child J. . Corporate Co – Evolution: A Political Perspective [M]. Chichester: Wiley, 2008.

[139] Rust R. T., Lemon K. N., Zeithaml V. A.. Return on Marketing: Using Customer Equity to Focus Marketing Strategy [J]. Journal of Marketing, 2004, 68 (1): 109 –127.

[140] Saarijärvi H.. The Mechanisms of Value Co – creation [J]. Journal of Strategic Marketing, 2012, 20 (5): 381 –391.

[141] Sambamurthy V.. Anandhi Bharadwaj and Varun Grover. Shaping Agility Through Digital Options: Reconceptualizing the Role of Information Technology in Contemporary Firms [J]. MIS Quarterly, 2003, 27 (2): 237 –263.

[142] Santos F. M.. The Coevolution of Firms and Their Knowledge Environment: Insights from the Pharmaceutical Industry [J]. Technological Forecasting and Social Change, 2003, 70 (7): 687 –715.

[143] Scherer A., Wünderlich N., Wangenheim F.. The Value of Self – service: Long – term Effects of Technology – based Self – service Usage on Customer Retention [J]. MIS Quartely, 2015, 39 (1): 177 –200.

[144] Schilke O.. Second – Order Dynamic Capabilities: How do They Matter [J]. Academy of Management Perspectives, 2014, 28 (4): 368 –380.

[145] Shafia M. A., Shavvalpour S., Hosseini M., et al.. Mediating Effect of Technological Innovation Capabilities between Dynamic Capabilities and Competitiveness of Research and Technology Organizations [J]. Technology Analysis & Strategic Management, 2016, 28 (3): 1 –16.

[146] Shamim S., Zeng J., Shariq S. M., et al.. Role of Big Data Management in Enhancing Big Data Decision – Making Capability and Quality among Chinese Firms: A Dynamic Capabilities View [J]. Information & Management, 2019, 56 (6).

[147] Shankar V., Venkatesh A., Hofacker C., et al.. Mobile Marketing in the Retailing Environment: Current Insights and Future Research Avenues [J]. Journal of Interactive Marketing, 2010, 24 (2): 111 –120.

[148] Sher P. J., Lee V. C.. Information Technology as a Facilitator for Enhancing Dynamic Capabilities through Knowledge Management [J]. Information & Management, 2004, 41 (8): 933 –945.

[149] Sitkin S. B.. Learning through Failure: The Strategy of Small Losses

[J]. Research in Organizational Behavior, 1992 (14): 231 – 266.

[150] Song J. , Lee K. , Khanna T. . Dynamic Capabilities at Samsung: Optimizing internal Co – opetition [J] . California Management Review, 2016, 58 (4): 118 – 140.

[151] Stahle P. , Boundour A. . Understanding Dynamics of Intellectual Capital of Nations [J] . Journal of Intellectual Capital, 2008, 9 (2): 164 – 177.

[152] Stake R. E. . Qualitative Case Studies [M] . N. K. Denzin, Lincoln, Y. S. Thousand Oaks, CA: Sage, 2005.

[153] Stinchcombe A. L. . Constructing Social Theories [M] . Chicago: University of Chicago Press, 1968.

[154] Sundar Bharadwaj, Anandhi Bharadwaj, Elliot Bendoly. The Performance Effects of Complementarities Between Information Systems, Marketing, Manufacturing, and Supply Chain Processes [J] . Information Systems Research, 2007, 18 (4): 437 – 453.

[155] Sutanto J. , Tan C. H. , Battistini B. and Phang C. W. . Emergent Leadership in Virtual Collaboration Settings: A Social Network Analysis Approach [J] . Long Range Planning, 2011, 44 (5 – 6): 421 – 439.

[156] Teece D. J. , Gary P. , Amy S. . Dynamic Capabilities and Strategic Management [J] . Strategic Management Journal, 1997, 18 (7): 509 – 533.

[157] Teece D. J. , Peteraf M. , Leih S. . Dynamic Capabilities and Organizational Agility: Risk, Uncertainty, and Strategy in the Innovation Economy [J] . California Management Review, 2016, 58 (4): 13 – 36.

[158] Teece D. J. . Dynamic Capabilities: Routines versus Entrepreneurial Action [J] . Journal of Management Studies, 2012, 49 (8): 1395 – 1401.

[159] Teece D. J. . Explicating Dynamic Capabilities: The Nature and Microfoundations of (Sustainable) Enterprise Performance [J] . Strategic Management Journal, 2007, 28 (13): 1319 – 1350.

[160] Teece, David J. . Profiting from Innovation in the Digital Economy: Enabling Technologies, Standards, and Licensing Models in the Wireless World [J] . Research Policy, 2018, 47 (8): 1367 – 1387.

[161] Tiwana A. , Konsynski B. , Bush A. A. . Platform Evolution: Coevolution

of Platform Architecture, Governance, and Environmental Dynamics [J]. Information Systems Research, 2010, 21 (4): 675 – 687.

[162] Townsend D. M., Busenitz L. W.. Turning Water into Wine? Exploring the Role of Dynamic Capabilities in Early – stage Capitalization Processes [J]. Journal of Business Venturing, 2015, 30 (2): 292 – 306.

[163] Tsai W.. Knowledge Transfer in Intraorganizational Networks: Effects of Network Position and Absorptive Capacity on Business Unit Innovation and Performance [J]. Academy of Management Journal, 2001, 44 (5): 996 – 1004.

[164] Vallaster C., Maon F., Lindgreen A., et al.. Serving Multiple Masters: The Role of Micro – foundations of Dynamic Capabilities in Addressing Tensions in For – profit Hybrid Organizations [J]. Organization Studies, 2019.

[165] Vargo S. L., Lusch R. F.. Evolving to a New Dominant Logic for Marketing [J]. Journal of Marketing, 2004, 68 (1): 1 – 17.

[166] Vargo S. L., Lusch R. F.. It's All B2B and Beyond: Toward a Systems Perspective of the Market [J]. Industrial Marketing Management, 2011, 40 (2): 181 – 187.

[167] Vargo S. L., Lusch R. F.. Service – Dominant Logic: Continuing the Evolution [J]. Journal of the Academy of Marketing Science, 2008, 36 (1): 1 – 10.

[168] Verreynne M. L., Hine D., Coote L., Parker R.. Building a Scale for Dynamic Learning Capabilities: The Role of Resources, Learning, Competitive Intent and Routine Patterning [J]. Journal of Business Research, 2016, 69 (10): 4287 – 4303.

[169] Wang C. L., Ahmed P. K.. Dynamic Capabilities: A Review and Research Agenda [J]. International Journal of Management Reviews, 2007, 9 (1): 31 – 51.

[170] Wang E. T. G., Hu H. F., Hu J. H.. Examining the Role of Information Technology in Cultivating Firms' Dynamic Marketing Capabilities [J]. Information & Management, 2013, 50 (6): 336 – 343.

[171] Wernerfelt B.. The Use of Resources in Resource Acquisition [J]. Journal of Management, 2010, 37 (5): 1369 – 1373.

[172] Wiesel T., Skiera B., Villanueva J.. Customer Equity: An Integral Part of

Financial Reporting [J] . Journal of Marketing, 2008, 72 (2): 1 - 14.

[173] Wilden R. , Gudergan S. P. , Nielsen B. B. , Lings I. . Dynamic Capabilities and Performance: Strategy, Structure and Environment [J] . Long Range Planning, 2013, 46 (2): 72 - 96.

[174] Wilden R. , Gudergan S. P. . The Impact of Dynamic Capabilities on Operational Marketing and Technological Capabilities: Investigating the Role of Environmental Turbulence[J] . Journal of the Academy of Marketing Science, 2014, 43(3): 181 - 199.

[175] Wilden R. , Devinney T. M. , Dowling G. R. . The Architecture of Dynamic Capability Research Identifying the Building Blocks of a Configurational Approach [J]. Academy of Management Annals, 2016, 10 (2): 997 - 1076.

[176] Winder N. , Mcintosh B. S. , Jeffrey P. . The Origin, Diagnostic Attributes and Practical Application of Co - evolutionary Theory [J] . Ecological Economics, 2005, 54 (4): 347 - 361.

[177] Winter S. G. . Understanding Dynamic Capabilities [J] . Strategic Management Journal, 2003, 24 (10): 991 - 995.

[178] Woodard C. J. , Ramasubbu N. , Tschang F. T. , Sambamurthy V. . Design Capital and Design Moves: The Logic of Digital Business Strategy [J] . MIS Quarterly, 2013, 37 (2): 537 - 564.

[179] Xiao J. H. , Wu Y. , Xie K. , Hu Q. . Managing the E - commerce Disruption with IT - based Innovations: Insights from Strategic Renewal Perspectives [J] . Information and Management, 2019 (56): 122 - 139.

[180] Xie K. , Wu Y. , Xiao J. H. , Hu Q. . Value Co - Creation between Firms and Customers: The Role of Big Data - Based Cooperative Assets [J] . Information and Management, 2016, 53 (8): 1034 - 1048.

[181] Yin R. K. . Case Study Research: Design and Methods [M] . CA: Sage Publications Inc. , 2008.

[182] Zahra S. A. , Sapienza H. J. , Davidsson P. . Entrepreneurship and Dynamic Capabilities: A Review, Model and Research Agenda [J] . Journal of Management Studies, 2006, 43 (4): 917 - 955.

[183] Zahra S. A. , George G. . Absorptive Capacity: A Review, Reconceptuali-

zation, and Extension ［J］. Academy of Management Review, 2002, 27 (2)：185 – 203.

　　［184］ Zollo M., Winter S. G.. Deliberate Learning and the Evolution of Dynamic Capabilities ［J］. Organization Science, 2002, 13 (3)：339 – 351.

　　［185］ 宝贡敏, 龙思颖. 企业动态能力研究：最新述评与展望 ［J］. 外国经济与管理, 2015 (7)：74 – 87.

　　［186］ 波普尔. 猜想与反驳：科学知识的增长 ［M］. 浙江：中国美术学院出版社, 2003。

　　［187］ 丹尼尔·A. 雷恩. 管理思想史 ［M］. 北京：中国人民大学出版社, 2009.

　　［188］ 董保宝, 葛宝山, 王侃. 资源整合过程、动态能力与竞争优势：机理与路径 ［J］. 管理世界, 2011 (3)：92 – 101.

　　［189］ 杜小民, 高洋, 刘国亮等. 战略与创业融合新视角下的动态能力研究 ［J］. 外国经济与管理, 2015 (2)：18 – 28.

　　［190］ 郝鸿, 刘尊礼, 孟宪忠, 陈洁. 基于协同演化动态能力的汽车电商接受意愿研究——以 S 汽车集团电商为例 ［J］. 工业工程与管理, 2016, 21 (5)：117 – 122.

　　［191］ 郝生宾, 王媛. 新产品开发速度研究综述与展望 ［J］. 中国管理科学, 2013 (S2)：707 – 714.

　　［192］ 黄江明, 李亮, 王伟. 案例研究：从好的故事到好的理论——中国企业管理案例与理论构建研究论坛 (2010) 综述 ［J］. 管理世界, 2011 (2)：118 – 126.

　　［193］ 肯·G. 史密斯, 迈克尔·A. 希特. 管理学中的伟大思想 ［M］. 北京：北京大学出版社, 2016.

　　［194］ 孔伟杰. 制造业企业转型升级影响因素研究——基于浙江省制造业企业大样本问卷调查的实证研究 ［J］. 管理世界, 2012 (9)：120 – 131.

　　［195］ 李高勇, 毛基业. 案例选择与研究策略——中国企业管理案例与质性研究论坛 (2014) 综述 ［J］. 管理世界, 2015 (2)：133 – 136.

　　［196］ 李廉水, 吴利华, 徐彦武等. 公司跨行业转型：特征分析与风险控制——以中国上市公司跨行业转型成功与失败的典型个案为例 ［J］. 管理世界, 2004 (1)：118 – 129.

　　［197］ 李志军, 尚增健. 亟需纠正学术研究和论文写作中的"数学化""模

型化"等不良倾向［J］.管理世界，2020，36（4）：5－6.

［198］刘德海，王维国.维权型群体性突发事件社会网络结构与策略的协同演化机制［J］.中国管理科学，2012（3）：185－192.

［199］刘江鹏.企业成长的双元模型：平台增长及其内在机理［J］.中国工业经济，2015（6）：148－160.

［200］刘志高，王缉慈.共同演化及其空间隐喻［J］.中国地质大学学报（社会科学版），2008（4）：85－91.

［201］卢启程，梁琳琳，贾非.战略学习如何影响组织创新——基于动态能力的视角［J］.管理世界，2018，34（9）：109－129.

［202］芦彩梅，梁嘉骅.产业集群协同演化模型及案例分析——以中山小榄镇五金集群为例［J］.中国软科学，2009（2）：142－150.

［203］陆立军，郑小碧.基于演化动力学的专业市场与产业集群互动机理的理论与应用研究——以"义乌商圈"为例［J］.南开管理评论，2011（3）：52－62.

［204］毛基业，陈诚.案例研究的理论构建：艾森哈特的新洞见——第十届"中国企业管理案例与质性研究论坛（2016）"会议综述［J］.管理世界，2017（2）：135－141.

［205］毛基业，李高勇.案例研究的"术"与"道"的反思——中国企业管理案例与质性研究论坛（2013）综述［J］.管理世界，2014（2）：111－117.

［206］毛基业，苏芳.案例研究的理论贡献——中国企业管理案例与质性研究论坛（2015）综述［J］.管理世界，2016（2）：128－132.

［207］欧阳桃花，丁玲，郭瑞杰.组织边界跨越与IT能力的协同演化：海尔信息系统案例［J］.中国工业经济，2012（12）：128－140.

［208］彭本红.现代物流业与先进制造业的协同演化研究［J］.中国软科学，2009（S1）：149－153.

［209］钦俊德，王琛柱.论昆虫与植物的相互作用和进化的关系［J］.昆虫学报，2001，44（3）：360－365.

［210］秦剑.研发、制造、营销跨职能整合与新产品开发：产品创新性的差异效应研究［J］.中国管理科学，2014，22（1）：130－138.

［211］秦伟平，杨东涛.塑造企业无边界文化：变革型领导与动态团队的协同演化——基于艾欧史密斯的案例研究［J］.中国工业经济，2010（5）：151－160.

［212］秦宇，Liping A. Cai，Howard Adler. 交织混合型战略——一个多案例研究的发现［J］. 管理世界，2010（10）：135 - 157.

［213］阙祥才. 实证主义研究方法的历史演变［J］. 求索，2016（4）：71 - 76.

［214］苏芳，黄江明. 质性研究设计与写作的若干策略——"中国企业管理案例与质性研究论坛（2012）"会议综述［J］. 管理世界，2013（2）：136 - 140.

［215］孙新波，钱雨，张明超，李金柱. 大数据驱动企业供应链敏捷性的实现机理研究［J］. 管理世界，2019，35（9）：133 - 151.

［216］吴瑶，肖静华，谢康，廖雪华. 从价值提供到价值共创的营销转型——企业与消费者协同演化视角的双案例研究［J］. 管理世界，2017（4）：138 - 157.

［217］肖静华，胡杨颂，吴瑶. 成长品：数据驱动的企业与用户互动创新案例研究［J］. 管理世界，2020（3）：183 - 204.

［218］肖静华，吴瑶，刘意，谢康. 消费者数据化参与的研发创新——企业与消费者协同演化视角的双案例研究［J］. 管理世界，2018（8）：154 - 173 + 192.

［219］肖静华，谢康，吴瑶，廖雪华. 从面向合作伙伴到面向消费者的供应链转型——电商企业供应链双案例研究［J］. 管理世界，2015（4）：137 - 154 + 188.

［220］肖静华，谢康，吴瑶，冉佳森. 企业与消费者协同演化动态能力构建：B2C电商梦芭莎案例研究［J］. 管理世界，2014（8）：134 - 151 + 179.

［221］肖静华，谢康，冉佳森. 缺乏IT认知情境下企业如何进行IT规划——通过嵌入式行动研究实现战略匹配的过程和方法［J］. 管理世界，2013（6）：138 - 152 + 188.

［222］谢康，吴瑶，肖静华，廖雪华. 组织变革中的战略风险控制——基于企业互联网转型的多案例研究［J］. 管理世界，2016（2）：133 - 148 + 188.

［223］闫旭晖，颜泽贤. 切克兰德软系统方法论的诠释主义立场与认识论功能［J］. 自然辩证法研究，2012，28（12）：29 - 35.

［224］韵江，高良谋. 公司治理、组织能力和社会责任——基于整合与协同演化的视角［J］. 中国工业经济，2005（11）：103 - 110.

［225］曾楚宏，林丹明，朱仁宏. 企业边界的协同演化机制研究［J］. 中国工业经济，2008（7）：26 - 35.

后　记

　　喝水不忘挖井人。在写作和整理本书的过程中，我们常常回顾和感激那些对我们案例研究实地调研和深度访谈给予无私帮助和支持的企业管理者和骨干员工，在访谈调研中为我们分享了宝贵的管理经验和观点，为开展本书的研究提供了丰富的数据资源。我们也不会忘记感谢那些热情而不辞辛劳地接待我们、指导我们和提携我们的老师、企业家和社会各界友人，没有他们的帮助，我们难以完成这项研究的大量基础性准备工作。

　　我们怀抱感恩之心，感谢中国人民大学商学院和《管理世界》杂志社搭建的"中国企业管理案例与质性研究论坛"平台，我们既是这一平台的积极参与者，也是这一平台的幸运受益者。之所以是论坛的积极参与者，主要在于论坛构建了公平透明的论文评审机制和帮助作者提升质量的论文点评机制，为参赛选手提供了公平竞技和能力提升的舞台；之所以是论坛的幸运受益者，在于2012年以来我们团队幸运地获得了8次最佳论文奖。

　　感谢为推动中国企业管理案例与质性研究事业而搭建这个论坛的中国人民大学前副校长伊志宏教授、中国人民大学商学院院长毛基业教授、《管理世界》杂志社前副主编蒋东升老师、《管理世界》杂志社李志军社长和尚增健主编等老师和学者。在这里，尤其需要感谢毛基业教授，他热情而专业地给我们的研究以指导和鼓励，并在百忙之中抽出时间为本书作序，还给我们分享他多年从事案例研究的经验和体会，使我们的研究少走了许多弯路。

　　我们也怀着感激之心，感谢中山大学管理学院为我们完成本书提供了优良的硬件条件和宽松的科研氛围，使我们可以潜心向学，专心探讨"中国故事"以拓展主流理论。在这里，尤其需要感谢中山大学管理学院的王帆教授、于洪彦教授、王茜教授、傅慧教授、吴记副教授和梁剑平副教授等及中山大学互联网管理创新团队的师生为本书的研究提供的建设性意见，是他们独到而有深度的意见和建议，让本书研究的主题和结论更具严谨性和创新性。对此，我们既深感鼓舞又心怀紧张，期待本书的研究能够为读者带来一定的价值，而不至于变成浪费时间的故纸堆。

最后，衷心感谢经济管理出版社任爱清编辑对本书出版付出大量的时间和精力，极大地推进了出版的质量和进度，如果没有任老师和各位老师专业而高效的工作，就难以为读者呈现出高质量的出版物。诚然，我们还要感谢中山大学管理学院盛君叶、徐颖、周侯琪、王莫寒、王晓姗和赖重昊等本科同学，他们对本书的增补案例以及文献、校对文稿和排版所做的工作，也是本书质量的重要保障。

本书主要是在吴瑶博士论文的基础上进行修改和增补而成的，谢康和肖静华为博士论文的共同指导教师。本书写作的具体分工如下：吴瑶完成本书除第一章外其他章节内容的初稿，肖静华和谢康完成第一章初稿；在初稿基础上，由肖静华和谢康对全书内容提出修改、增补和删减建议，经三位作者讨论确定后，对全书内容进行分工修改，形成第二稿；在第二稿基础上，由吴瑶对全书进行统稿和校对，形成第三稿；最后，由吴瑶负责联系出版、校对、排版等工作。

吴 瑶 肖静华 谢 康

2020 年 10 月 20 日